KB139201

[다울라기리 히말]

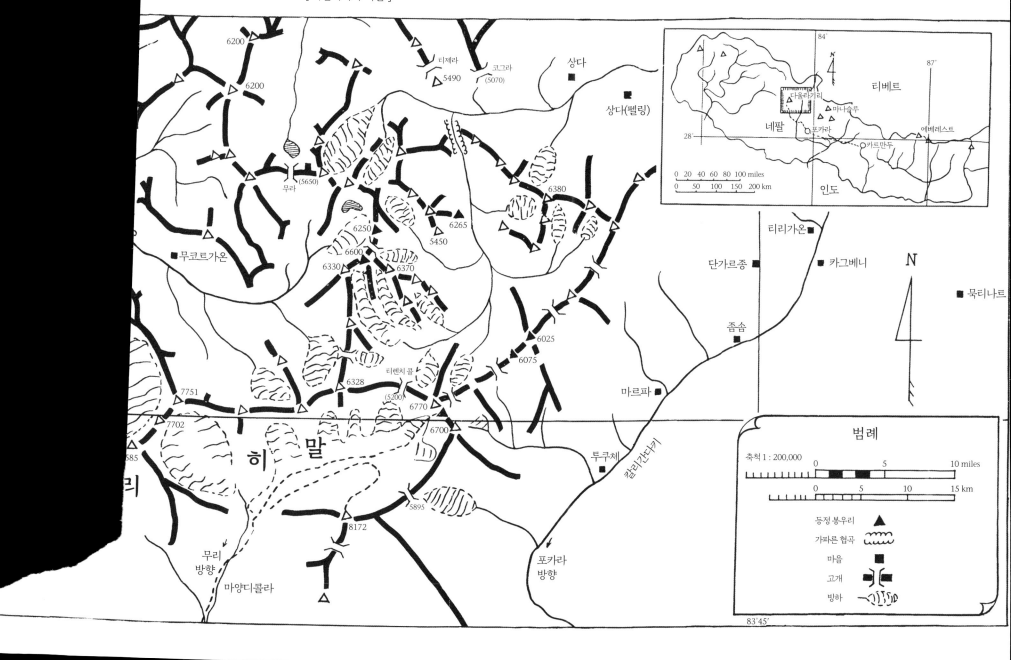

6200
6200
리제라
코그라
(5070)
상다
상다(펠링)
무라 (5650)
무코트가온
6380
6250
6265
5450
6600
6330 6370
7751
7702
585
히 말
티렌치 콜
(5200)
6328
6025
6075
6770
6700
마르파
투쿠체
칼리간다키
5895
8172
무리 방향
마양디콜라
포카라 방향

티베트
네팔
포카라
마나슬루
에베레스트
카트만두
인도
다울라기리

0 20 40 60 80 100 miles
0 50 100 150 200 km

티리가온
단가르종
카그베니
묵티나트
좀솜

N

범례

축척 1 : 200,000

0   5   10 miles

0   5   10   15 km

등정 봉우리   ▲
가파른 협곡
마을   ■
고개
빙하

83°45′

제5봉 7,618m
↓

제3봉 7,715m
↓

제2봉 7,751m
↓

[다울라기리 산군의 전경]

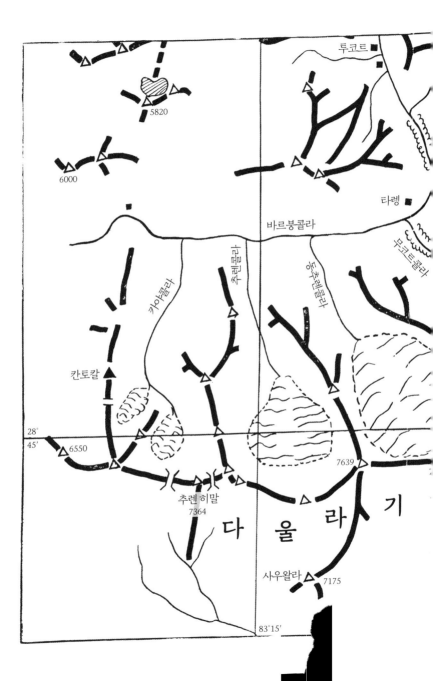

7,000m
↓

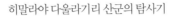
히말라야 다울라기리 산군의 탐사기

일러두기

- 이 책은 한국 최초의 히말라야 탐사 보고서인 『히말라야 다울라기리 山群의 探査記』(박철암 저, 어수각, 1963)를 개정한 것입니다.

- 이 책은 한국 최초의 히말라야 원정 60주년을 기념하기 위하여 제작되었습니다.

- 각주와 부록 일부(네팔의 군주, 영국 변리 공사 리스트, 찾아보기)는 독자 분들의 이해를 돕기 위해 새로이 추가한 것입니다.

- 네팔의 종족과 문화에 소개한 축제는 원문을 바탕으로 수정 및 보완하였습니다.

- 사진 일부도 새로이 추가되었습니다.

- 주요한 인명이나 지명 등은 외래어 표기 용례에 따라 원어명을 병기하되, 표기가 굳어진 명칭이 있는 경우 그에 따랐습니다.

히말라야

다울라기리 산군의 탐사기

박철암 지음

하루재클럽

朴鐵岩

韓國最初로 히말라야 다울라기리 第二峰 遠征.
1982年 가을. Nepal "무리" 地域.

권두언

내가 등산을 하게 된 동기는 한마디로 말해서 등반에 대한 의욕과 정열이었다. 의욕과 정열로 등반을 하면서 쌓은 경험과 실천이 바로 오늘 히말라야의 꿈을 실현하게 된 요인이다. 그동안 인생의 청춘기는 여러 가지로 정의돼 왔다. 청춘기를 야심과 정열의 계절이라고 한 누군가의 말처럼 나의 청춘기는 아마도 산에 대한 정열이 대부분을 점유했다고 해도 과언이 아닐 것이다.

나는 그 옛날 낭림산맥狼林山脈이 북서로 뻗어 내린 어느 산기슭에서 자랐다. 그 덕분에 남달리 자연과의 접촉이 잦았다. 해마다 가을이 되면 마타리꽃과 송충초(솔체꽃) 같은 고산초화가 우거지는 숲을 찾아서 무심히 걷기를 좋아하는 등 산에 오르기를 더없는 즐거움으로 삼으며 지냈다. 나의 이러한 과거를 떠올리면, 이것이 아마 등산을 하게 된 동기가 아닌가 하고 느껴진다.

그러나 내가 본격적으로 산을 오르기 시작한 것은 낭림산맥에 있는 '직골'이라는 깊은 계곡에서부터다. 당시 내 나이 16세였다. 몇 사람이라도 모이면 10여 일씩 그 산을 헤매는 것을 즐겼다. 다음에는 동백산東白山, 마대산馬垈山, 소백산小白山, 낭림산狼林山 등을 찾아다녔다. 그렇다고 내가 등산에 관한 기본 지식이나 등반에 대한 지도를 누구에게 받은 것은 아니다. 다만 나 스스로 정열과 의욕으로 20여 년간 꾸준히 등산에 전념해 왔다. 오랜 세월을 산에 다니면서 자문도 해 보았다. 이 높은 산을 왜 오르고 있는 것일까? 무거운 짐을 지고 숱한 고생을 사서 하면서까지 왜 험준한 산을 탈까? 그러나 나는 이 질문에 대한 대답을 찾지 못한 채 정상에 서곤 하였다.

나는 자연이 우리 인간의 산 교실이고, 산은 어느 종교인의 교훈보다도 경건하고 엄숙한 존재라는 것을 알게 되었다. 인간에게는 이합집산離合集散이 있지만, 자연은 영원하다. 그 영원한 자연의 법칙 아래에서 우리는 일생을 보낸다. 자연과 같이 믿음직하고 의지할 수 있는 무언無言의 대상은 또 이 세상에 없지 않을까 생각한다. 나는 산을 오르는 것이 유일한 나의 목적이라고는 생각하지 않는다. 다만 한정된 나의 인생에 있어서 이러한 세계에 접근함으로써 좀 더 나 자신을 수행하고 싶은 생각이다.

나는 이번에 세계에서도 제일 험준하다고 알려져 있는 다울라기리Dhaulagiri 2봉으로 접근하게 되었다. 처음 대하게 되는 히말라야의 만년설과 빙벽, 세락, 폭음을 내며 쏟아지는 눈사태, 그 깊이를 알 수 없는 크레바스 그리고 돌변하는 기상 변화 등 모두가 낯선 자연물이 아니던가. 나는 그 너무나도 웅대하고 무한한 자연과 신의 조화에 비해 인간의 존재란 극히 미미하고 작음을 새삼 느꼈다. 그러나 나는 견줄 것 없는 높고 험한 산의 자태를 능히 이겨 내고 드디어 우리가 목적하던 다울라기리 2봉 탐사를 무사히 마칠 수 있었다. 앞으로 나는 이번 경험을 토대로 평소 우리의 숙원인 다울라기리 2봉 정복을 위해 끊임없이 수련을 거듭할 예정이다.

끝으로 여기에 나오는 여러 가지 어려운 인명, 지명 등 고유명사의 표음을 정확히 표현하지 못한 점을 유감으로 생각한다. 본서를 출판하게끔 여러모로 지도해 주신 조영식趙永植 박사와 직접 간접으로 도와주신 여러 선배와 동지들에게 심심한 감사의 뜻을 표하는 바이다.

1963년 11월, 설악산 신흥사에서 저자

차례

다울라기리 산군의 탐사기

山群　　探査記

다울라기리

다울라기리산맥은 칼리간다키강Kali Gandaki River의 광활한 계곡을
사이에 두고 안나푸르나Annapurna 산군과 마주하고 있다. 이 계곡은
티베트로 향하는 주요 통상로이기도 하다. 다울라기리 2봉은 그 자
체가 동쪽의 중심으로 히말라야의 극축極軸과 일치한다. 또한 아직 정
복되지 않은 비경으로 세계 등산가의 동경의 대상이다. 그러나 이 산
맥은 티베트와 경계를 이루지는 않는다. 일찍이 인도 측량국 기사들
에 의해 지도화地圖化되기는 했지만, 알피니스트들에게는 아직도 미
지의 비밀스러운 봉우리로 그 실정이 정확히 파악되지 않았다.

    1952년, 런던 영국박물관 식물학자들이 이 산맥의 북부 계곡을
답사한 적이 있다. 그러나 이들은 웅대한 북동면으로 접근하지는 못
했다. 그들 말에 의하면 산이 마치 약속의 땅(가나안)처럼 보였다고 한
다. 그 후 로버츠J.O.M. Roberts를 비롯한 많은 등산가들이 그 산기슭

---

* 7,751m. 1971년 오스트리아 미국합동대의 아돌프 후버Adolf Huber, 로널드 피어Ronald
Fear, 아디 바이센슈타이너Adi Weissensteiner와 장부Jangbu 셰르파가 북서쪽으로 초등했
다.
** 1916-1997. 인도 태생의 영국 육군 장교로 네팔 트레킹의 아버지로 불린다.
1938년 카라코람 마셔브룸 원정에 참가했고, 1941년 토스 빙하에 있는 다름수라
Dharmsura(6,431m)를 초등했다. 이후 다양한 히말라야 등반 경험을 통해 1953년 에베레
스트 원정대에 합류하기를 원했으나 수송담당에 실망하여 참가하지 않고 에베레스트 남

을 통과하는 것이나 혹은 등반을 시도했지만, 모두 물러나고 말았다. 더욱이 남부 사면은 몬테로사Monte Rosa산의 동부 암벽보다도 더 험준해, 이곳으로 접근한 원정대는 아직까지도 없다. 이러한 정황을 배경으로 우리는 1962년 8월 비경에 싸인 웅봉雄峰 다울라기리 2봉 원정을 기획하였다.

1 준비

히말라야 원정 기획은 1958년 2월 초 설악산 동계등반을 마치고 돌아와 종로 어느 다방에서 당시 경희대학교 산악회 소속이던 김영수金永洙군과 히말라야 이야기를 한 데서 발단이 되었다. 그날 이후 우리는 서로 만나기만 하면 "히말라야! 히말라야!" 하고 열을 올렸다. 그러나 이 꿈은 별 진전 없이 그해를 보내고 이듬해에 이르러서야 멤버를 갖추고 실질적인 계획을 세우게 되었다.

　　네팔 히말라야 다울라기리 2봉을 목표로 택한 것은 네팔이라는

서부의 세 개 계곡을 탐사하면서 메라피크(6,476m)를 초등하였다. 1954년 히운출리 초등, 1955년에 다울라기리 탐사를 하였다. 이후 많은 등반 경험으로 1964년 마운틴트레블네팔을 설립하여 트레킹을 활성화하였다. 1997년 포카라에서 사망하기 직전까지 mountaintravelnepal.com에 '히말라야 오디세이'라는 블로그를 만들어 자신의 삶에 대해 글을 썼다.

나라가 1949년에 비로소 건국된 신생국이라는 점이 흥미로웠기 때문이다. 또한 다울라기리가 아직도 미개척지로 남아 있을 뿐만 아니라 카라코람이나 가르왈, 아삼, 시킴 히말라야보다 입산 수속과 허가가 비교적 쉬웠던 이유도 있었다.

2,000km나 되는 히말라야 전 산맥 중에 높은 산은 대개 이 나라, 네팔에 있다. 각국의 등반대들은 이미 에베레스트, 안나푸르나, 마칼루, 마나슬루, 초오유, K2, 로체, 낭가파르바트 같은 고봉을 올랐고, 아직 오르지 못한 산 중에 다울라기리 히말의 제2봉(7,751m)과

[다울라기리 산군]

산명山名	표고標高	위도緯度	경도經度
다울라기리Dhaulagiri 1봉	8,167m	북위 28° 41′ 45″	동경 83° 29′ 36″
다울라기리Dhaulagiri 2봉	7,751m	북위 28° 45′ 46″	동경 83° 23′ 14″
다울라기리Dhaulagiri 3봉	7,715m	북위 28° 45′ 16″	동경 83° 22′ 46″
다울라기리Dhaulagiri 4봉	7,661m	북위 28° 44′ 10″	동경 83° 18′ 55″
다울라기리Dhaulagiri 5봉	7,618m	북위 28° 44′ 04″	동경 83° 21′ 56″
추렌 히말Churen Himal	7,385m	북위 28° 44′ 06″	동경 83° 12′ 58″
다울라기리Dhaulagiri 6봉	7,268m	북위 28° 42′ 30″	동경 83° 16′ 32″
푼타 히운출리Puntha Hiunchuli	7,246m	북위 28° 44′ 50″	동경 83° 08′ 55″
투쿠체 피크Tukuche Peak	6,920m	북위 28° 44′ 40″	동경 83° 33′ 42″

제3봉, 제4봉, 제5봉이 있었다. 이 산들은 높이에 있어서는 전자의 8,000m급에 미치지 못하나 결코 자이언트에 못지않을 만큼 험준하다.

그중 다울라기리 2봉에 다가서기 시작한 것은 1905년 유명한 등산가 롱스태프 박사가 서부 네팔에 있는 '아피남파Api Nampa'라는 산의 접근로를 찾기 위해 다울라기리 산기슭을 통과한 것이 시초였다. 그 후 1950년에 이르러 프랑스의 에르조그Maurice Herzog 원정대의 북동 방면 정찰, 1954년 영국의 로버츠Roberts 원정대, 1955년 스위스와 독일 합동대, 1958년 일본 교토대학京都大學 가와기타川喜田를 대장으로 한 서북 네팔 학술조사대, 1959년 일본 게이오대학慶應大學 가토加藤를 대장으로 한 다울라기리 정찰대 그리고 1962년 3월 무코트 Mukot 방면으로 입산한 일본대학 이시자카石坂 등이 정찰을 하거나 그 산기슭을 통과한 적은 있다. 그러나 모두 다울라기리 2봉으로 접근하지는 못했다.

그래서 이 산은 각국 등산가들의 연구 대상이 되었고, 오르지 못한 세계의 산들 가운데 가장 곤란하고 험준한 산이라고까지 일컬어져

---

* Tom George Longstaff(1875~1964). 영국의 의사, 탐험가 및 등산가. 1907년 3개의 봉우리로 이루어진 인도/파키스탄 히말라야의 트리술Trisul(7,120m) 제1봉을 등정했다. 1909년 카슈미르 지역에서 카라코람산맥을 덮은 세계에서 가장 긴 시아첸Siachen 빙하(75km)를 탐험하였으며, 테람칸리(7,464m)를 발견하여 '히말라야의 선구자'로 꼽힌다. 영국산악회 회장(1947~1949)을 역임했다. 저서로는 『This My Voyage』가 있다.

왔다. 이와 같은 세계에서 제일 어려운 산을 경희대학교 등반대의 힘으로 개척하자는 것이 우리의 염원이었다. 본격적인 등반에 앞서 먼저 정찰대를 파견하기로 결정했다. 드디어 본 계획을 실행에 옮기기 위해 1961년 10월 네팔 외무부에 등반 허가 신청서를 보냈다.

산을 하나의 상품으로 취급한다며 네팔 정부를 비판하는 사람도 있으나, 마땅한 외화벌이 산물이 없는 그들이 외국 원정대를 환영하는 것도 이해된다. 히말라야를 나라의 자원으로 생각하고 국가의 유일한 소득원으로 여기는 네팔은 1956년부터 등반을 위한 입산료와 셰르파 고용에 관한 규정을 만들고 네팔등산클럽NEPAL MOUNTAINEERING CLUB 명의로 이를 공포한 바 있다. 그 후 1959년에 이르러 네팔로 들어오는 등반대의 수가 늘어나면서 히말라얀 소사이어티Himalayan Society(히말라야 협회)가 창설되고 다시 등산 규정을 개정하였다. 이 규정은 1956년에 제정된 것보다 훨씬 구체적이며 내용도 한층 강화되었다.

본대는 1961년 등반 허가를 신청하고 이듬해 1월 다음과 같은 규정을 입수했다. 그 내용은 등반 조건에 관한 조약 이행과 한국 정부의 허가서를 요청한다는 것이었다. 네팔 정부의 정식 공문에 담긴 등반 조건을 살펴보면 다음과 같다.

귀하의 원정대는 다음 사항을 준비한다.

(가) 네팔 국내에서 사용하는 품목과 원정을 마치고 휴대할 장비 품목 그리고 각자가 사용할 품목의 가격을 명시한 명세서 사본을 제출할 것.

(나) 총 경비에 대한 예산서를 제출할 것.

(다) 본국 세르파를 고용하는 외국 원정대에 한해 등반을 허가하며, 세르파는 카트만두 프타리 시타크 소재 히말라얀 소사이어티의 중개를 거쳐 고용할 것.

(라) 다울라기리 2봉은 25,000피트 이상이므로 허가에 필요한 입산료는 3,200루피이고, 허가 신청 시 50%를 송금하여야 수속이 진행됨.

이 외에 제1조에서 제20조 항에 걸친 규약을 살펴보면,

제1조 원정대는 네팔 왕국이 임명하는 1명의 네팔 연락관을 동반해야 한다.

제2조 네팔 정부 연락관의 급료는 네팔 화폐로 매월 320루피를 지급하고 등산 기간에는 식량, 슬리핑백 기타 일체의 편의를 제공해야 한다.

제3조 원정대는 카트만두에서 목적지까지 소요되는 연락관의 왕복 여비를 부담한다.

제4조 원정대는 네팔 정부가 허가한 산봉우리 또는 장소 범위 내에서 행동한다.

제5조 본 정부는 언제라도 원정대의 소행이 나쁘다고 인정될 때는 허가를 취소할 수 있다.

제6조 원정대는 네팔을 출발하기 전에 간단한 원정 보고서를 제출하고 귀국 후 6개월 이내 혹은 원정기를 발간하기 전에 반드시 상세한 보고서를 제출해야 한다.

제7조 원정대는 네팔 국내에서의 이동 경로를 요약한 계획서를 미리 제출해야 하며, 네팔 체류 중에는 미리 계획된 경로에 따라 이동하지 않으면 안 된다.

제8조 송신장치, 무기, 탄약, 기타 폭발물 등은 네팔 정부가 발급한 인증서나 허가 없이는 금지된다.

제9조 원정대는 지역 주민의 종교적, 사회적, 혹은 도덕적 관습과 풍습에 해를 끼치는 어떠한 행위도 해서는 안 된다.

제10조 원정대는 운행 중 포터 또는 연락관이 생명을 잃거나 상해를 입었을 때에는, 그 원인이 과실이건 아니건 간에 부상자 또는 사망자 가족에게 보상해야 한다.

제11조 원정 중 수집된 대표적 자료의 견본은 반드시 원정대가 네팔을 출국하기 전에 제출하여야 하며, 발간하려고 하는 사진은 발간 전에 네팔 정부에 제출해야 한다.

제12조 입산료는 다음과 같다.

　　　A. 다울라기리, 에베레스트, 마칼루, 초오유, 마나슬루, 칸첸 중가, 안나푸르나 원정은 4,800루피.

　　　B. 상기의 산을 제외한 25,000피트 이상의 높이를 가진 산의 탐험은 3,200루피.

　　　C. 상기 입산료는 원정대의 규모에 관계없이 달러, 파운드 또는 본국 화폐로 지불한다. 4명 이상으로 구성된 과학적 목적을 위한 탐험인 경우에는 1,600루피를 지불하며, 소규모의 원정대는 800루피를 지불한다. 등산 허가를 신청하고 1개월 이내에 입산료의 50%를 네팔 정부에 지불하여야 하며, 이를 이행하지 않을 경우, 허가 신청은 자동 취소된다. 입산료 잔액은 카트만두 도착 즉시 지불해야 한다.

제13조 정기간행물 또는 신문에 의한 원정의 일반적 보도는 독점을 인정하지 않는다. 그러나 개인적인 보고나 기행문은 이에 구애되지 않는다.

제14조 네팔 히말라야의 원정 신청은 자국 정부의 승인이 있어야 한다.

제15조 네팔 정부가 등산을 목적으로 하는 외국 원정대의 입국을 허락하면, 원정대는 사다Sirdar, 셰르파Sherpa, 포터Porter 고용에 대해 카트만두 소재 히말라얀 소사이어티를 통해 그 승인을

얻지 않으면 안 된다.

제16조 등반 또는 과학적 연구를 위하여 네팔에 입국하려고 하는 외국 원정대는 네팔 영토에 들어설 때, 다음 2개 사항에 해당하는 물품 세목을 신고해야 한다.

      1. 네팔에서 실제 사용하는 소비품

      2. 각기 자국에 가지고 갈 물품

1항에 속하는 물품에 대해서는 세금이 부과된다. 그러나 네팔 정부의 수화물 규정에 해당하는 개인 소지품은 제외한다.

제17조 2항에 해당하는 물품, 즉 다시 가지고 갈 물품에 관하여는 반드시 그 세금을 예치하여야 하며, 예치된 금액은 원정대가 네팔을 출국할 때 반환한다. 그러나 만일 2항의 물품을 본국에 가지고 가지 않을 때는 해당 세금액을 상기 예치금에서 공제한다.

제18조 네팔에서 전 경비를 지불하고자 하는 원정대는 가능한 한 달러 또는 파운드로 지불하고, 불가능할 때는 자국 화폐로 외무부를 통해 교환하여 사용한다.

제19조 본 규정은 1962년 1월 1일부터 발효한다.

제20조 연구를 위한 원정대일지라도 특별한 합의 없이는 입산료 면제 특권을 받지 못한다.

이처럼 등반 조건은 예상외로 까다로웠다. 우리가 직면한 당초의 난관은 규정 제14조에 명시된 바와 같이, 한국 정부의 허가 없이는 아무리 히말라야에 가고 싶어도 출국할 수 없다는 점이었다. 그렇기에 우리는 관계 기관에 계획서를 제출한 뒤에도 수차례 산악회 측의 연석 심의회를 거쳐야 했고, 1962년 3월 29일에야 비로소 정부로부터 허가를 받을 수 있었다. 준비는 이미 진행하고 있었기 때문에 국내에서 제작할 수 없는 특수 장비만 외국에 발주하기로 하고, 출국 일정도 8월로 정했다.

　두 번째 난관은 네팔 정부로부터 등반 허가를 받는 것이었다. 네팔 정부에 한번 서한을 보내면 한 달 반에서 두 달은 걸려야 회신이 오기 때문에 원정 준비가 너무 힘들었다. 우리가 수속을 서두르고 있을 때 마침 우리나라에서 아시아 민족 반공연맹 임시총회가 열리고 있었다. 네팔 대표로 다모다가 방한 중인 것이 무엇보다도 다행한 일이었다. 우리는 5월 14일과 5월 15일 양일간 다모다가 투숙한 호텔을 방문하고 등반 계획을 말한 후 협조를 요청했다. 그는 자기가 귀국하면, 곧 한국 등반대가 입산할 수 있도록 최선의 노력을 하겠다고 약속

---

* 1962년 5월 아시아 민족 반공연맹 제8차 임시총회가 서울에서 개최되었는데 20개국의 회원국과 16개의 옵서버, 4개의 민간단체가 옵서버로 참가했다. 아시아 민족 반공연맹은 1954년 공산 침략의 위협을 받는 아시아 민족 상호 간의 반공 유대를 강화하여 자유 아시아의 집단 안전 보장에 공헌할 목적으로 만들어진 기구이다. 한국, 자유중국, 필리핀, 베트남, 태국, 홍콩, 마카오, 류구 등 8개국이 참여하였다.

해 주었다. 본대의 계획은 점차 무르익어 갔다.

또 한 가지 난관은 자금 문제였다. 본대는 다울라기리 2봉 탐사가 목적이었기에 이에 대한 원정비만 필요했다. 하지만 과거 이탈리아 K2 등반대는 총경비가 무려 6,500만 원이나 들었다고 한다. 가까운 일본의 예를 보아도, 계획이 비록 소규모의 원정대였지만 1인당 25만 원 내지 30만 원가량 원정비가 소요되었다. 실제로 본대의 계획은 최대한 절약해서 1인당 25만 원으로 정했다. 1인당 25만 원이나 소요되는 문제도 우리의 실생활에 비추어 볼 때 사실상 해외 원정이란 일종의 꿈이 아닐 수가 없었다. 이번 우리 원정대 경비 대부분이 모교의 전폭적인 지원과 동아일보의 후원으로 이루어졌다는 것을 상기하면 학교 당국과 본대를 후원해주신 여러분께 다시 한번 감사해 마지않는다.

여러 가지 난관에도 불구하고 준비는 착착 진행되었다. 5월 30일에는 고대하던 네팔 정부의 입국허가 통지를 받았다. 모든 수속이 끝난 8월 초, 우리는 300kg의 장비를 인도 캘커타로 먼저 발송하고 출발일인 8월 15일을 고대했다.

2 출발

역사적인 대한민국 광복의 날, 8월 15일이 왔다. 히말라야 원정을 시도하는 일은 한국 역사상 초유의 장거壯擧로 대내외적으로 커다란 관심사였다. 출발 당일 수많은 사람이 공항에 나와 우리 일행의 장도를 축복해 주었다. 우리는 원정을 성공시키기 위한 형용할 수 없는 감동으로 벅찼다. 그리고 우리 자신은 국가적인 책임감으로 외국 등산가들의 수준에 비해 조금도 손색이 없는 실력을 발휘하고자 마음 깊이 다짐했다.

　조국을 뒤로 한 우리 비행기는 이날 오후 6시 30분 일본 동경 하네다 국제공항에 도착했다. 도착 즉시 하쿠바白馬 등산장비점에 발주한 장비 일부와 고소식량을 인수했다. 이튿날 동경을 떠나 마닐라를 경유하여 태국 수도 방콕에 도착했다. 태국에서는 우리나라 유재흥劉載興* 대사께서 친히 영접해 주었다. 카라반 도중에 사용할 부식도 유 대사의 친절한 알선으로 값싸게 살 수 있었다.

* 1921-2011. 태국 주재 대한민국 대사, 대한민국 국방부 장관 등을 지낸 군인, 산악인, 외교관, 정치가이다. 1960년 4월 한국하켄클럽 회장으로서 한국 최초의 해외 원정으로 대만 옥산을 등반했다.

3 인도印度

8월 22일 오전 9시 20분 방콕을 출발하여 미얀마 양곤Yangon에서 잠시 휴식한 후 오후 1시 30분 캘커타에 도착했다. 도착하는 즉시 장비를 인수하려 했으나, 통관 절차가 복잡해 이튿날 다시 세관으로 가기로 했다. 네팔로 가지고 가는 장비에 대해서는 이유 여하를 막론하고 인도를 경유하여야 한다는 규칙이 있었다. 그래서 통관도 인도와 네팔 두 나라에서 복잡한 수속 절차를 밟아야 했다.

1962년부터 인도 국내 통과에 대해서 인도 정부 훈령[F13(12)-Pv11/61 Government of India, 12 Sep. 1961]과 네팔 국내의 등산에 관한 신 규칙(Terms and Conditions for Carrying Mountaineering Expedition to the Himalaya in Nepal)이 적용되어 양국의 제반 수속이 까다로웠다. 우리는 통관에 필요한 서류(Ministrys note No. D. 10510-Nef/54)를 갖추어 캘커타 세관에 제출했다. 2일 만에 장비에 대한 내용 검사를 마치고 출고증을 받아 소정의 세금을 지불하고 보세창고에서 장비를 인수했다.

캘커타는 과거 영국이 인도를 지배할 때부터 오랫동안 중심 역할을 해온 관청, 궁전, 궁정의 미를 자랑하던 도시였다. 그뿐만 아니라 카스트(인도 또는 네팔 사회를 지배하는 특징적인 계급제도)제도가 그대로 남아 있는 도시이기도 하다. 캘커타의 슬럼가에 들어가면, 이곳이 인간 집단의 사회인가 하고 의심할 정도로 빈부의 차가 극심한 것을 발견할 수 있다.

기후 때문인지 사람들의 행동이 느리며, 무더운 뙤약볕 밑 어느 곳에서나 낮잠을 즐기는 사람이 많았다. 밤이 되면 거리는 마치 행인들의 숙소인 양 건물 앞이나 땅바닥에 수많은 사람이 아무것도 걸치지 않고 그냥 누워 잠을 잔다. 또한 인도인의 아랫바지는 이상하게도 엉덩이 가까이까지 걷어 올리는데, 거기서 풍기는 악취는 구역질이 날 정도다. 더욱이 동파키스탄에서 들어온 난민들이 이곳에 거주하기 때문에 거리가 더럽다는 말도 있다. 인도 정부는 이 난민들을 남인도 단다카라냐 지구에 정착시키려고 했다. 그러나 그곳은 원래 맹수들이 출몰하는 미개척 산림지대라 도회의 공기를 느낀 이들은 고생이 되더라도 좀처럼 단다카라냐로 들어가려 하지 않는다.

이들은 외국인을 용하게 알아보고 구걸을 한다. 처음에는 측은한 생각에 얼마를 던져주었는데, 잠시 후에 떼를 지어 달려들어 다음부터는 아무리 손을 내밀어도 일절 주지 않고 딱 잡아뗄 수밖에 없었다. 어느 역에서 차에 올랐는데 한 영국인이 내 카메라가 창 옆에 걸려 있는 것을 보더니 깊이 감추지 않으면 잃어버린다고 주의를 시켰다. 그 사람의 말대로 차가 역에 도착하기만 하면 거지 떼들이 창가에서 웅성대면서 차창 속을 노렸다. 만년필과 같이 눈에 잘 띄는 것은

---

* 파키스탄 자치령의 일부였던 행정구역으로, 1971년 방글라데시로 독립했다.

어느 틈에 소매치기를 당할지 모른다.

카스트제도가 인도 사회에서 그리 쉽게 없어질 만한 징조는 보이지 않는다. 카스트제도는 역사적으로 수백 년이 되었지만, 카스트 사회의 하층 계급은 의미 있는 역사를 만들어내지 못할 것이다. 그들은 무의미하게 생활하다가 죽음을 맞이할 뿐만 아니라 먹고살다가 자기와 같은 인간을 낳음으로써 일생을 마칠 것이다.

인도 사회에는 문둥병이 만연되고 있었다. 그러나 그것보다도 카스트제도가 더욱 무섭고 두려운 존재이다. 카스트제도는 인도 사회를 지배하는 특징적인 계급제도를 말한다. 그렇지만 실제로 대장간 카스트라든가, 순례 음악사 카스트라고 하는 따위의 말을 들을 때는 알 듯하면서도 분별하기 어려웠다.

우리가 캘커타** 주재 네팔 영사관에 갔을 때, 영사를 만나러 왔다는 한 네팔 사람을 만났다. 그는 자기가 저술했다는 네팔 역사책 한 권을 보여주면서 자랑했다. 그런데 그 사람은 후두부에 손가락 하나 길이의 머리카락을 길게 늘어뜨리고 있었다. 이상하게 여겨 머리를 깎으면 다 깎아버리지 왜 그 부분만 조금 남겨두었느냐고 물었더니, 그 사람 말이 자기들은 머리카락으로 어느 카스트에 속하는지 구별할 수 있다는 것이었다. 그러고 보니 옷이나 좀 깨끗이 입고 장사하는 사

** 옛 명칭은 캘커타Calcutta이다. 1995년에 전통 명칭인 콜카타Kolkata로 개명했으나, 세계적으로는 여전히 캘커타라는 명칭으로 더 유명하다.

네팔의 계단식 밭

람들은 거의 머리를 기르고 있어서, 그들이 어느 카스트에 속하는지 알 수 있었다.

8월 26일 오후 9시 10분 북행北行 열차로 캘커타 하우라Howrah 역을 출발해 파트나Patna로 향했다. 차창으로 보이는 경치는 단조로워 하루 종일 가도 변함이 없었다. 놀랄 정도로 철교의 수가 적고 강江도 없는 대평원이 시야에 펼쳐졌다. 또 군데군데 마을과 한가하게 논에 물을 대는 농부들이 보였다. 사람이 많이 모일 때는 아침인 것 같았다. 이 시간만은 인도인들이 마치 메뚜기 떼와 같이 마을 밖에 모여서 웅성거렸다. 길을 걷고 있는 사람은 흙이나 금속으로 만든 작은 단지를 머리에 이든가 또는 손에 쥐고 다닌다.

대다수는 땅에 앉아서 용변을 본다. 제일 먼저 여자들이며, 점차 날이 밝아오면 남자들이 용변을 본다. 남녀가 다 같이 쭈그리고 앉아서 용변을 보는데, 서서 용변 보는 사람은 없는 것 같았다. 뒤를 보고 나서는 손에 든 단지 물을 왼손으로 떠서 궁둥이를 슬쩍 씻는다. 오른손은 절대로 쓰지 않는다. 그 이유는 카레라이스를 반죽하거나 식사할 때 오른손을 사용하기 때문이다. 그래서 오른손을 소중하게 다룬다. 그리고 열차에는 화장실이 2등 이상에만 있었다. 변기 옆에는 샤워기가 달려 있어 물맞이를 할 수 있다. 또한 2등 이상이면 휴지가 있으나, 상류층들도 필요할 때만 휴지를 사용하는 것 같았다.

인도는 여러모로 극도의 무지와 빈곤이 지배하고 있는 듯한 인상을 주었다. 우리는 파트나에 도착하는 즉시 다시 장비 검열을 받은 후 오후 2시 20분 파트나를 뒤로하고, 네팔 비행기 왕립호王立號를 타고 북인도 평야를 지나 네팔 시왈리크Siwalik산맥으로 들어섰다. 시왈리크산맥의 능선에는 산정과 산 중턱에 잘 손질된 계단식 밭과 그 밑으로 네팔의 아담한 농가들이 보였다. 그 산맥을 넘어 얼마를 더 날아가니 비행기는 어느새 카트만두 분지에 다다랐다. 창밖을 내다보니 망망한 운해만이 시야를 가릴 뿐 안타깝게도 히말라야산맥은 좀처럼 그 위용을 드러내지 않았다.

잠시 후 우리는 카트만두 공항에 도착했다. 어떻게 알았는지

UPI기자 쿰타가 마중을 나와 있었고, 우리는 여기서 첫 인터뷰를 했다. 그리고 곧 시내로 들어가 스노우뷰 호텔에 여장을 풀었다.

4 카트만두

태국과 인도의 찌는 듯한 더위에 비하면, 카트만두의 기온은 너무도 시원해서 우선 숨을 돌릴 것 같았다. 카트만두의 기후는 마치 서울의 9월 중순과 비슷해 저녁이면 스웨터를 입고 다니는 사람들도 보였다.

8월 28일 오전 10시, 본대는 네팔 외무부를 방문해 나렌드라 빅람 샤를 만나 내방 인사를 하고 입산료 잔금을 치렀더니, 통행증을 발부해주었다. '이번 대한민국 경희대학교 원정대가 다울라기리 2봉 정찰에 있어서 원정대가 거쳐 가는 마을에서는 이들에게 최대한의 편의를 제공하라'는 요지의 통행증이었다.

오후에는 쿰타의 안내로 시내 구경을 나갔다. 카트만두 사람들의 얼굴이 우리나라 사람과 비슷해 매우 놀랐다. 남자들은 대개 맘보바지를 입고 있었다. 개중에는 인도 남자들의 하의와 같은 것을 걸치고 다니는 사람도 있었다. 이 나라 진경의 하나는 열 살 안팎의 소년들이 담배를 피우는 모습이었는데, 그 광경이 참으로 가관이었다. 그것도 자기만 피우는 것이 아니라 아버지와 아들이 맞불질을 해도 별

카트만두 공항에 도착한 다울라기리 2봉 원정대.
왼쪽부터 정부연락관, 셰르파, 김정섭 대원, 송윤일 대원, 쿡, 셰르파, 사다, 주정극 대원, 셰르파.
맨 오른쪽이 박철암 대장. 1962. 8. 26

카트만두 시내에서

로 흠이 되지 않는다. 이 나라의 습성인 모양이었다.

그리고 또 한 가지 특이한 점은 사원 내 건물의 조각들이 남녀가 서로 껴안고 얽히어 있는 자태였다. 그것도 여자의 치부가 노출되어 있어서 처음 보는 우리는 아연실색할 정도였다. 그래서 굽타에게 그

연유를 물었더니, "삼라만상이 모두 음과 양으로 되어 있는데, 남녀가 합하면서 완전한 인간이 되지 않겠습니까? 네팔에서는 이것을 예술이라고 하면서 자랑으로 삼고 있답니다."라고 말했다. 그 후에 들은 이야기지만, 섹스는 네팔인의 인생관의 중대한 요소로 우리나라와 달리 수치심은 전혀 없다고 한다. 시내를 구경하고 나서 저녁에 굽타가 베푸는 만찬회에 참석해 처음으로 네팔의 진귀한 음식을 맛보았다.

8월 29일, 셰르파 계약을 위해 히말라얀 소사이어티로 갔다. 셰르파는 '안내인'이라는 뜻으로, 히말라야 등반에 셰르파 없이는 소기의 성과를 얻을 수 없을 만큼 중요한 역할을 한다. 따라서 셰르파와 히말라야는 절대 불가분의 관계가 있다. '셰르파'는 히말라야산맥 어디에나 있다고 생각하는 사람이 있을지 모르겠으나 사실은 그렇지 않다.

셰르파는 티베트어로 '동쪽의 사람'이다. '셰르'는 동쪽, '파'는 사람이라는 뜻으로 티베트의 동방에 거주하는 일종의 특별한 종족을 가리킨다. 이 셰르파는 에베레스트 산기슭 솔루쿰부Solu Khumbu에 사는 원주민에 지나지 않지만, 설산雪山 안내는 세계적으로 유명하다.

셰르파가 훌륭한 등반 안내인이 된 것은 과거 영국 등반대의 에베레스트 원정 당시 그들이 고소에서 확실히 우수한 자질을 지녔다는 것이 확인되었기 때문이다. 이후 이들을 인도 북부 지방에 있는 다르질링으로 데려가 이곳에서 등반 교육을 시켰고, 이를 통해 셰르파는 점차 세계에 알려지게 되었다. 확실히 셰르파는 일반 사람과 달리 산 안내에 특별한 자질을 가진 우수한 사람들이다. 그러나 셰르파가 순전히 산 안내만을 업으로 삼는 것은 아니다. 평상시에는 대부분 농사를 짓거나 기타 여러 가지 삯일을 하며 평범하게 산다.

2년 전만 해도 네팔에 입산한 외국 원정대는 다르질링에서 교육받은 셰르파를 고용해왔는데, 근년에 와서는 등산 규정이 새로 개정 발표되면서 다르질링의 셰르파를 고용할 때는 등산 허가를 해주지 않는다. 셰르파 고용에 관한 이러한 규정이 새로 만들어지기까지의 연유를 좀 더 살펴보면, 1953년 에베레스트 등정이라는 역사적 성과를 거둔 셰르파 텐징이 어떤 자리에서 "나는 인도 사람이다."라고 말한 것에서 비롯되었다.

예로부터 셰르파는 다르질링 셰르파와 네팔 셰르파의 가치가 정해져 있어, 이 문제는 으레 하나의 정치문제로 네팔 국내에서 물의를 일으킨 원인이 되었다. 다르질링은 현재 인도령으로 다르질링 셰르파의 국적은 텐징이 말한 바와 같이 확실히 인도라 할 수 있다. 그러나 인종으로 보면 틀림없이 네팔인이라는 것에 미묘한 문제가 있는 것이다.

이러한 연유로 네팔 정부는 네팔 국내에 있는 산을 등반하는 이상 당연히 순수한 네팔 셰르파를 고용해야 한다는 엄격한 규정을 만든 것이다. 이와 같은 문제 해결에 정부 수상까지 나선 것을 보면, 문제의 성격이 얼마나 심각하였던가를 짐작할 수 있다.

그러나 한 가지 유감은 유능하면서도 지도적 입장에 있는 셰르파들이 해마다 은퇴하거나 사망한다는 사실이다. 게다가 근래에 와서는 이런 셰르파에게 많은 비용을 쓰는 것보다 비용이 적게 드는 로컬 포터를 고용하는 원정대도 적지 않아 셰르파들도 전과 같이 쉽게 돈을 벌 수 없게 되었다.

본대도 출발 전에는 다르질링 셰르파를 교섭할 예정이었으나, 이런 사실을 알고 나서는 네팔 셰르파를 쓰기로 작정하였다. 우리는 히말라얀 소사이어티로 찾아가서 외국 등반대에 경험이 많은 셰르파 중에서 다섯 명의 명단을 적어 주고 이들을 알선해줄 것을 의뢰하였다. 참고로 그 명단을 적어보면 사다 일라남겔, 셰르파 일라텐징(쿡), 셰르파 락파, 셰르파 앙바상, 셰르파 앙다이다. 이상과 같이 셰르파를 요구하였으나, 앙다는 연락이 안 된다고 해서 대신 로컬 포터로 구로바를 쓰기로 하고 셰르파 고용계약을 맺었다. 노임은 셰르파의 등반 경력에 따라 다소 차이는 있으나 대체로 일정하다.

본대에서 고용한 셰르파의 노임은 사다가 9루피, 일라텐징이 7루피, 기타 셰르파가 5루피, 로컬 포터가 4루피로 모두 인도 루피로 지급했다. 이튿날 오후 2시에 셰르파들과 만나기로 하고 다모다의 안내로 카트만두의 명승고적을 참관했다. 처음 간 곳은 스와얌부나트

Swayambhunath 사원이었다. 그 절에는 수백 마리의 원숭이가 무리 지어 살고 있어서 경내가 몹시 소란스러웠다. 원숭이들이 기이한 소리를 지르면서 요란히 뛰어노는 것을 보는데, 저절로 옷깃이 여며지는 우리나라 절의 환경과는 퍽 대조적이었다.

건물 처마나 기둥에 새긴 조각은 우리나라의 조각과 별다른 차이가 없는 듯했다. 이 사원을 구경하고 또 파슈파티나트Pashupatinath[**]라는 사원으로 갔다. 이 사원의 규칙이 어찌나 엄격한지 소가죽으로 만든 것은 일절 휴대하지 못 한다. 그 이유를 물었더니, 이 사원은 소를 신성시해서 소가죽으로 만든 것을 지니고 있으면 신이 싫어한다는 것이다. 그래서 우리는 휴대한 혁대와 시곗줄을 풀고 심지어 구두까지 벗어서 맡기고 맨발로 바지춤을 움켜쥐고 경내로 들어갔다.

사원의 규모는 우리나라 통도사通度寺 정도인데, 관리가 잘 되어 있지 않아 경내가 몹시 불결했다. 본전 앞에 이르니 수도승이 뛰어나와 우리 이마에 동전 크기의 진흙을 붙여주고 금전화金錢花[***] 꽃잎을 머리에 얹어주었다. 다음에는 '성수聖水'라는 물까지 뿌려주는데, 그 물이 이마의 진흙을 스쳐 내려 목까지 스며들어서 좋은 기분은 아니었다. 이러한 의식을 마치고 돌아서니 우리 바로 뒤 불전 앞에 유기로

* 일명 원숭이 사원이라고도 한다.
** 5세기경 리차비 왕조에 의해 건설된 힌두교 사원
*** 벽오동과의 한해살이풀. 진홍색 꽃이 핀다.

만든 거대한 소 동상이 있었다. 사람들은 소 동상 앞에 합장하고 무어라고 중얼거렸다.

이슬람교의 계율이 엄격하다는 것은 누구나 다 아는 사실이다. 이곳에서는 소를 '시바신의 승물乘物 혹은 화신化身'이라고 하여 신성하게 취급한다. 네팔 사람들은 소를 성스러운 대상으로 여기기 때문에 산업적으로 육성하거나 자본으로 축적하지 못한다. 더욱이 아무 이유 없이 소를 죽인 사람은 사형에 처한다는 국법이 있는데, 우리는 도저히 이해할 수 없었다.

물론 소고기도 먹지 않는다. 그러나 우유는 짠 그대로 양동이에 담아서 팔러 다니는 사람이 있었다. 그리고 소 배설물 처리 방법이 흥미로웠다. 소가 거닐면, 여자아이들이 그 뒤를 따라다니면서 조금씩 떨어지는 배설물을 준비한 자루 속에 주워 넣는다. 자루를 머리에 이고 다니며 한 자루 가득히 차면 가지고 돌아와서 땅 위에 부어 놓고 둥그런 절편 떡같이 손자국이 나게 만들고, 그것을 벽에 붙여서 말린다. 그것을 취사나 기타 연료로 사용한다. 화력도 세다. 연료가 부족한 네팔에서 소 배설물을 소중하게 다루는 까닭에 소를 은혜의 신으로 추앙하는 것이다.

이 사원을 나와서 '바이주'라는 사원으로 가는 도중, 지프차 고장으로 약 2km나 되는 길을 걸어서 해 질 무렵에 도착했다. 사원 앞 연못에는 거대한 불상이 비스듬히 누워 있고, 그 주위에 헤아릴 수 없이

소 배설물을 주워 벽에 붙여 말리는
인도 여인

많은 잉어가 놀고 있었다. 연못 밑에는 22개 용머리로 된 수도 파이
프를 설치해 연못에서 흐르는 물이 그곳을 거쳐 떨어지는데, 그 모양
이 일대 장관이었다. 이곳 사람들은 이 물을 '성수'라고 부른다. 남녀
가 물맞이를 하며 액운을 면하게 해달라고 기도 드리는 모습도 보였
다.

　　오후 늦게 바이주에서 4km를 걸어서 호텔로 돌아왔다. 저녁을

먹고 나서 한 가지라도 더 보고 싶은 생각에 다시 시내로 나갔다. 카트만두의 번화가에 이르니 주차장에 택시가 4, 5대 보였다. 기사에게 카트만두에 택시가 얼마나 되느냐고 물었더니, 300대라고 했다. 인구는? 카트만두에만 50만이라고 한다. 나는 이 외에도 묻고 싶은 말이 있었으나, 굽타와 동행하고 있었기에 그에게 묻기로 하고 천천히 시장 길을 걸었다. 걸으면서 다음과 같은 기이한 이야기를 굽타에게서 들었다.

네팔에는 승려僧侶와 바라문婆羅門이 대단히 많고, 이들이 주민들에게 끼치는 영향도 대단히 크다. 주민들은 그들의 시간 중 반을 사원의 축제에 바친다. 특히 점술가占術家들이 지식계급으로서 널리 판을 치고 있다. 점술가 중에는 승려들도 있으나, 점술가들의 직업 분야는 어디까지나 뚜렷하다고 한다. 네팔에서는 위인고관偉人高官들도 여행을 하거나 사업을 하려고 할 때 반드시 점을 치기 때문에, 점술가는 수지맞는 직업인이라고 한다. 약을 먹는 것부터 전쟁을 선포하는 데 이르기까지 만사가 점술들들에 의해서 결정된다. 또한 베이드(의사)가 많다. 돈푼이나 있는 집은 적어도 한 명 이상의 전속 가정 주치의를 두고 있다. 그러나 병들고 가난한 사람을 위한 구제 기관은 별로 없고, 도회지를 제외한 지방에는 약국도 없다.

관청 공무원들은 특별한 계급의 사람들이 담당하는데, 주로 네

* 인도의 사성계급四姓階級 중 가장 높은 승려계급

와르Newars 사람들이라 한다. 카트만두에는 법관이 그리 많지 않으며, 부장판사급의 월급이 고작 300루피(우리나라 돈으로 약 5,580원)밖에 안 되기 때문에 으레 뇌물과 부패가 따른다.

국민은 진정을 의회에 직접 낼 수 있어 법은 비교적 공평하다. 사형과 체벌 등 야만적인 처벌은 바하두르 경이 영국에 다녀오고부터 철폐되었다. 다만 반역, 반란, 도망 기타 국사범은 사형 또는 종신형에 처한다. 정부 관리의 뇌물수수나 공금횡령은 벌금, 징역 또는 공직 추방의 처벌을 받는다. 또 한 가지 특이한 것은 하류계급이 상류계급을 사칭하거나 상류계급 사람에게 음식을 얻어먹으면 벌금형, 징역 또는 전 재산 몰수의 처분을 받는다. 심지어는 노예로 팔려 가기도 한다. 하류계급에 사기를 당한 상류계급 사람은 승려에게 얼마의 돈을 내고 단식과 의식을 지내면 다시 복권할 수 있다.

바라문과 여자는 절대로 사형에 처하지 않는다. 여자에 대한 가장 가혹한 벌은 종신형이고, 바라문은 신분을 박탈한다. 노예 제도는 네팔의 고유한 제도라고 하는데, 웬만한 가정에는 여러 명의 노예가 있다. 특히 부유한 가정은 상당한 수에 이르는 남녀 노예가 있다. 이 수가 전국에 2만 명 내지 3만 5천 명가량이라고 한다. 노예 대부분은 출생하면서부터 노예 신분이지만, 일반 자유민들도 근친상간近親相姦이라든가 신분 거역죄 등으로 전 가족이 모두 노예로 팔려 가는 수도 있다. 어떤 부유한 가정에서는 여자 노예를 함부로 집 밖에 나가지 못

(위) 카트만두의 과일상
(아래) 네팔의 소녀

하게 한다. 여자 노예들은 이러한 제한을 받으면서도 제법 많은 자유를 누리고 있는 양 만족해한다.

그녀들은 정조 관념이 매우 희박하다. 주로 바느질, 세탁, 나무 패기, 풀베기 등 가사노동에 종사한다. 노예는 여자가 150루피에서 200루피(우리나라 돈으로 2,790원에서 3,720원), 남자가 100루피에서 150루피로 매매된다. 노예들은 일반적으로 온순하며 현 처지에 대단히 만족해한다. 노예가 주인의 애를 배게 되면, 그 여인은 자유를 주장할 수 있다.

이러한 이야기를 들으며 철물상이 있는 곳을 지나는데, 굽타가 다시 말을 이어 공업에 대해 말해주었다. 네팔은 생산품이 거의 없다. 고작해야 모직물, 무명, 닥나무 껍질로 만든 종이, 유기로 만든 기구와 알루미늄 또는 철로 만든 식기와 조잡한 도기류가 있을 뿐이다. 이것들은 모두 수공업으로 생산된다고 하니, 이 나라의 공업이란 짐작이 가고도 남음이 있다. 그래도 번화가의 백화점 진열장에는 금 또는 은으로 만든 사치품들이 진열되어 있는 것이 눈에 띄었는데, 이것은 대개가 인도 제품이라고 한다.

문화시설로는 카트만두에 방송국이 하나 있는데, 인도인이 관리하고 아침, 낮, 저녁때만 한 시간씩 네팔 방송을 한다. 본대가 입국한 날부터는 "코리아의 원정대! 코리아의 원정대!" 하고 방송으로 떠들었다. 우리는 시내를 한 바퀴 돌아 밤 11시 호텔로 돌아왔다.

8월 31일 오전 10시 30분 비행기로 출발했지만, 카트만두 분지를 벗어나기도 전에 비행기가 크게 한 번 선회하더니 8분 만에 카트만두로 되돌아왔다. 연유를 물었더니, 기후 관계라고 하면서, 히말라야산맥은 아직도 몬순기라고 하였다. 이곳의 기후는 대체로 세 계절로 구분되는 것 같다. 10월 초순부터 3월 중순까지는 한랭 계절, 3월 중순부터 6월 중순까지 여름, 6월 중순부터 9월 말까지는 우기이다. 이 때문에 하루에도 한두 번은 으레 비가 내린다.

　오후 3시, 날이 개기 시작해 우리는 다시 비행기에 올랐다. 이륙한 지 불과 15분 만에 2,000m나 되는 가카니령을 넘고 있었다. 그러나 히말라야산맥은 여전히 운해에 잠겨 잘 보이지 않았다. 출발한 지 35분 만에 네팔 중부 지방에 있는 도시 포카라Pokhara에 도착했다. 비행장이라고는 하지만 초원에 활주로뿐이고 주위에는 소가 드나들지 못하게 말뚝을 박아 울타리를 쳐 놓았다. 활주로 옆 한 모퉁이에는 아무렇게나 만든 판자로 된 사무실이 하나 있었다.

　이곳에서는 마음대로 비행장을 출입하기 때문에 비행기가 도착하자마자 근방에 있던 티베트인 포터와 구릉족 여인들이 구경하러 몰려왔다. 그들은 우리를 일본인으로 오인하고 이구동성으로 "재팬, 재팬" 하고 불렀다. 그것도 그럴 법한 것이 여태까지 포카라를 경유해 입산한 일본 원정대가 7~8팀이나 되고, 우리의 생김생김이 일본인과 너무 비슷했던 것이다. 오해를 바로잡고자 우리는 '코리아'라고 알

(위) 포카라의 아침
(아래) 포카라에서
전망되는 마차푸차례와
안나푸르나의 연봉

려주었다. 그들이 '코리아'가 어디 있는 나라냐고 묻기에 땅에다 그림을 그려서 우리나라의 위치를 가리킨 후 우리는 경희대학교 등반대라는 말을 하였더니, 그들은 일개 대학교에서 막대한 경비를 지출할 수 있느냐고 하면서 당신네 나라는 행복한 나라라고 부러워했다.

사실 카트만두를 경유할 때 다모다에게 들은 이야기지만, 본대가 카트만두에 도착했을 때 시민들은 한결같이 놀랐다고 한다. 왜냐하면 히말라야 원정은 그 나라의 경제와 문화 수준이 높다는 증거가 되기 때문이다. 우리는 비행장에서 300m 떨어진 잔디밭에 처음으로 캠프를 쳤다. 이날부터 셰르파들이 활동을 시작했다. 그들은 모든 점에 익숙했다. 저녁을 먹고 나니 이 지방 특유의 스콜이 시작되었다. 어디를 가나 빗소리는 다를 것이 없지만, 그날 밤은 어쩐지 감상적인 기분에 좀체 잠을 이룰 수가 없었다.

날이 새자 비도 그쳤다. 나가 보니 안나푸르나, 닐기리Nilgiri, 마차푸차레Machapuchare 등 높은 산들이 일목요연하게 보였다. 몇 해를 두고 꿈속에 그리던 히말라야의 설봉을 지금 바로 눈앞에서 보게 되니, 어떻게 내 마음을 표현해야 좋을지 이루 헤아릴 수 없을 정도였다. 나는 잠시 이 장엄한 광경에 도취해 신비경에 놓인 느낌이었다.

까맣게 하늘 높이 치솟은 거대한 안나푸르나와 마차푸차레의 연봉은 시종 우리를 제압하는 듯했다. 그리고 멀리 보이는 다울라기리 1봉과 칼리간다키Kali Gandaki강 동쪽에 있는, 빙설로 덮인 안나푸르

닐기리 연봉

나 산봉에서는 수백 피트의 눈 연기가 유연한 모습으로 하늘에 닿을 듯 뿜어 올라 그윽한 히말라야의 기품을 보이고 있었다. 거의 수직선을 그은 듯한 마차푸차레의 절벽과 빙하는 아침 햇살에 눈부시게 반사되고 있었다. 이 엄숙한 대자연의 위엄 앞에 우리 일행은 스스로 숙연해졌다.

이날 오후 포카라 시내로 들어가 어느 민가의 2층을 빌린 후 지난밤 비에 젖은 천막을 말리고 장비를 점검했다. 그리고 카라반 도중에 사용할 부식은 원래 수송비를 적게 들이기 위해 현지조달을 원칙으로 세웠기 때문에 등유, 쿠쿠리(ㅆㄲ), 네팔 쌀, 밀가루, 감자 등을 구입했다. 우리가 구입한 장비의 총 중량은 무려 1톤하고도 1백 킬로그램이나 되었다.

5 카라반

9월 4일, 드디어 기나긴 카라반이 시작되었다. 아침 6시, 약속대로 포터들이 모였다. 송대원과 사다는 포터를 한 사람씩 불러 번호표를 나누어주고 일 인당 30kg에서 40kg 정도의 짐을 배당했다. 포터는 모두 30명이다. 그중에 노인과 소년도 끼어 있어 무거운 짐은 될수록 젊은 청년에게 맡겼다. 포터들의 차림은 거의 다 해어진 셔츠에 엉덩이만 겨우 가리고 있었다. 그중에는 쿠쿠리를 허리에 차고 있는 사람도 있었다. 이들의 모습은 마치 솔로몬 영화에 나오는 무인武人 그대로의 모습을 연상케 했다. 그리고 그들은 모두 맨발이었다.

모두에게 짐을 분배하고 난 뒤에 우리 일행은 포카라를 떠나 곧

※ 네팔의 전통 칼

카라반

장 다울라기리로 향했다. 길게 뻗은 대열은 군대의 행진인 양 씩씩했다. 또한 여태까지 겪어온 역정이 주마등같이 뇌리를 스쳐 감개무량했다. 시외로 나오니 길이 갑자기 좁아졌다. 두 사람이 함께 걸어갈 수 없을 정도로 오솔길이 계속되었고 평탄하지도 않았다.

네팔에서 걷는다는 것은 산을 오르거나 내려가는 것을 의미한다. 하루에도 800m에서 1,000m 높이를 오르내려야 한다. 이날은 포카라에서 15km 떨어진 '노다라'라는 산정山頂에 이르러 캠프를 설치했다. 해발 1,700m 지점에 있는 노다라는 서부 네팔로 가는 길과 투쿠체Tukuche를 거쳐 티베트로 통하는 갈림길에 있는 교통 요지이다. 그래서인지 사람들의 왕래가 빈번하였는데, 때때로 이상한 옷차림을 한 티베트인을 목격하기도 했다.

티베트인은 '세타'라는 하의를 입고, 우리나라 조끼와 유사한 '돈카'라는, 소매 없는 의복을 상반신에 걸친 뒤 그 위에 띠를 묶었다. 허리띠에 많은 물건을 찼는데, 그리 필요한 물품 같아 보이지는 않았다. 신발은 우리나라 조선시대 고관들의 장화 같은 것을 신고 있어 걸음걸이가 상당히 둔해 보였다.

이러한 모든 것이 진귀하고 기묘해 보였다. 어쨌든 처음 보는 네팔의 인상은 신선했다. 이튿날 고개를 넘어 내려가는데 멀리 혹은 가까이에 있는 높거나 낮은 산들은 모두 계단식 밭이었다. 네팔에는 평지가 없는 탓에 농민들은 협곡 비탈면을 파서 논밭을 만든다. 우리나라에서는 도저히 상상도 못 할 곳에 마을과 전답田畓이 있는 것을 보고 척박함에 맞선 이 나라 농민들의 끈기 있는 개척에 놀라지 않을 수 없었다.

마을은 대부분 구릉에 위치한다. 이는 계곡 지대가 아열대에 속한 까닭이다. 농민들은 온대에 거처하며 구릉에서 계단식 밭을, 아열대인 계곡에서 수전水田을 경작한다. 그리고 교통 여건에 따라 계곡에도 바자르Bazaar(시장)가 발달했다. 바자르 사람들은 여행자를 상대로 상품을 판매하며 생계를 유지한다. 이들은 대개가 하류층에 속하는 사람들이다. 능선에 사는 사람들이 바자르에 사는 마을 사람들보다 기품과 침착성이 있어 보였다.

그들이 구릉에 거주하는 것은 질병을 피하기 위함이다. 낮은 곳

티베트인

구릉에 자리 잡은 네팔의 농가

은 무더위와 습기로 인한 말라리아, 콜레라 같은 질병이 끊이지 않는다. 구릉에 거주하는 덕분에 그들은 다른 두 가지의 어려운 문제를 해결해야 한다. 하나는 용수用水다. 이것을 얻기 위해 그들은 골짜기 물을 끌어오거나 산 중턱 어디서인가 지하수를 끌어올려 샘을 만들고 있었다. 또 하나는 축산畜産이다. 가뭄이 계속될 때 구릉지 계단식 밭은 수전水田에 비해 충분히 시비施肥하지 않으면 토질이 나빠진다. 이것을 방지하기 위해 비료를 얻는 방법으로 축산을 하는 것이다. 그들은 소와 물소 그리고 양과 산양 등 퍽 많은 수의 가축을 사육한다. 그밖에 닭도 길러서 닭고기와 달걀을 얻고 있었다. 경작지로 적합하지 않은 황무지나 경사가 급한 고지는 방목지로 사용한다. 그 결과 산림은 점차로 황폐해져서 목축지牧畜地의 무대로 바뀌어간다.

　나무가 많은 지역에서는 우리나라와 같이 나뭇가지 또는 풀을 베어 거름으로 사용한다. 구릉지대의 농민들은 축산을 많이 한다. 그들은 농작과 목축을 겸함으로써 식생활과 노동력에 있어서 변혁을 가져오게 되었다. 자연스레 육식을 하지 않으면 손해라는 것을 알게 되었다. 실제 그들은 인도 평원의 주민에 비해 많은 육식을 한다. 축제일이면 신에게 닭고기나 달걀, 오리로 제사를 올린 뒤에 양고기를 먹는다. 힌두교인임에도 불구하고 자신들이 신성시하는 소와 가까운 물소를 육식하는 사람들도 있다.

　그리고 경작에 소를 활용하기도 한다. 밭을 갈 때는 대개 두 마리

방목

로 쟁기를 끈다. 소 두 마리가 나란히 쟁기를 끌고 밭을 가는데, 소를
이용하는 방법은 우리나라와 거의 같다. 지대가 낮은 곳에서는 벼농
사 이외에 옥수수가 주산물이고, 고지에서는 피, 보리, 밀, 메밀, 콩,
팥 등 우리나라에서 생산되는 농작물이 거의 다 생산된다. 마늘과 고
추도 경작하는데, 그해에는 고추 흉년이라 그런지 풋고추 12개에 우
리나라 돈으로 6원에 거래되고 있었다.

　　우리나라와 비슷한 농작물이 많아 부식을 현지 조달하는 것은 비
교적 쉬웠다. 처음에는 셰르파를 통해서 필요한 물품을 구매했으나,
이후 이곳 생활에 익숙해지자 우리가 직접 구매했다. 그러기에 네팔

어 습득이 필요했다. 이날부터 연락관에게 네팔어를 배우기로 했다. 나는 금세 백여 단어를 노트에 적고 큰 소리로 외웠다.

에끄, 도, 띤(하나, 둘, 셋), 구구라(닭), 풀라(달걀), 게라(바나나) 등 중국어에 가까운 발음이 있어 중국어에 익숙한 나는 네팔어를 비교적 수월하게 배웠다. '도반'이라는 마을에 이르렀을 때, 이 말들을 즉시 사용할 수 있었다. 내가 어느 점포에 들어가서 "게라 차이나?(바나나 있습니까)"라고 물었더니, 주인 여자가 "차.(있습니다)"라고 대답했다. 나는 말이 통해 기뻤다. 앞으로는 셰르파를 통하지 않고 직접 말을 하고 싶은 생각에 다시 에끄, 도, 띤, 짜르, 빤쓰 하고 노트를 들고 외우면서 걸었다.

노다라와 같은 높은 곳에서 갑자기 낮은 곳으로 내려오자 이전의 풍경과는 많이 달랐다. 시야에 펼쳐지는 녹음 지대! 열대 지방의 식물이 무성한 더운 곳이었다. 하산을 거듭할수록 우리는 마치 한증막으로 들어가는 듯이 숨이 콱콱 막혔다. 식물은 바나나, 파파야 그리고 망고 같은 여러 가지 열대 식물이 농가를 둘러싸고 있었다. 땅은 건조한 열대 특유의 붉은빛으로 물들어 있었다. 히말라야에 와서 열대 지방에 온 것 같은 고온에 시달리며 길을 걷게 될 줄은 꿈에도 생각지 못했다. 우리는 때때로 바나나나무와 망고나무 그늘에 앉아 여로旅路에 지친 피로를 풀며 땀을 씻었다.

9월 7일, 람자틸라하르Ramzatila Har 마을을 출발했다. 고지高地

는 대개 방목지로 쓰고 있어서 해발 2,000m를 넘어야 자연림을 찾아볼 수 있다. 저지低地에 있는 나무 중에는 우리나라의 포플러와 같이 나무에 뿌리가 달린 색다른 나무가 눈에 띄었다. 이 나무는 아열대 지방으로 가는 카라반에 있어서 오아시스와도 같은 것이다. 나무 밑은 돌을 쌓아서 행인이 짐을 내려놓고 쉴 수 있도록 만들어 놓았는데, 약 2km마다 한 군데씩 있었다. 포터들은 이곳에 오면 마치 휴게소를 찾은 듯 오랫동안 쉬어 간다. 사실 이 나무 밑에서 쉬지 않는다면 행로行路에 그늘진 나무라고는 바나나, 망고를 제외하고는 거의 찾아볼 수 없다. 우리 행렬은 차츰 저지低地로 내려와 마침내 저 유명한 칼리간다키강에 다다랐다.

인도 문화의 발상지는 갠지스Ganges 강변이지만, 칼리간다키강도 갠지스강 못지않은 문화 발상지로 유명하다. 우리는 강기슭에 짐을 풀고 쉬었다. 이때 포터들은 서로 앞을 다투어 물에 뛰어들었다. 처음에는 더위를 씻기 위한 것인 줄로만 알았더니, 그것이 아니고 죄를 씻기 위해 성수聖水에 목욕하는 행위였다. 이러한 관습은 갠지스강에만 있는 것이 아니라 이 칼리간다키강에도 있었다. 포터들이 물에 뛰어든 의미를 알게 된 우리도 손을 물에 넣은 채 각자 마음의 정화를 기원했다.

문득 건너편 기슭을 바라보니 수천만 년을 두고 깎여 내린 삐죽삐죽 높이 솟은 돌과 빽빽이 서 있는 상서로운 돌들이 눈앞에 펼쳐졌

네팔의 초등학교 학생이 야외 수업을 받고 있다.

네팔의 초등학교 학생이 그린 그림

다. 참으로 기이한 광경이었다. 이곳에서는 작은 돌 한 덩어리라도 귀하고 신기하게 보였으니, 하물며 건너편 기슭의 풍경이야말로 장관이 아닐 수 없었다.

동서東西 어느 곳에 버릴 자연이 있으랴만, 이곳 칼리간다키 강변 풍경같이 신기하고 아름다운 곳도 없을 것 같다. 그저 자연의 조화에 감탄하면서 이런 곳을 오르내리고 한 지 얼마 후에 베니Beni에 도착했다. 베니는 다울라기리 히말을 남쪽으로 들어가는 도중에 있는 제일 큰 마을로, 마을 한가운데를 가로질러 칼리간다키강이 흐른다. 강 양쪽 기슭에는 약 80호의 가옥들이 자리 잡고 있다.

그 마을에는 초등학교와 중학교가 있다. 초등학교의 교사校舍 건평은 불과 50평밖에 되지 않았다. 시설로는 소형 흑판 하나, 학생용 긴 책상 7개, 긴 의자 7개, 교탁 하나, 교사용 의자 2개, 그리고 시간표 하나가 벽에 걸려 있을 뿐 실험 기구 같은 것은 전혀 없었다. 내가 그곳 선생에게 네팔의 교육기관에 관해 물었더니, 그는 1880년대까지는 교육기관이 전혀 없었다고 한다. 다만 몇몇 고관들만이 자기의 자녀들에게 영어를 가르치기 위해 유럽인이나 영어를 아는 벵갈인들을 가정교사로 두었을 뿐 사회적 교육기관은 하나도 없었단다. 그래서 각자가 직접 자기 자녀를 가르치거나 가정교사로 승려를 고용했다고 한다.

하류계급은 어떠한 종류의 교육도 받을 엄두를 내지 못한다. 그러나 오늘날은 상황이 매우 달라져서, 현재 네팔에는 문리과대학 8 개, 법과대학 1개, 초급대학(Intermediate college, 특수대학) 7개, 산스크리트대학(범어梵語대학) 2개, 음악대학 1개, 고등학교 79개, 산스크리트 고등학교 6개, 중학교 271개, 산스크리트 중학교 6개, 초등학교 1,159개, 산스크리트 초등학교 232개, 기술학교 1개, 공과학교 1개, 기타 실업학교 8개가 있다. 베니에서 이틀을 묵는 동안 중고등학교 선생들이 찾아와서 친절히 대해주었다. 특히 우리가 출발하기 전날 밤에는 청소년들이 북, 손풍금, 호각 같은 악기를 가지고 와서 우리를 환송해주었다.

9월 9일, 베니를 출발했으나 얼마 못 가 비를 만났다. 우중雨中에도 카라반을 강행해 칼리간다키강을 끼고 올라가다 우연히 수장水葬하는 것을 보게 되었다. 우리는 수장을 말로만 듣고 실제 본 일이 없었기 때문에 그것이 참으로 기이해 보였다. 그 의식은 죽은 사람을 흰색 보자기에 넣어 네 사람이 사지를 하나씩 잡고 물이 무릎에 닿는 곳까지 들어가 물 깊은 곳으로 시체를 휙 던져 버린다. 그리고 강기슭에서는 승려가 합장하고 앉아 축문을 올린다. 그 의식에 흥미가 있어 연락관에게 수장을 비롯한 장례 의식에 관해 물었더니, 이렇게 설명해주었다. 네팔에는 화장火葬, 토장土葬, 수장水葬, 조장鳥葬의 네 가지 장례 의식이 있는데, 그중 수장은 하급 계층에서 행하는 장례 의식으로 극히 드물다고 한다.

네팔의 장례 의식 : 앞에는 만사輓詞를 들고 뒤에 시신이 따르고 있다.

　　연락관은 좀처럼 볼 수 없는 수장을 보게 되어 매우 다행한 일이라며 말을 계속했다. 네팔 북부 지방 티베트에 가까운 지역에서는 사람이 임종할 때 수도승을 불러 기도를 올리게 한다. 이때 수도승은 '포와'라는 기도를 올린다. 포와는 '전이轉移' 또는 '천이遷移'의 뜻인데, 영혼이 다른 곳으로 옮겨지는 것을 나타내는 말이다. 다시 말하면 체내體內의 혼을 체외體外로 추출하여 천상계天上界 또는 극락세계極樂世界에 옮기는 기도이다. 이 기도의 효험이 현저히 나타나면 시체가 움직인다고 믿는다. 또 사람이 죽어도 머리에 따스한 기운이 남아 있는 것은 천상계에서 환생還生하는 증거이고, 발끝이 따스한 것은 지옥에 떨어지는 징조라고 한다.

그러므로 발이 따스한 시체에는 포와 기도를 해도 그 효과가 없으며, 결국 그 사람은 선한 세계에 환생할 수 없다. 악은 선보다 그 힘이 강하며 임종 시에 그 영혼은 즉시 지옥으로 가서 잠시도 체내에 머물러 있지 않는다. 영혼이 없는 시체는 방구석에 더러운 모포로 씌워 두었다가 두 무릎을 가슴 위에다 꽁꽁 묶고 머리는 가슴과 무릎 사이에 끼워서 둥글게 만든다. 그런 다음 이른 새벽 날이 밝기 전에 운반한다.

　이때 단 한 명의 친척이나 사제師弟도 따라가지 않는다. 이것은 우리나라와는 완전히 다르다. 그들의 해석에 의하면, 영혼을 잃어버린 시체는 한낱 껍질에 불과하며, 땅의 귀신과 같아서 하등의 가치가 없다. 사체死體는 독수리가 사는 굴 또는 험한 산 중턱으로 운반해 독수리 밥으로 한다. 독수리는 날개를 펼치면 무려 3m나 되는 큰 놈이 있어 어린 유아들을 그대로 물고 달아나 버릴 정도다.

　굴로 운반한 시체는 넓은 바위 위에 놓고 선령善靈과 악령惡靈을 불러들인 다음, 사람의 대퇴골로 만든 퉁소를 부는 승려의 축문이 시작되면 칼로 사체를 해체한다. 해체하는 방법은 손과 발을 절단하고 내장을 끄집어내어 주변에 헤쳐 놓고 골격에서 근육을 떼고 머리와 뼈는 돌로 쳐서 조그맣게 산산조각 내어 독수리들이 그대로 삼켜버릴 수 있도록 한다. 기다리고 있던 독수리들은 한꺼번에 달려들어 한 조각도 남김없이 먹어 버린다. 이러한 조장鳥葬은 북부 네팔에서는 일반

허공다리

네팔의 악기

적인 장례 의식이다. 그들은 이렇게 하나도 남김없이 무無로 돌아가게 하는 것이 죽은 사람의 후생後生에 좋다고 여겨 독수리는 잡지 않는다.

처형된 자, 옥사한 죄인, 유행병으로 죽은 사람은 토장한다. 화장은 일반인에게는 허용되지 않는다. 그 이유는 화장하는 연기가 하늘을 더럽히고 만약 눈이 내리면 곡물에 해를 끼친다고 믿기 때문이다. 화장을 해야 할 때는 신통력이 있는 승려가 미리 산 위 동굴에 들어가 신통력으로 몰려오는 구름을 헤쳐 눈이 내리지 않게 사전에 방지한다.

이와 같은 기이한 이야기를 들으며 가는데, 어느덧 도비안의 허공다리를 건너 1,600m나 되는 급한 산을 올라 고원지대에 이르렀다. 길가에는 고원에서 피는 무수한 풀과 꽃이 우리를 반겨주는 양 만발했다. 키를 넘는 선인장과 포인세티아Poinsettia도 퍽 아름다웠다. 고원에 부는 바람도 시원한데 앞으로 무리Muri까지 거리가 하룻길이라는 생각에 걸음도 한결 가벼웠다.

오후 6시경 따루곤 마을에 도착해 하루를 쉬기로 하고 초등학교에 숙소를 정했다. 저녁을 먹고 피곤한 몸을 쉬려고 막 자리에 누웠는데 밖에서 퉁소 소리와 북소리가 떠들썩하게 들려왔다. 이곳 풍속을 모르는 우리는 흡사 남양南洋 원주민의 습격이 아닌가 해서 급히 연락관에게 물었는데 아무 대답이 없어 더욱 긴장했다. 잠시 후 대표인 듯한 사람이 올라왔다. 연락관에게 네팔어로 이야기를 하는데, 그 내용은 이곳 마을 청년들이 원정대를 환영하기 위해 가면무도회를 하니 참관해달라는 것이었다.

나가 보니 원주민 40여 명이 이상한 옷차림을 하고 집 주위에서 웅성대고 있었다. 북과 퉁소 소리에 춤과 노래가 차츰 흥겨워지고 주위 사람들도 음악에 맞추어 손뼉을 치기 시작했다. 무도회가 한창일 때 한마디 인사를 해야 하겠기에 무도회가 조용해졌을 때, 우리 경희대학교 등반대가 원정을 오게 된 내용과 목적을 말하고 앞으로 양국 간의 친선 관계를 위해 노력하겠다는 인사말을 했더니 모두 박수로 환영해주었다.

6 무리Muri

9월 11일 따루곤에서 하루를 지내고 시방(1/4인치 지도에도 없다)과 마랑 Marang을 거쳐 포카라를 출발한 지 8일 만에 무리에 도착했다. 마그 디Myagdi 계곡으로 들어가는 마지막 마을 '무리'. 이곳은 우리가 여태 까지 고난을 무릅쓰고 수많은 산하를 거쳐 왔고 또 거쳐 갈 고대하던 다울라기리로 가는 전초기지이다. 우리는 이곳에서 더 가기를 원하 지 않는 포터를 교체하고 장비를 정비하느라 이틀을 지체했다.

무리는 이곳 사람들의 이야기로는, 가구 수가 120호 정도라고 하지만 실제는 76호에 불과하다. 남자들은 양 미간眉間에 백묵 같은 흰 선을 두 줄 내려 그렸고, 여인들 역시 이마에 동그란 연지를 찍었 다. 그리고 귀걸이, 코걸이, 목걸이 등 그 장식물이 요란스러울 정도 다. 자세히 보니 금이 아닌 구리로 만든 것으로, 귀밑에 구멍을 뚫어 귀걸이를 고정했다. 코에도 두 곳에 구멍을 내어 조화造花를 붙였다. 목에는 네팔 화폐인 코인 1루피를 줄에 꿰어서 목걸이를 했다. 여인 들에게는 돈을 많이 걸고 다닐수록 자랑이 된다. 손목에도 여러 가지 유리로 만든 팔찌로 장식한다. 나는 두 달 동안 네팔에 있으면서 여인 들이 코를 푸는 것을 본 적이 없다. 사실상 그런 장식을 하고서는 코 를 풀 수 없기 때문인 듯했다.

무리 마을 해발 1,800m 지점

    이들이 거주하는 집은 돌로 벽을 쌓고 그 위에 흙을 입혔다. 아래
는 붉은 진흙색이고 위는 흰색을 칠했다. 지붕은 슬레이트로 씌운 것
이 대부분이고 일부는 볏짚으로 지붕을 올린 것도 있었다. 실내는 식
당 겸 침실로 사용한다. 벽에는 선반을 설치하고 별도의 베란다를 마
련하기도 한다. 방바닥은 거의 다 진흙을 발랐다. 매일 한 번씩 흙으
로 매질하는데 이것은 환경을 깨끗하게 하기 위한 것보다 질병을 막

무리Muri의 원주민

기 위한 것이다. 방바닥에는 볏짚으로 만든 돗자리를 깔았다. 우리가 방문하면 주인은 으레 돗자리로 안내했다. 그들은 침식도 돗자리에서 한다. 어느 집 할 것 없이 방 한구석에 불상을 모셔 놓고 분향을 한다. 가옥 구조는 아래층에 가축을 기르고 위층은 사람이 사는데 그 때문에 주위는 매우 지저분했다.

　　나는 네팔에서 도시를 제외하고는 화장실을 본 적이 없다. 그들도 인도 사람들과 같이 저녁 늦게 또는 아침 일찍 사람이 잘 다니지 않을 때 마을 가까운 곳에 흐르는 개울에서 용변을 본다. 휴지도 필요 없다. 간단히 손가락으로 닦아서 물에 철썩철썩 씻어 버린다. 이런 습관은 이곳 무리뿐만 아니라 카트만두의 팔래스 호텔에서도 엿볼 수 있었다. 화장실에 휴지가 없어서 물었더니 종업원이 "항아리에 빠니

네팔의 미인

가 있습니다."라고 말했다. 빠니는 네팔 말로 '물'이라는 뜻이다. 화장
실에는 유기로 만든 작은 물 항아리가 놓여 있다. 이 항아리에 항시
물이 고이도록 수도 파이프에서 한 방울 두 방울 물이 떨어지고 있었
다. 휴지 대신 그 물로 손을 씻으라는 것이다. 네팔에서는 관공서 공
무원을 제외하고는 인도 사람들처럼 거의 수저를 사용하지 않고 음식
을 손으로 뭉쳐서 먹는다. 왼손으로는 밑을 닦고 다른 한 손으로 밥을
쥐어 먹는다.

네팔 아동들의 놀이터

이와 같이 보는 것 듣는 것들이 모두 기이했다. 하늘에서 내려오다 첫 동네라고 일컫는 무리에 사는 사람들은 평생 근대식 진료 혜택을 받지 못하는 것 같았다. 본대가 이 지방에 도착하자 원주민 환자들이 수없이 몰려와 치료해달라고 간청했다. 그들에게는 우리가 마치 구세주나 되는 듯 우리를 보고 하소연하는 모습이 측은할 정도였다. 내가 보기에도 대부분이 눈병, 피부병, 혹병, 위장병 같은 질병이었다. 의사가 아닌 우리는 가지고 간 약을 나누어 줄 수밖에 별도리가 없었다. 안질은 온 눈이 충혈되고 눈 깃이 썩었다 싶을 정도로 고름이 생기는 병이다. 나는 현지 치료용으로 가지고 간, 유한양행에서 만든 오레오마이신aureomycin을 조금씩 나누어주었다. 그중에도 목에 혹 달린 사람들이 약을 써달라고 하는데 아연할 수밖에 없었다. 네팔에는 산간벽지로 들어갈수록 혹 붙은 사람들이 많이 눈에 띄었다. 남자보다 여자들에게 많았고 여자의 6할 이상이 혹병에 걸려 있었다.

이런 환자의 치료 요청은 참으로 딱했다. 그대로 돌려보낼 수도 없어서 혹에 옥도정기iodine tincture를 발라주고 비타민을 열 알씩 나누어 주었다. 그들은 감사의 표시로 내 발에다 입을 맞추었다. 발에다 입을 맞추는 것이 최대의 경의敬意 표시라고 한다. 이들을 돌려보내고 나는 양심의 가책을 느껴 그 후부터는 되도록 환자들을 만나지 않으려고 노력했다.

네팔과 인도 국경지대에는 아직도 여자를 돈으로 사서 혼인하는

베틀로 천을 짜고 있는 무리의 여인

풍속이 있다. '얼마를 주고 장가를 드느냐?'고 물었더니 용모에 따라 다르지만 대개 3천 루피에 여성이 매매된다고 한다. 티베트에 가까운 지방에서는 지금도 일처다부제가 행해지고 있다. 그들은 이런 행위를 불륜이 아니라 정당한 행위로 알고 있는 듯했다. 네팔 정부에서는 5형제가 한 여자를 공유하는 것은 야만인과 같은 행위라고 해서 두 형제가 한 여자를 공유하게 하였다. 우리 생각으로는 한 집에서 여러 형제가 한 여자를 데리고 사는 것은 도저히 상상조차 못 할 일이다. 또한 그들은 분가하지 않는다. 방목과 행상行商을 생업으로 하는 풍속 때문인지 여러 형제가 일시—時에 여자를 공유하는 일이 없어 아무런 불편 없이 지낸다.

　　우리는 무리에서 더 쫓아오겠다는 몇몇 지원자를 제외하고 베니의 포터들을 돌려보내고 이곳 포터와 교체했다. 그러나 포터들은 다음의 조건을 들어 노임을 인상하라고 요구해왔다. 그 이유는 하루 일

당이 20루피는 되어야 한다는 것과 정글에서 거머리의 습격을 받게 된다는 것이었다. '당신들은 복장이 완전하지만 우리는 맨발로 거머리의 습격을 받으며 가는 수밖에 없는데 적은 노임으로 갈 수 없다'는 것이었다. 또한 자기네들이 절벽에서 떨어진다든지 맹수의 습격 등의 위험한 상황에 놓일 수 있으니 노임 인상과 대책을 설명하라는 것이었다. 그래서 '우리는 등산 규정 10조에 의해 당신들의 사고나 부상에 충분한 보상을 하기로 귀국 정부와 이미 약속했다'고 말했다. 그들은 노임을 10루피(우리나라 화폐로 약 186원)로 정하는 데 응낙했다.

7 마그디 계곡Myagdi Khola

베이스캠프에서 쓸 양 다섯 마리를 사들인 후 9월 13일 드디어 유명한 마그디 계곡으로 들어갔다. 우리 일행은 무리 마을 바로 앞에 있는 깊은 계곡을 거쳐 맞은편 산을 넘었다. 이 산과 계곡이 어찌나 험한지, 표현하기 어려울 만큼 대단한 준령이었다. 보통 경사는 40도에서 60도인데 가도 가도 끝없는 절벽이 연이어 솟아 있어 사면斜面을 내내 트래버스 할 수밖에 없었다. 사진을 찍을 때 한쪽 눈을 감고 파인더를 들여다봐야 하는데 여기서는 그럴 수 없어 거리가 가깝거나 멀거나 간에 대충 찍어야만 했다.

한 산을 넘어 내려가니 강이 나타났다. 다울라기리산맥의 여러 빙하에서 흘러내린 물이 호기를 부리면서 강기슭을 할퀴듯 흐르고 있었다. 나는 맹렬하게 흐르는 수량을 보고, 이 물로 발전을 해 케이블카라도 걸어 놓으면 그야말로 히말라야의 황금시대가 오지 않을까 하는 혼자만의 꿈 같은 상상도 해보았다. 그러나 결코 나만의 상상이 아니었다. 돌아올 때 올해 일본의 수력전기 전문가들이 포카라 지방을 조사했다는 이야기를 들었다.

무리를 출발한 지 이틀째, 산은 더욱 험하고 숲은 사람 키를 넘을 만큼 울창했다. 여기서부터 우리는 이곳의 명물인 거머리 떼와 싸워야 했다. 거머리는 우리나라의 논두렁이나 미나리밭에서 사람과 가축에게 해를 끼치는 물벌레로만 알았다. 거머리의 크기는 보통 4cm 정도이지만 먹이를 찾을 때면 동체가 두 배로 늘어나고 흑갈색으로 변한다. 또한 흡착력이 강하고 약간 굵으며 입 부분은 작으나 뱀장어 입 같아서 보기에도 징글맞다.

거머리의 서식처는 대개 나뭇가지나 숲이다. 사람 기척이나 발소리가 나면 나무에서 떨어지기도 하고 땅에서 직접 달라붙기도 한다. 눈 깜짝할 사이에 무려 50, 60마리가 신발, 바짓가랑이, 목덜미할 것 없이 흠뻑 달라붙는다. 일단 붙기만 하면 틈을 찾아서 살 속으로 파고든다. 이날 송대원은 두 군데나 물렸다. 한 마리는 엉덩이를 완전히 파고 들어가고 또 한 마리는 허벅지로 파고들었다. 조금 보이

마그디 계곡

는 꼬리를 잡고 당겼더니 고무줄처럼 늘어났다 줄었다 하다가 그만
끊어져서 살에서 완전히 떨어뜨릴 수가 없었다.

　어렸을 때 우리나라 향촌鄕村에서 들었던 노인들의 말씀이 기억
났다. 소가 갑자기 쇠약해지는 것은 논두렁에서 물을 먹다가 거머리
가 몸속으로 들어가 피를 빨아먹기 때문이라는 말씀이었다. 실제로
인체에 미치는 영향이 있는지 없는지는 모르겠으나 한편 걱정이 되
면서도 어쩔 도리가 없어서 파고들어 간 자리를 손가락으로 문질러
댔다. 이때 우리 대열은 누구를 막론하고 거머리의 습격을 받았다. 그
중 제일 가련하게 보인 것은 양들이었다. 사람은 거머리가 붙으면 손

으로 잡아떼어 버릴 수 있지만, 양은 그럴 수가 없었다. 어느 양은 눈에 거머리가 파고들어 피를 흘리더니 금시에 눈이 멀어 잘 걷지도 못했다. 셰르파들이 지고 가다가 짐이 된다며 양을 도살했다. 남은 4마리도 항문에서 선혈鮮血이 흐르고 아픔에 못 이겨 연거푸 비명을 질렀다. 그 광경은 차마 볼 수가 없었다. 거머리는 보통으로 다루어서는 죽지도 않거니와 몸이 어찌나 질긴지 땅에 놓고 발로 비벼도 죽지 않아 돌로 쳐서 죽이곤 했다. 앞으로 이 지역을 통과하는 원정대는 반드시 여기에 대한 대책을 세울 필요가 있다.

9월 15일에는 바가라Bagara를 지나 정글로 들어섰다. 이 정글은 네팔 히말라야 산악지대에서 제일 광대하고 가장 험준한 곳이다. 처음에는 그리 힘든 줄 몰랐으나 전 대원이 교대로 나무를 꺾고 풀을 깎으며 불과 400, 500m를 전진하는 데 한 시간 이상 걸릴 때도 있었다. 이럴 때는 앞에서 숲을 헤치고 나가는 사람도 힘들지만 뒤에 있는 사람도 거머리 떼의 습격이 염려되어 더욱 긴장해야 했다.

정글도 평탄하지 않았다. 경사가 45도나 되는 비탈에 20, 30m 높이의 큰 나무들이 우거져 있었다. 나무 밑에는 각종 잡목과 식물들이 자라고 있었다. 식물 중에는 '키스느(네팔어)'라는 풀과 '바잘(네팔어)'이라는 쐐기풀이 있는데, 한번 피부에 닿으면 벌에 쏘인 것 이상으로 서너 시간은 마구 쑤신다. 어느 날 셰르파 바상이 바로 내 앞에서 쿠쿠리로 길을 헤치다가 키스느를 잘못 건드려 내 얼굴에 닿았는데, 그

롭시바의 단칸 초가집

풀독이 어찌나 강한지 아파서 한참 동안 얼굴을 들지 못했다.

이렇듯 힘들게 정글을 지나는데 오후 1시 반경 돌연 앞이 트이면서 깊은 산중에 난데없이 초가草家가 한 채 보였다. 일행은 한편 반갑기도 하고 한편 기이하다는 생각에 주인을 찾았다. 그 집에는 두 여인이 외롭게 살고 있었다. 비도 올 듯하고 또 이 산가山家에서 그들과 같이 지내는 것도 추억이 될 것 같아 짐을 풀고 지명을 물었더니, '롭시바'라고 했다.

포터들은 앞다투어 안방, 헛간 할 것 없이 모두 차지했다. 우리는 들어갈 곳이 없어 소 외양간에 자리를 잡았다. 옥수숫짚을 깔았으나 쇠파리들이 소똥 냄새를 찾아서 날아들었다. 어수선한 가운데 그럭저럭 자리를 정돈했다. 그러나 얼마 뒤 풀을 뜯으러 나갔던 소들이 돌아와 잠자리를 찾기 시작하자 정말 질색하지 않을 수 없었다.

저녁을 먹고 나서 연락관에게 속세와 완전히 격리된 룹시바의 이야기를 듣게 되었다. 이들은 원래 낮은 지대에 사는 사람들로 추위가 풀리면 이곳으로 올라와 밭을 갈고 가을에 수확이 끝나면 가재도구와 가축을 몰고 다시 낮은 지대로 내려간다. 이렇게 이동 생활을 하는 이유는 겨울이면 눈이 깊어 아랫마을과 왕래가 끊어지기 때문이다. 그래서 봄이면 올라와 곡식을 심고 추수 때까지 우기를 이곳에서 지내는 일을 반복한다.

더 놀라운 것은 이 깊은 산중 단칸 초가에 여인들끼리만 있다는 것이었다. 여간 담대한 마음을 가지지 않고서는 있을 수 없는 일이다. 그렇게 해서라도 살아야 하니 사람의 일생이란 이렇듯 쓰라리고 한산寒酸한 것인가 싶었다. 내가 그 여인들에게 초콜릿과 캐러멜을 주었더니 두 손 모아 받는다. 아마 생전 처음 보는 물건처럼 반가웠을 것이다. 얼마 후에 그들은 옥수수를 구워 왔다. 우리가 준 선물에 대한 답례인 듯했다.

이튿날 룹시바를 떠나 다시 정글로 들어섰다. 여기서부터는 나무줄기를 자르고, 다리를 놓아야 했다. 짙은 밀림 속에 길을 열고 헤쳐 나가야 한다. 골짜기에 또 골짜기가 몇 갈래씩 얽히어 산길에 능숙한 포터들도 어디로 가야 할지 방향을 잡지 못하고 나갈 곳을 찾느라 애를 먹었다. 설상가상 매일같이 비가 내려 일을 번잡하게 했다. 포터들이 지고 가는 식량이 젖을 것 같아 우비를 그들에게 벗어 주고 우리

마그디 계곡의 폭포

는 노상 비를 맞으며 걸었다. 나뭇잎에 맺혔다가 떨어지는 빗방울이 스웨터를 적시고 몸속까지 스며들었다.

쉴 틈도 없이 다음 캠프지를 찾아 포터, 셰르파, 대원 등 일행은 모두 묵묵히 협곡을 오르고 또 올라가는데 어디선가 물소리가 요란스러워 바라보니 낭떠러지에서 밀림으로 떨어지는 수백 미터나 되는 긴 폭포가 보였다. 협곡이 연속되면서 폭포도 많았다. 그 수가 얼마나 되는지 세어보았더니 내 눈에 띈 것만도 93개나 되고 베이스캠프까지는 무려 106개나 되었다.

폭포를 스치고 가는 안개 낀 경치는 황홀할 지경이었다. 마치 한 폭의 동양화를 보는 느낌으로 바위에 앉아 한동안 쉬노라니 셰르파들이 "원숭이! 원숭이!" 하고 손짓을 한다. 바라보니 꼬리 긴 원숭이 일곱 마리가 이 나무 저 가지로 재주를 부린다. 원숭이들은 우리가 신기해서 떠드는 동안 숲속으로 사라져버렸다. 이번 카라반 중에 본 짐승들은 노루, 표범, 늑대 무리 등으로, 정말 많은 맹수가 정글 속에 살고 있었다.

어두운 계곡은 수수께끼처럼 흥미진진했다. 어둠침침한 곳을 몇 군데 지나고 나니 여태까지 지나온 곳보다 경사가 다소 부드럽고 하늘도 트였다. 여기가 어디냐고 지방 포터에게 물었더니, '도반'이라고 했다. 이 마그디 계곡에는 캠프지가 셋이나 있는데 여기가 마지막 캠프지로 제일 좋은 곳이라 한다. 경사가 급한 준령 계곡과 맹수들이 득

실거리는 정글이지만 그래도 여기서는 좋은 곳이라고 하니 우리가 앞으로 헤쳐 나갈 길이 얼마나 험악할지 짐작하고도 남음이 있었다. 더욱이 앞으로는 캠프지마저 없다고 하니 도대체 이 계곡이 얼마나 깊고 언제 정글을 벗어나 빙하에 이를 것인지 감히 예측할 수 없었다. 더 전진하려고 해도 불안감이 들어 그곳에 캠프를 쳤다.

금세 천막 일곱 동을 설치했다. 포터들도 잘 수 있게 침대로 간단한 지붕과 자리를 만들고 그 옆에 모닥불을 피우니 정글 속에 조그마한 마을이 생기고 소란해졌다. 정글에서 캠프를 할 때는 맹수의 습격을 고려해 밤새 모닥불을 피우고 셰르파와 포터에게 교대로 보초를 서게 했다.

9월 18일, 도반 바로 앞에 흐르는 칼리간다키강을 건너게 되었다. 아침 8시부터 일행 40명을 총동원해 가교 작업을 시작했다. 강폭은 14, 15m에 불과했지만, 물살이 급해 어려운 작업이었다. 30명이 직경 35cm나 되는 전나무 4개와 잡목을 강변까지 끌고 왔다. 그러나 이 큰 나무를 강에 건너질러 놓는 일이 쉽지 않았다. 대원들과 상의한 끝에 몇 사람이 먼저 강을 건너기로 했다. 우선 셰르파와 포터에게 건널 수 있느냐고 물었더니, 그들은 겁을 먹고 거절했다.

이런 일에 능숙하리라고 믿었던 그들마저 거부하는 것을 볼 때 더 강요할 수는 없었다. 희생자라도 나면 한 사람 앞에 '네팔 화폐로 5000루피를 지급해야 한다'는 계약조건도 생각났다. 할 수 없이 나는

칼리간다키강의
가교 작업

카라반을 시작한 지
17일 만에 다울라기리
1봉이 보이는 지점에
이르렀다.

직접 건너기로 했다. 우선 송대원이 먼저 영하의 빙하 물에 들어섰다. 바위라도 굴러 내릴 듯한 거센 물살에 밀려 내려가면서도 앞으로 헤쳐 나가는 송대원의 씩씩한 모습을 카메라에 수록하고 난 다음 나도 뒤이어 뛰어들었다. 물에 들어서니 처음에는 뼈를 저미는 찬 기운이 돌았다. 꼭 건너가야 한다는 의지와 긴장감에 냉기를 잊어버렸는지 나도 모르는 사이에 건너편에 이르렀다. 이곳에서 다시 건너편 언덕으로 가는 사이에 깊은 소沼가 있었지만, 물살이 순해 헤쳐 나가기 수월했다.

고생 끝에 강을 건넜으나, 송대원과 나는 아랫도리에 심한 상처를 입었다. 물에서 나오자마자 비가 내려 몸이 사시나무같이 떨렸다. 불을 피울 시간도 없이 비를 맞으며 가교架橋 작업을 강행했다. 돌을 높이 쌓아서 발판을 만들고 나무를 로프에 묶어 이쪽에서 저쪽 언덕을 연결하는 작업을 계속했다. 오후 4시가 되어서야 칼리간다키강의 가교 작업을 마쳤다. 이 작업에 인건비만 50달러를 지출했다.

9월 20일 아침, 텐트에서 나와 바라보니 눈앞에 다울라기리 1봉과 투쿠체봉을 관망할 수 있는 지역까지 와 있었음을 알게 되었다. 그들은 아직도 5,000m 높은 곳에 군림하고 있었다. 앞으로 이틀이면 저 산 밑까지 도달할 것을 생각하니 지나온 온갖 고생이 가시는 듯 마음이 한결 가벼웠다.

오전 8시, 우리는 기운을 내어 어제 가설한 다리를 건너 다시 정

히말라야 고산초화

글로 들어섰다. 지대가 높아짐에 따라 식물의 종류도 달라지는데 제일 많이 눈에 띄는 것은 만병초萬病草였다. 한라산이나 설악산의 만병초는 큰 것이 고작 3m 정도인데, 이곳의 만병초는 큰 소나무와 같이 한 아름씩이나 되었다. 전나무도 우리나라 것보다 잎이 약간 작은 편이나 풍기는 향기는 같았다. 낯익은 나무를 발견한 탓인지, 이 지대를 지날 때 향수에 젖었다. 이 밖에 사스레나무, 거제수나무, 버드나무 등이 있고 고산식물로 에델바이스, 설화꽃, 백합, 장미, 당귀 기타 국화과에 속하는 식물과 이름조차 모르는 여러 가지 꽃이 많았다. 그

* 쌍떡잎식물 진달래목 진달래과의 상록관목. 고산지대에서 자란다.
** 산지 숲속에 자라는 자작나뭇과의 낙엽활엽교목. 높이는 30m까지 자란다.
*** 시베리아 바위취. 히말라야 바위취라고 불리며 높은 산악 바위틈에서 자생 분포하는 여러해살이 풀이다.

에델바이스.
다울라기리 1봉 산록
4,300m 지점에서 채집.
1962. 9. 27

중에서도 에델바이스는 참으로 반가웠다. 에델바이스는 대개 석회질 속에서 자라는데, 우리나라 설악산과 국망봉의 꽃보다 흰 잔털이 조금 더 많아 한층 매력이 있었다.

　고산에 풀과 꽃들이 찬 바람에 나부끼는데, 무심히 지나갈 수 없어 걸음을 멈추고 잠시 쉬다 보면 선두는 벌써 300, 400m나 앞을 간다. 나는 이 고산초화를 두고 가기가 아쉬워서 천천히 걸으며 여러 가지 꽃씨를 받고 식물채집도 하면서 일행을 뒤따랐다. 식물 표본 50종, 씨앗 30종을 채집했다. 이는 생물을 연구하는 학도에게 좋은 연구 자료가 될 줄로 믿는다.

　오후 1시 지루한 정글을 벗어나 숨을 가다듬고 앞을 보니 호기를 부리며 쏟아져 흐르는 강기슭에는 빙하에서 굴러떨어진 산더미 같은 얼음덩어리가 있었다. 그 바로 왼편 위쪽에는 사태로 인한 절벽이 앞을 가로막고 있었다. 전진하자니 낭떠러지요, 강을 건너자니 수목 지대가 멀어 다리를 놓기도 곤란했다. 다리를 다시 놓는다면 또 하루를 소비해야 하므로 절벽을 돌파하기로 했다. 나는 송대원, 구로바와 함께 절벽에 달라붙었다. 경사가 급해 한 걸음 나아가는 것도 아슬아슬했다.

우선 앞서가는 사람이 바위를 굴려 겨우 비켜 갈 수 있을 정도의 발붙일 자리를 만들었다. 또한 임기응변으로 인공 확보물(하켄)까지 만들었다. 이만하면 선두가 잘못해 미끄러져 떨어져도 위험을 피할 수 있을 것 같았다. 한 걸음 한 걸음 스텝을 만들어가며 로프를 서서히 풀어나갔다. 발밑에서는 가끔가다 돌 떨어지는 소리가 들리는데, 강까지는 상당한 시간이 걸리는 듯했다. 소리가 나는 곳을 내려다보니 뿌연 물 연기에 싸인 심연深淵이었다. 또 80m나 되는 옆 절벽 밑으로는 잿빛 같은 빙하가 급히 돌아 흐르는데, 그것을 본 순간에 정신이 아찔했다. 간신히 있는 힘을 주어 자세를 유지했지만 떨어지면 그대로 물거품 속에 사라지는 것이다. 이렇듯 히말라야는 입구부터 식은땀이 흐르는 험로이다.

이럭저럭 한 시간 고생 끝에 경사가 급한 절벽에 고정 로프 두 개를 설치했다. 그러나 로프를 고정해도 포터들은 짐을 지고는 갈 수 없다고 한다. 그래서 능숙한 포터 몇 사람과 로컬 포터 깐차에게 많은 장비를 전부 나르게 했다. 그날 저녁 장비 운반에 수고한 깐차와 포터에게 5루피씩 상금을 주고 위로했다.

9월 22일, 오늘은 카라반이 끝나는 날이다. 연일 비가 내렸지만 베이스캠프로 간다는 무한한 감회 속에 비가 와도 전진하기로 했다. 오전 10시, 길 만들기에 능숙한 포터 2명을 앞세우고 행동을 개시했다. 고도 4,000m 지점에 이르니 벌써 산소가 희박한 것이 호흡으로 느껴졌다. 가끔 한 번씩 심호흡을 해야 했다. 처음에는 나만 느낀 신체적 현상인 줄 알았더니 모두 숨이 가쁘다고 했다.

덩굴과 딸기밭을 헤치고 나가니 대나무밭이 나왔고, 대나무밭을 지나니 진달래밭이 나왔다. 별로 경치도 없는 곳에 진달래꽃 한두 송이가 찬 바람에 가련하게 나부꼈다. 그 꽃이 어찌나 귀하게 보이는지 표본으로 할 생각이 들었으나 워낙 높은 산을 가는 도중이라 그럴 수가 없었다.

정오가 다 되어서야 고도 4,100m 지점에 이르러 점심을 먹었다. 그때 셰르파 한 사람이 벌집을 목격했다. 20m나 되는 절벽 바위틈에 꿀벌이 꿀을 치고 있었다. 히말라야의 석청石淸, 이 얼마나 귀한 것이랴! 그러나 험한 길이기에 그 역시 보고 지나는 수밖에 도리가 없었다. 지금도 생각하면 아쉬운 감이 든다.

밀가루로 만든 빵을 먹고 나서 다시 거제수나무 지대를 지나 다울라기리 1봉 남쪽 빙하에서 흐르는 개울을 건넜다. 여기서부터는 전

복나무도 아닌 회양목 같은 나무가 사면斜面에 덮여 있는데 그 나무에 앵두 같은 빨간 열매가 수없이 맺혀 있었다. 고산에 부는 억센 바람에 키가 자랄 수 없어 옆으로만 퍼진 것인지 아니면 본래 작은 나무인지 는 몰라도 매우 신기했다.

8 베이스캠프(B.C)

이곳을 지나 또 한 골짜기를 넘어서 언덕에 올랐다. 여기가 다울라기리 1봉 산기슭, 본대의 베이스캠프(4,600m)였다. 오후 1시 25분, 도착 즉시 포터의 노임을 치르고 수고한 사람에게는 1루피씩 더 주어 떠나 보냈다. 비록 포터라 할지라도 열흘 동안 생사를 같이한 그들이라 역시 헤어지기가 섭섭했다. 가는 사람과 보내는 사람이 서로 고갯마루에 올라 보이지 않을 때까지 손을 흔들며 작별을 서운해했다. 많은 사람이 갑자기 가고 나니 쓸쓸해졌다. 남아 있는 사람은 대원 4명, 셰르파 5명, 연락관 1명 그리고 로컬 포터 2명뿐이었다. 이제부터 우리의 생활이 펼쳐진다. 우리가 한 달이나 있을 곳이므로 캠프지 선택은 중요한 일이었다. 그래서 나무를 베어 나르고, 눈사태의 위험도 없는 곳을 찾아 캠프를 쳤다. 셰르파들도 이구동성으로 정말 명당이라고 기뻐했다.

포카라를 떠난 지 벌써 19일째이다. 그동안 아열대에서 온대로, 다시 한대 지방으로 길도 없는 정글에서 천신만고 끝에 이곳까지 이른 것이 아니었던가? 설산을 대하는 우리 대원은 모두 웃음이 감돌았다. 깎아 세운 듯한 베이스캠프 뒷산 봉우리에 빙하가 걸려 있었다. 그 봉우리는 고개를 바로 쳐들어야 바라볼 수 있을 정도로 곧추 솟아 있었다. 그 밖의 봉우리들도 만년 빙설에 덮여 장엄하고 개성 있어 보였다.

그 웅대한 암벽에 구름이 오고 가는데, 그 경계가 마치 중국의 고대 북종화北宗畵에 나오는 배경 그대로를 방불케 했다. 텐트 주위를 돌아 사방을 살피는데 돌연 1봉에서 뻗어 내린 능선에서 눈 연기가 푹하고 일어났다. 동시에 '쿵' 하는 소리가 들리더니 어마어마한 무게를 지닌 빙하가 떨어져 내려오는 것이 아닌가! 그 울려 퍼지는 음향이 마치 천지를 진동하는 듯했다. 잠시 후 캠프지 300m 앞 계곡이 순식간에 얼음으로 메워졌다.

이렇게 히말라야는 벌써 우리에게 그 위엄과 자연의 위력을 보여주었다. 셰르파들은 겁을 먹고 꿇어앉아 합장하고 "옴 마니 반메흠." 하고 염불을 올리기 시작했다. 셰르파들은 자신의 직업이 항상 위험에 처해 있다는 것을 충분히 알고 있어서인지 종교의식에 대한 믿음이 두텁고 성실했다. 조그마한 위험에도 즉시 독경讀經을 시작하는 것이 그들의 습성이다. 베이스캠프의 첫날 밤은 이 봉 저 봉에서 일어나

구름이 오가는 베이스캠프 뒷산

는 눈사태와 빙하가 터져 깨지는 소리가 산과 계곡을 울렸다.

23일은 종일토록 비가 내렸다. 24일과 25일도 계속 비가 내렸다. 텐트 안에서 동아일보사에 보낼 편지를 쓰고 있노라니, 밖에서 깐차가 '바라사부(대장, 네팔어)'라고 부른다. 내다보니 안개 같은 것이 암벽에 끼어 마그디 빙하로 몰려가고 있는 것이 아닌가! 자세히 보니 그것은 안개가 아니었다. 무엇이냐고 물었더니, '끼라(날파리, 네팔어)'라고 했다. 수억 마리나 되는 날파리 떼가 한데 뭉쳐 날아가는 것이 마치 안개 같아 보였다. 날파리 떼는 약 35분 동안이나 계속 날아갔다.

끼라가 사람과 가축에게 얼마나 피해를 주는지는 알 수 없다. 만일 해를 끼친다면 영화《대지》에서 본 메뚜기 떼의 습격 같은 게 아닐까 싶었다.

오후엔 비가 그쳤다. 우리는 이 기회를 이용해 할 일이 있었다. 캠프 뒤에 임시로 조그마한 통나무로 단을 쌓고 양을 잡아 제단에 올려놓았다. 하나님께 기도를 드려야 했다. 내게 어떤 신앙이 있어서가 아니고 성스러운 산을 대하는 마음으로 스스로 경건해졌기 때문이다. 우리는 제단 옆에 모였다. 나는 서울을 떠날 때 아내가 비행장에서 트렁크에 넣어준 찬송가책을 펼쳤다. 그리고 197장을 불렀다. 그 소리는 은은히 계곡에 울려 퍼졌다. 그리고 머리를 숙였다. '믿음도 없는 저희가 하나님께 기도 드립니다. 저희는 하나님이 주신 동산 다울라기리 1봉 산기슭에 캠프를 설치하고 태극기를 꽂았습니다. 저희에게 힘을 주옵시고, 저희가 조국을 위해 영광된 일을 하게 하여 주시기를 비옵니다. 그리고 저희가 원정을 마치고 돌아갈 때까지 하나님의 가호를 베풀어주시기를 비옵니다.'

기도를 올리고 나니 전에 없던 기운이 났다. 또 새 용기와 새 힘이 북받쳐 오름을 느꼈다. 이것은 나만의 심정은 아닌 듯, 이 성스러운 산에 직면한 사람이면 누구나 느끼는 감화感化일 것이다. 나는 여기서 또다시 다짐했다. 이곳에서 정화된 마음을 조국에 돌아가서도 평생 지니리라고.

다울라기리 1봉

마그디 빙하의 위용

9 정찰偵察

9월 26일, 지루하게 내리던 비가 개었다. 아침 식사 뒤 나는 셰르파들에게 털옷, 방풍의, 스웨터, 내의, 바지, 모자, 고글, 피켈, 아이젠, 등산화 등 고소용 장비를 나누어주었다. 그리고 대원들의 1차 고도 적응 겸 마그디 빙하에서 2봉으로 등로登路가 있는지 탐색하기 위해 송 대원, 사다와 함께 하루 분의 식량을 가지고 마그디 빙하로 들어섰다.

히말라야에서 5,000m 이상이면 여름에도 비 대신 눈이 내린다. 일 년 동안 내리는 양이 그리 많다고는 볼 수 없지만, 내린 눈의 일부는 녹고 일부는 쌓이게 마련이다. 이렇게 일 년, 이 년 나중에는 몇 백 년 동안 쌓이게 되면, 그 수량은 막대한 적설積雪로 계산될 것이다. 눈이 처음 내려서 쌓일 때는 순수한 눈이지만 점차 위로 쌓여서 압력이 가해지면 밑에 있는 눈은 점차 얼음으로 변한다. 그러면 밑에 이미 얼음이 된 부분은 경사면을 따라 서서히 이동한다. 다울라기리산맥은 하루에 20cm 정도 이동할 것으로 추정된다. 이것을 빙하라고 한다. 말로만 듣던 빙하! 나는 빙하에 손을 대고 어루만졌다. 산山사람으로 태어나서 한 번은 빙하에 서보고 싶었던 꿈이 비로소 실현된 것이다. 나는 만족했다.

캠프를 떠난 지 한 시간쯤 지나자 전면 좌측에 눈사태로 100m

정도 바위가 드러난 부분이 보였다. 우측에는 1봉에서 뻗친 큰 암벽이 우뚝 솟아 있는데, 그 절벽에서는 잇따라 크고 작은 눈사태가 일고 있었다. 지난 5, 6일 동안 쌓인 눈이 햇빛을 받아 녹아서 떨어지는 것이다. 또한 계곡은 빙하의 말단 지역으로 바위 조각과 모레인(퇴석)이 계단처럼 퇴적되어 섣불리 다가갈 수 없었다.

이렇게 망설이고 있는 순간에도 좌측 사태가 일었던 곳에서 간간이 낙석이 떨어졌다. 위험하지만 이곳밖에는 등로가 없을 것 같아 눈사태 난 자리인 줄 알면서도 가기로 했다. 만일을 위해 모자 안에 수건을 두둑이 넣어서 머리에 썼다. 다행히도 낙석은 우리를 피해 떨어졌다. 약 40분 후에 이곳에 로프를 고정해 놓고 다시 전진했다.

전진하면서 빙하의 상태를 살펴보았다. 빙하는 돌무더기로 형성된 부분도 있고 크레바스와 세락도 눈에 띄었다. 그중에 크레바스는 군데군데 입을 벌리고 있는데, 그 깊이가 얼마나 되는지 바닥이 보이지 않을 정도였다. 빙하 겉에 드러난 크레바스는 눈에 보이니 피해 갈 수 있어 어느 정도 마음이 놓였으나 살얼음이 얼어붙거나 설원雪原에 숨어 있는 것은 얼핏 보아 알 도리가 없었다. 우리는 서로의 몸을 로프로 묶고 피켈로 더듬어가면서 천천히 또 신중히 앞으로 나아갔다.

빙하에는 무수한 퇴석堆石이 산재해 있었다. 나는 전부터 퇴석에 관심이 있어서 그 상태를 살펴보았다. 대개 화강암花崗岩, 각섬석角閃石, 석회암石灰岩 등이 많았다. 광석鑛石으로는 철鐵, 전기석電氣石, 자류

장대한 마그디 빙하

마그디 빙하로 들어서니 군데군데 크레바스가 입을 벌리고 있었다.

석柘榴石 같은 것도 눈에 띄었다. 그중 철과 전기석이 매우 많았다. 퇴석은 굴러떨어지거나 흐르는 물에 의해 여러 가지 모양으로 변한다. 빙하의 바위는 하부下部에 이를수록 규모가 크다. 상부上部에는 작은 돌부터 주먹 정도 크기가 보통인데, 하부에는 직경 50cm에서 3m에 이르는 큰 것도 있다. 빙하 측면은 퇴석 언덕이다.

　　계곡의 형상과 노출된 암반에서 빙하기에 침식된 흔적이 가끔 눈에 띄어 흥미로웠다. 빙하는 물보다 암석을 파괴하는 힘이 작다고 하지만 오랜 세월을 두고 바위를 스치기 때문에 표면 마찰로 인해 평면

크레바스와 퇴석

을 이룬다. 나는 퇴석과 광석 수종數種을 표본으로 채집했다. 이렇게 관찰하면서 계곡 깊숙이 4km 정도 전진했을 때 빙하 좌측 절벽 위 대지에서 흘러내리는 큰 폭포가 나타났다. 그 높이가 300m는 될 것 같았다.

그곳에서 다시 2km를 더 나가니, 이번에는 세 줄기 폭포를 만났다. 그 웅대함이란 일대 장관을 이루고 있었다. 한 가지 이상한 점은 두 폭포의 거리가 불과 2km인데 무려 두 시간이나 걸렸다는 사실이다. 30분이면 도달할 것 같아 보였지만 실제로 가 보니 예상외의 거리였다. '히말라야 거리의 착각'이라는 설도 있으나, 그 이유는 아직도 모르겠다. 이런 곳을 다시 2km를 전진해 다울라기리 2봉에서 마그디 계곡 쪽으로 내려 뻗은 절벽 밑까지 다다랐다. 그러나 그 암벽은 철벽같이 험악해 계곡에서 대지 위로 도저히 접근할 수 없었다. 2봉 동북쪽으로 7,000m급 봉우리가 하나 있다. 예측할 수는 없지만, 그 봉우리의 능선을 거쳐 등로를 찾으면 2봉의 안쪽으로 들어설 수도 있을 것 같았다.

정찰하는 동안 계곡 밑에서 적란운積亂雲이 일기 시작하더니 불과 몇 분 만에 온 산을 덮어 버렸다. 거기에 눈보라까지 몰아쳤다. 크레바스와 빙탑이 뒤섞인 어수선한 곳에서 더는 무엇도 할 수 없어 베이스캠프로 되돌아왔다.

이튿날 아침 동아일보사에 보낼 편지를 써서 셰르파 텐징과 락파 두 사람에게 시켜 투쿠체 방면으로 보냈다. 그리고 나는 송대원, 구로바와 함께 마그디 빙하 하단을 정찰하기로 하고 캠프를 나섰다. 전날에는 2봉 전면을 정찰했고, 이날은 서쪽 기슭에서 등로를 탐색했다. 슬레이트 모양의 바위를 오르고 다시 초원과 계곡을 지나 능선을 타고 약 5,600m 지점에 이르렀을 때 구름이 끼기 시작해 부득이 중단하고 하산했다.

이튿날 나는 어제 혼자 올라갔던 지점보다 100m를 더 올라갔다. 그때도 2봉만은 구름에 가려 잘 보이지 않았으나 3봉과 5봉은 똑똑히 보였다. 상부 플라토는 비교적 평탄했지만 여러 곳에 얼음이 첩첩이 쌓여 있었다. 또한 빙하 말단부에는 아이스폴이 한 군데 있어 다소 실망스러웠다. 그러나 계곡에서 아이스폴을 피해 올라가는 길과 대지에서 다시 2봉 안쪽으로 접근할 수도 있을 것 같은 길을 발견했다.

다만 한 가지 미심쩍은 점은 2봉 안쪽 중심 지점에 전위봉前衛峰 하나가 있는데, 그 봉우리 뒷면을 볼 수가 없었다. 또 전위봉 후면의 의문이 풀리더라도 2봉 바로 밑에서 정상까지 약 700m나 되는 50도의 빙벽이 난코스로 예상되었다. 마지막 코스가 매우 염려되어 후에 마그디 빙하 상부 지점을 다시 정찰하기로 했다. 그러나 마그디 빙하 상부 지점 정찰이 여의치 않을 때는 결국 계곡에서 플라토로 올라서는 등로는 이곳밖에 없을 것 같았다.

나는 한 가닥 희망을 남겨둔 채 일단 서쪽 정찰을 끝내고 하산하려고 불안전하게 깔린 슬레이트 모양의 바위를 지나 내려갔다. 그런데 그 순간 카메라(롤라이플렉스)를 놓쳐버렸다. 카메라는 높이 300m나 되는 낭떠러지로 굴러떨어졌다. 처음에는 버리고 갈까 생각했으나 조금 전 2봉을 정찰할 때 찍은 사진이 그 안에 있다는 생각이 들자 그대로 버릴 수 없어 낭떠러지를 조심조심 내려갔다. 부서진 카메라를 주워 들고 내려가는데 얼마나 시간이 지났는지 구름이 밀려와 시야를 가려 간신히 길을 찾아 캠프지에 닿았다. 저녁을 먹고 나니 눈이 또 내렸다.

9월 29일 아침 일어나 보니 밤사이에 눈이 상당히 쌓였다. 그러나 낮이 되면서 설선 아래 남쪽 비탈의 눈이 녹기 시작했다. 우리는 모닥불을 피워 놓고 셰르파들과 잠시 잡담을 나누었다. 그때 들은 얘기 중에 셰르파 바상의 설인雪人에 관한 이야기가 특히 흥미로웠다.

그의 말에 의하면 1961년 봄, 초고리Chogori(K2) 히말에서 설인 5명의 습격을 받았는데 겁에 질려 깡통을 두들겨서 그들을 쫓아 보냈다는 것이다. 설인의 형상은 키 3피트 정도로 마치 8, 9세 나이의 어린이와 같고 얼굴과 몸은 원숭이처럼 긴 털이 전신을 덮고 있다. 배에서 허리까지 붕대 같은 흰 줄이 있으며 두 손과 발이 있으나, 사람과 반대로 발뒤축이 앞으로 오고 발끝이 뒤로 돌아가 있다는 것이다. 그래서 앞으로 걷고 있지만 발자국은 반대로 보인다. 그리고 또 설인은 "구구", "츄츄" 하는 소리를 낸다. 이들은 비록 키는 작아 보이지만 사람을 만나면 손쉽게 휘어잡고 달아나서 와작와작 먹어버린다는 것이다. 그리고 설인은 대단히 높고 한적한 곳을 찾아다니기 때문에 쉽사리 사람들의 눈에 띄지 않는다. 우리는 반신반의했지만 이 말을 어느 정도 증명할 만한 일이 얼마 뒤에 벌어졌다.

본대가 투쿠체 방면으로 넘어갈 때 이상한 발자국을 발견했는데, 동행하던 셰르파 바상이 설인의 발자국이라고 했다. 나는 그 발자국을 필름에 수록했다. 민가에서 수백 리 떨어진 빙산 중턱에 찍힌 발자국이니 사람의 것일 리 없었다. 게다가 맨발이어서 더욱 의심스러웠다. 보통 사람은 눈 위를 단 1분도 맨발로 걸을 수 없으니 말이다. 이 지방 사람들은 설인을 '예티yeti'라고 부른다. 어떻든 설인이 있다는 이 지방 사람들의 말을 종합해보면 그럴듯하다. 머지않은 장래에 누군가 설인의 정체를 밝혀낼 때가 올 것이다. 이런 이야기를 듣고 난 뒤여서인지 나는 야간에 천막 주위 경계를 게을리할 수 없었다.

9월 30일. 오늘도 구름 한 점 없이 갠 날씨다. 몬순은 완전히 걷히고 대륙성 계절풍에서 오는 북서풍이 높이 불어 매일 안정된 날씨가 계속되었다. 이곳 다울라기리 히말의 일기는 오전엔 개었다가 오후 2시가 지나면 마그디 계곡 밑에서 적란운이 끼고 얼마 후에 눈이 내린다. 기온은 오전 7시쯤 영하 8도이고, 오전 11시부터 오후 2시까지는 영상 7, 8도이다. 그리고 일몰과 동시에 다시 영하 7, 8도로 내려간다.

희박한 공기 속에 날씨마저 급변하는 환경이다 보니 참을성과 용기가 필요했다. 자신의 건강에도 세심한 주의를 기울일 필요가 있어, 이틀을 더 쉰 다음 10월 2일 마그디 빙하 상부 8km 지점(고도 5,100m)

5,700m 지점에서 2봉을 정찰하는 필자

에 1캠프를 설치했다. 송대원, 김대원, 사다가 1캠프로 옮겨 갔다. 10월 3일부터 5일까지 셰르파와 로컬 포터를 총동원해 장비와 식량을 나르고 10월 6일에 나도 1캠프로 이동했다.

전진하면서도 통신 연락차 투쿠체로 보낸 셰르파들이 돌아와 있었으면 하는 생각이 떠나질 않았다. 그러나 일주일이면 돌아온다던 셰르파들은 2주일이 지나도록 소식이 없었다. 나는 직감적으로 조난을 염려했고, 1캠프에서는 모두 불안에 잠겼다. 더욱이 송대원과 사다는 내가 이곳으로 옮겨 오기 전날 그들의 행방이 궁금해 그들을 찾아 나갔다가 깊은 눈과 크레바스로 고생만 하고 돌아왔다고 한다. 그래서 우리는 조난이 아니면 동상이라 추측했다.

본대의 사명도 크지만 셰르파들의 행방이 묘연해 가만히 있을 수 없었다. 더욱이 입산 전에 인도 원정대의 조난을 들은 바도 있어 의논 끝에 셰르파를 찾기로 하고 김대원과 셰르파 바상에게 투쿠체 방면을 수색하게 했다. 이렇게 되고 보니 대원 4명 중 남아 있는 사람은 나와 송대원뿐이고, 셰르파 5명 중 2명은 행방불명되고 또 1명은 김대원과 함께 수색을 나갔으므로 남은 셰르파는 사다와 구로바뿐이었다. 게다가 구로바는 기침이 심해 건강이 그리 좋지 못했다.

부족한 인원이 흩어지게 되어 앞날이 매우 염려되었다. 나는 행방불명이 된 셰르파의 뒤를 찾아 나선 김대원에게 셰르파들이 동상에 걸렸으면 포카라의 스위스인 병원에 입원시키고 위급하면 카트만두로 이송하라고, 수습 비용으로 네팔 화폐 500루피를 주었다. 김대원이 가는 코스는 매우 험난한 길이었다. 히말라야의 마그디 빙하에서 미지의 루트를 세밀한 지도 하나 없이 간다는 것은 상당한 의지와 각오가 없이는 실행할 수 없는 일이다. '거일난봉일난去一難 逢一難, 거일험봉일험去一險 逢一險' 가도 가도 끝없는 난관이 우리를 가로막고 우리를 시험하는 듯했다.

그러나 여태까지 갖은 고난을 겪으면서 생사를 같이한 셰르파를 기어코 찾아야만 했다. 그들이 비록 셰르파라는 이름으로 우리를 따르지만 그들의 임무는 안내만이 아니다. 그들도 어엿한 네팔 국민으로 우리의 원정 목적을 달성하는 데 협력하고 있다. 그들도 산을 오른다.

7,500m 이상 오른 셰르파에 대하여는 그 노고를 표창해 타이거 배지를 수여한다. 셰르파들의 타이거 배지에 대한 동경과 집착은 대단한 것이었다. 극단적으로 말해 그 배지 하나 때문에 자기 몸을 바치는 것이다. 비근한 예로, 1953년 어느 원정대와 동행하였던 셰르파 니마 텐징은 7,500m 지점에서 피로에 지쳐 쓰러지면서도 그 지점이 몇 피트냐고 물었다. 7,500m라고 들었을 때, 그의 표정은 그야말로 생애를 통해 처음으로 결정적 순간을 획득한 사람처럼 얼굴에 희열의 빛이 역력했다고 한다. 이처럼 셰르파는 산을 사랑하고 또 산은 그들의 전부이기도 하다.

행방불명된 일라 텐징도 타이거 배지를 2개나 가지고 있었다. 그는 이따금 우리에게 그 배지를 자랑했다. 비록 의사는 잘 통하지 않더라도 같은 뜻으로 결합한 그들과 우리는 자연히 우정으로 맺어졌다. 아울러 이 숭고한 목적을 이루기 위해서라도 어떻게든 그들을 찾아야만 했다. 나는 김대원의 성공을 빌면서 출발 준비를 했다.

4일분 식량과 부식으로 베이컨, 건과일, 통조림 등을 키슬링

* kissling ruck sack. 스위스의 요하네스 키슬링이란 사람이 고안했다. 옆으로 퍼진 모양의, 헤드가 없는 가로 형 배낭으로 우리나라에서는 1970년대 초반까지 장기등반 시 많

에 넣었다. 짐을 꾸려 놓고 텐트로 들어갔으나 잠이 오지 않았다. 다시 밖으로 나가니 그날따라 달은 유난히 밝아 마그디 빙하를 눈부시게 비추고 있었다. 1봉 능선에서 뿜는 눈 연기가 손에 잡힐 듯 보이는데 벅찬 사명 때문인지 모두 수심에 찬 얼굴들이다. 그러나 일이 이렇게 된 이상 아무리 걱정해도 소용없는 일이다. 5,100m, 이 광활한 마그디 빙하에서 어찌해야 좋을지, 우리는 그냥 돌아갈 수 없는 몸 아닌가! 그냥 돌아갈 수 없다면 마음을 강하게 먹어야 했다. 남은 임무 완수에 전력을 기울이자고 서로 다짐했다.

달은 서쪽 하늘에 흐르고 밤은 깊어갔다. 11시, 다음 날 서로 헤어질 것을 생각해서인지 모두 텐트에 들어가기를 주저했다. 결국 뜬눈으로 밤을 새웠다. 10월 7일 아침 6시, 송대원과 나는 김대원 일행을 전송하려고 1캠프를 떠났다.

빙하는 갈수록 험하고 눈도 깊어 전진이 지지부진했다. 오후 1시가 되어 겨우 5km 지점까지 나아갔다. 좀 더 동행하고 싶었으나 1캠프로 돌아가는 데 걸리는 시간도 있어 점심을 나누고 헤어졌다. 나는 그들이 빙하를 넘어 보이지 않을 때까지 서 있었다. 고글 속에 눈물이 서렸다. 돌아오는 길에 1봉 동쪽 5,400m 지점까지 올라가서 2봉을 정찰했다. 높이는 8,000m급에 뒤떨어지나 산의 개성이나 험준한 점은 결코 자이언트 못지않을 만큼 훌륭해 보였다.

이 사용했다.

늠름한 다울라기리 2봉의 남면

히말라야 다울라기리산맥 마그디 계곡 남측에 있는 이름없는 봉들. 고도 6,000m 지점에서 촬영

이곳에서는 동북면과 남면이 보인다. 북동면은 각국 산악계에서
도 오를 수 없는 절벽이라 단정했듯이 과연 수직에 가까운 절벽으로
도저히 루트가 보이질 않았다. 서쪽으로는 5봉 말단 리지까지는 도달
할지 몰라도 5봉에서 3봉까지, 다시 3봉에서 2봉까지의 날카로운 능

선은 도저히 오를 수 없을 것 같았다. 다만, 남면은 2봉 바로 밑에서 정상까지 코스가 곤란하게 보였으나 충분한 인원과 장비만 갖춰 본격적으로 달라붙는다면 정상에 도달할 수도 있을 것 같았다.

지금까지 히말라야의 상식으로 남면으로는 등로가 없다고들 하지 않았는가? 인류가 정복할 수 없다던 에베레스트나 다울라기리 1봉 또는 자누Jannu(7,710m) 같은 산들이 오늘날에 와서 하나하나 정복되고 있듯이, 2봉도 그 산정을 개방할 날이 머지않을 듯싶었다. 어쨌든 오를 수 있는 길이 있음을 확인했다. 이렇게 다울라기리 2봉에 대한 정찰은 세 군데로 나누어서 끝난 셈이다. 1캠프에는 송대원과 나 단둘이었다.

이 광대한 빙하에서 우리는 작은 텐트에 들었다. 밤이 얼마나 깊었을까? 돌연 텐트 밑에서 빙하가 이동하는 소리가 '뻐걱뻐걱' 하고 들려왔다. 그런지 몇 분 후에 텐트 뒤에서 빙하가 갈라지는 소리가 요란스럽게 들려왔다. 히말라야 등반에 있어서 빙하가 이동할 때 텐트가 빙하 크레바스 밑으로 추락한 사례가 드물지 않게 있었기에 등골이 오싹했다.

공포의 밤이 지나고 이튿날 아침, 텐트 뒤에 약 30cm가량 균열이 나 있었다. 우리는 빙하에 고인 물로 밥을 지어 먹고 전날 정찰한 마그디 빙하 상부 지점 마그디 콜 동남쪽에 위치한 6,700m급 피크를 오르기 위해 5,950m 지점 설원에 2캠프를 설치했다. 1캠프로 되돌아오는데 우측 사태 난 자리에서 간간이 큰 돌이 굴러떨어져 설원에 박혔다.

10월 9일, 베이스캠프에 있는 주대원과 구로바가 올라오기를 기다리며 하루를 보냈다. 그러나 고지에서 쉬는 것도 고역이었다. 공기의 농도가 평지의 반밖에 되지 않아 가만히 있어도 숨이 가빴다. 낮에는 자외선과 더위가 혹심해 얼굴과 입술은 두 번이나 벗겨졌고, 수염은 자랄 대로 자랐다. 몸도 점점 쇠약해져서 체중이 줄어드는 게 느껴졌다.

그러나 싸워야 했다. 인원도 부족하고 장비도 빈약했지만, 2봉 정찰만으로는 우리의 마음이 흡족하지 않았다. 설사 어떠한 위험에 직면하게 되더라도 나는 저 백설에 빛나는 설봉을 바로 눈앞에 두고 그냥 발을 돌릴 순 없었다. 내 마음속에는 어느 때보다도 산을 오르겠다는 의욕이 더욱 치열했다.

오후 3시가 되어 베이스캠프에서 로컬 포터인 구로바와 깐차가 올라왔다. 그리고 며칠 전 김대원을 따라 마그디 콜까지 갔던 사다도 무사히 돌아왔다. 1캠프는 다시 활기에 찼다. 나는 대원들에게 앞으로의 행동에 관해 설명했다. 구로바는 자기도 정상까지 데리고 가달라고 했다. 사다도 이 공격에 참가하기를 원했다. 그는 과거 일본 마나슬루 원정대를 비롯해 각국 원정대에 6차례나 동행한 관록이 붙은 우수한 사람이었다. 그래서인지 그의 행동은 항상 침착하였으며 판

2캠프로 장비를 운반하는 대원들

단력도 빨라 설원에 숨어 있는 크레바스를 찾아내는 등 팀에 많은 도움이 되었다. 비록 본대의 힘이 사방으로 분산되어 있지만, 이처럼 충실한 셰르파들이 있어 우리는 투지를 더욱 불태울 수 있었다.

1캠프를 중심으로 6,400m급 이상의 봉우리는 얼핏 세어도 12개나 된다. 우리는 그중의 한 봉우리를 오르는 것이다. 공격을 앞두고 우리는 각자 식성에 맞는 음식을 마음껏 먹었다. 10월 10일 아침 8시, 1캠프를 출발해 오후 2시 2캠프에 도착했다. 2캠프에는 전날 세

2캠프 – 5,950m 지점

2캠프 - 5,950m 지점

워둔 태극기와 교기校旗가 바람에 휘날리고 있었다. 태극기를 앞에 대하니 용기와 조국에 대한 사명감이 용솟음쳤다. 이곳에서 죽음을 두려워하지 않고 힘껏 해보고 싶었다. 나는 짐을 셰르파에게 정리하라고 맡긴 후 송대원과 같이 루트 개척을 위해 2캠프를 나섰다. 2캠프 뒤에는 무수한 세락이 난립해 있었다. 위험한 곳에는 표식기를 꽂으면서 전진했다. 오후 3시가 지나니 눈안개와 세찬 눈보라로 방향을 잡을 수 없었다.

베이스캠프를 설치한 이래 20여 일 동안 규칙적으로 구름이 끼고 눈이 내렸다. 그리 걱정은 안 되지만 시야를 완전히 가려 앞이 보이지 않고 눈사태의 우려가 있어 표식기를 더듬어 캠프로 돌아왔다. 해가 지니 바람은 더 세차게 불었고, 눈보라가 얼굴에 부딪혀 아팠다. 나는 과거 국내에서의 등반 체험과 비교해보았다. 낭림산狼林山, 소백산小白山, 동백산東白山 그리고 설악산雪嶽山과 한라산漢拏山 등 어느 곳도 이 히말라야의 악조건과는 비교가 되지 않았다.

밖에 서 있을 수가 없어서 텐트로 돌아왔다. 텐트는 마치 바람 만난 깃발 모양으로 잠시도 가만히 있지 않고 펄럭거렸다. 나는 너무 추워 가스버너에 불을 붙였다. 잠시 후 천막 안이 훈훈해졌다. 옆 천막에 있던 셰르파들도 한곳에 모이니 2인용 텐트는 초만원이었다. 몸을 움직일 수 없을 뿐만 아니라 제대로 호흡도 못 할 형편이었다. 그러나 다행인 것은 악천후에도 몸을 녹일 수 있다는 사실이었다. 밤이 어느 때쯤 되었을까? 천막의 펄럭임도 멎어 밖에 나가니 하늘에는 별이 총총하고 그믐달이 서녘에 기울고 있었다. 그러나 1봉 후면 능선에는 아직도 바람이 포효하고 눈 연기도 하늘 높이 치솟고 있었다. 마그디 빙하와 내일 올라가야 할 산을 쳐다보니 사명감과 엇갈리는 고향 생각이 불현듯 일었다.

10 도전挑戰

10월 11일, 마침내 공격을 개시했다. 우리는 등산 장비 외에 각자 2일분의 식량을 휴대했다. 정상에 올라갔다가 2캠프까지 되돌아올 것 같은 기세였다. 그러나 만일의 경우를 고려해 텐트를 가지고 가기로 하고 아침 8시에 2캠프를 나섰다. 간밤의 바람에 거의 사라져버린 발자국을 따라 차츰 고도를 높여갔다. 히말라야 등반에 있어서 빙하를 통과하지 않고 능선이나 정상에 오르기는 어렵다. 빙하에는 크레바스가 있고 그 밖에도 데브리débris와 세락 등 위험이 뒤따르기 마련이다. 차츰 경사가 급해짐에 따라 스텝을 바가지 정도 크기로 파면서 전진했다. 2시간 후에야 비로소 6,200m 지점에 이르렀다.

여기서부터는 세락이 서로 대치하고 있는데 그 세락이 상부 빙하

※ 빙하가 녹아 남은 큰 바위들의 잔해

2캠프를 출발하여 정상으로! 정상은 좌측에 위치.

다울라기리 산군의 무명봉 등반에 나선 원정대. 위쪽 중앙에 보이는
돔같이 생긴 봉우리가 6,770m의 주봉이다. 1962. 10. 11

의 압력을 받아 앞으로 넘어질 듯이 배를 내밀고 있어서 불안했다. 나
는 이곳을 서둘러 피하고 싶었지만, 셰르파들은 나의 불안한 속내도
모르고 마음 놓고 기침을 해대는 것이 아닌가! 나는 그 기침 소리가
혹시 산에 메아리를 지어 되돌아오지 않을까 두려웠다. 그래서 기침
을 하면 산이 진동해 눈사태가 일어날 우려가 있으니 기침이 나와도
좀 참으라고 주의를 주었다.

거대한 눈사태가 빙하를 향해 쏟아지고 있다.

　아니나 다를까 잠시 후 머리 위 능선 직하直下 250m 지점 낭떠러지 위에 걸려 있던 두께 100m나 되는 빙하 단면에서 쿵 하는 진동 소리와 함께 눈 연기가 하늘로 치솟으면서 빙하가 쏴르르 밀려 내려오는 것이 아닌가! 놀랍게도 그것은 우리가 서 있는 세락 앞 3m 지점으로 순식간에 밀려 떨어졌다. 그리고 또다시 빙하가 갈라져 떨어지는 소리가 쿵 하더니, 이번에는 작고 큰 얼음이 뒤범벅되어 밀어 닥쳤다. 그 소리가 천둥 번개와 같이 온 산에 울려 퍼졌다. 이어 거센 풍압風壓

빙하가 무너져 3m 앞으로 밀려오는 광경

으로 눈보라가 휘몰아쳐 우리를 완전히 덮어버렸다. 눈보라 때문에
얼굴도 잘 알아보지 못할 정도인데, 돌연 폭풍이 이는 저쪽에서 송대
원의 목소리가 들려왔다. "형님, 지금 우리는 사경死境에 처해 있습니
다." 이때 나도 정신이 아찔해졌다.

　　말로만 듣던 히말라야의 눈사태를 바로 눈앞에서 당하고 있노라
니 정녕 살아 있는 기분이 아니었다. 온 힘이 전신에서 다리로 빠져나
가는 것 같았다. 히말라야에서 오랜 체험을 쌓았다는 셰르파들도 넋

6,200m 지점 세락 지대를 돌파하는 광경

을 잃은 듯 공포에 질려 내 얼굴만 쳐다보았다. 나는 있는 용기를 다
해 대원들을 독려했다. 후퇴하자니 연거푸 떨어지는 빙하에 휩쓸릴
우려가 있었고, 전진하자니 무수한 빙탑과 크레바스를 넘어야 했다.
말 그대로 진퇴양난進退兩難의 위기였다.

그러나 아무리 위협을 받는다 해도 이런 경우에는 도전하는 수밖에 없었다. 나는 작전을 다시 세우고 송대원과 공격에 나섰다. 주변의 경사가 가팔라 로프로 서로의 몸을 묶었다. 송대원이 커다란 세락을 넘어갔다. 나는 서서히 줄을 풀어주었다. 잠시 후 세락 저쪽에서 송대원의 외침 소리가 들려왔다. "여기 또 큰 크레바스가 있는데 시간이 좀 걸릴 것 같아요." 나는 안심하고 행동하라고 대꾸했다. 잠시 멈췄던 로프가 다시 내 손에서 서서히 풀려나갔다.

이렇게 한고비를 넘겼다. 그러나 또 하나의 장애물이 앞을 가로막고 있었다. 우리가 서 있는 빙하는 어제 떨어진 빙하가 지나며 일으킨 마찰로 마치 대패로 깎은 듯 반들반들했다. 또 어떤 부분은 밭고랑같이 큰 홈이 파여 있었다. 그 뒤에는 큰 빌딩 같은 세락이 언제 무너질지 모르는 채 위험하게 솟아 있었다. 바로 전면에는 30m 높이로 솟은 세락이 그 후면 빙설의 압력으로 앞으로 넘어질 듯이 숙이고 있었다. 그 밑으로 건너편 빙벽에 닿을 수 있을 것 같았다. 그러나 섣불리 피켈을 쓰다가는 위험을 자초할 수도 있어 크레바스에 걸쳐 있는 스노 브리지snow bridge를 건너기로 했다.

여러 장애물 중에서 특히 이 스노 브리지를 택한 것은, 만일 스노 브리지가 무너지더라도 로프가 풀린 만큼만 추락할 것이고 그러면 다시 올라올 수 있을 것이라 판단했기 때문이다. 사다가 먼저 스노 브리지를 건넜다. 뒤따라 우리도 무사히 건넜다.

난립한 빙하지대

이 코스를 지나는 40분 동안 빙하가 무려 아홉 번이나 떨어졌다. 빙하를 건너자 이번에는 50도에 가까운 빙벽이 나타났다. 전날 우측 능선 눈사태에 밀려간 자리에 드문드문 노출된 바위가 보였다. 직감적으로 눈사태가 나지 않을까 하는 위험을 느꼈다. 그러나 이곳밖에는 오를 수 있는 길이 없었다. 히말라야에서는 오후 등반을 되도록 피해야 하지만, 오늘은 별도리가 없었다. 끊임없는 위협 속에 있다 보니 하늘에 운을 맡기는 수밖에 없었다. 다행히 사태는 없었다. 6,300m

6,200m 지점
세락 밑에서

지점에 이르러서야 비로소 10여 평쯤 되는 사이트를 발견하고 3캠프
로 정했다.

테트를 내려놓고 점심을 먹었으나 식욕이 줄어 버터 맛이 마치
빨랫비누를 씹는 것 같았다. 베이컨도 곰팡이 핀 깻묵을 먹는 느낌이
었다. 그러나 먹어야 했다. 송대원은 초콜릿 하나를 먹고, 나는 억지
로 절반을 먹었다. 목이 몹시 말랐다. 얼음을 먹어서는 안 되는 줄 알
면서도 먹지 않고서는 견딜 수 없을 만큼 갈증을 느꼈다. 연신 얼음을

3캠프

깨어 먹는데 먹을수록 목은 더 탈 수밖에 없었다.

　　행동을 다시 시작해 송대원이 앞장을 섰다. 그는 우수한 대원이었으나, 조금 전 세락 지대를 넘을 때 애를 많이 써서 몹시 피로해 보였다. 그래서 사다가 교대했는데 그 역시 열 발자국을 못 가고 주저앉았다. 다음은 내가 나섰다. 나는 이곳이 마지막 등로라는 생각에 몹시

3캠프

3캠프에서 출발 준비

흥분했다. 몸도 고도에 어느 정도 적응되어 등반은 순조로웠다. 설면雪面도 안정적이었다. 한번 걸으면 아이젠 자국이 푹 박혀 들어갔다. 스텝을 만들 필요도 없이 나는 차츰 고도를 높여갔다. 그러나 오를수록 호흡이 점점 힘들어졌다. 허파뿐만 아니라 가슴 전체가 터져 나올 것만 같이 허덕거리며 겨우 스무 발을 옮기고 주저앉았다. 나는 한참 동안 숨을 돌리고 나서야 다시 스무 발을 옮겼다.

이렇게 옮겨가고 있을 때 내 머리를 번개같이 스치는 것이 있었는데, 그것은 내가 지그재그로 걷고 있다는 사실이었다. 이 얼마나 위험한 일인가? 나 스스로가 눈사태를 자초하고 있으니 말이다. 다시 직등으로 오르는데 공기 농도가 평지의 3분의 1밖에 안 되는 이 지점에서 1시간에 겨우 150m(추정)를 전진했다. 나는 규칙적으로 스무 발을 세었다. 쉬고 다시 또 스무 발을 나갔다. 빙하 터지는 소리가 간간이 들려왔다. 그것은 아주 먼 곳에서 울리는 우레와도 같았다.

이제 나에게는 아무런 생각이 없었다. 감각도 둔해졌다. 그러나 또 세었다. 이렇게 얼마를 반복했는지 갑자기 시야가 트였다. 나는 스무 발을 더 셀 필요가 없었다. 정상(6,700m 피크)에 선 것이다. 무한한 감격과 피로가 겹쳐 그만 그 자리에 쓰러졌다. 다음에는 송대원과 셰르파가 올라왔다. 송대원도 쓰러졌다. 그리고 둘이서 부둥켜안았다.

* 등반 경로를 보아 투쿠체봉Tukche peak(6,920m) 인근의 위성봉을 등정한 것으로 추정된다.

한 번 쉬고 간신히 스무 발을
옮겼다. 고도 6,500m 지점

6,700m 피크를 향해 도전하는 대원들

6,700m 정상에서. 송윤일 대원

북받쳐 오르는 감격의 눈물을 주체할 수가 없었다. 나는 이 순간을 위해 품에 간직했던 태극기와 교기 그리고 네팔기를 피켈에 매어 높이 쳐들었다. 눈물이 흘러내렸다. 나는 일망무제—望無際 서녘 하늘 멀리 아득한 조국 하늘을 향해 머리를 숙였다.

"드디어 우리는 승리하였노라!" 이때가 오후 3시였다. 다울라기리 전 산맥과 수많은 멧부리가 구름에 덮여 있었다. 이 숭엄한 자연의 맨 끝에서 내려다보는 장엄한 모습이란, 내 둔한 붓으로는 무어라 표현할 수 없었다. 다만 무한한 감동으로 가슴이 벅찰 뿐이었다.

30분가량 정상에서 머문 후 하산을 시작해 3캠프까지 한 번만 쉬고 내려왔다. 10평밖에 안 되는 사이트에 얼음을 깎아서 평평한 자리를 만들고 텐트를 쳤다. 해가 지니 또 바람이 불고 추워졌다. 온도계는 영하 16도를 가리키고 있었다. 지쳐서 모두 잠들었는데, 숨소리가 마치 대장간의 풀무질하는 소리처럼 거칠어서 듣기에 안타까울 정도였다. 이렇게 6,300m 고지에서 괴로운 밤을 새워야만 했다.

우리는 오전 중에 어제 넘어온 세락 지대와 빙하를 건너야 했다. 일찍 아침을 먹고 출발 준비를 하는데 날씨가 어찌나 추운지 아이젠을 신는 손이 아이젠에 척척 들러붙어 살점이 떨어질 듯 아팠다. 3캠프를 떠나 하산하는 동안 냉각된 기온 덕으로 빙하도 침묵을 지켰다.

위험지대를 빠져나와 2캠프로 귀환했다. 모두 행복했다. 그러나

---

* 눈을 가리는 것이 없을 만큼 바라보아도 끝이 없이 멀고 먼 모습

2캠프에는 5일분의 식량이 있었는데, 우리가 없는 동안 고우라(네팔 까마귀)들이 몰려들어 전부 먹어 치웠다. 식량이 없는 2캠프에 머무를 수 없어 1캠프로 내려가다 1캠프 근처 600m 지점에서 살얼음이 얼어 있는 크레바스를 잘못 밟아 나는 그만 크레바스에 떨어지고 말았다. 순간 정신이 아찔했다. 영영 눈 속 깊이 파묻힌다는 생각에 앞이 캄캄했다. 그러나 정신을 차려 보니, 나는 키슬링에 걸려 허공에 매달려 있었다. 하늘이 나를 도운 것이다! 나는 몸을 옆 얼음에 붙이고 피켈에 온 힘을 주어 간신히 몸을 솟구쳐 그 틈바구니에서 빠져나올 수 있었다. 구사일생으로 나오기는 하였으나, 내 다리에서는 피가 흐르고 있었다.

그 상처가 1년이 지난 오늘에도 일부분으로 남아 있어 뜻깊은 흉터가 되었다. 그때는 두 다리가 어찌나 아픈지 한동안 일어서질 못했다. 약 30분 후에야 겨우 일어서서 1캠프로 내려왔다. 점심도 못 먹고 움직였기 때문에 피로에 시장기까지 겹쳐서 저녁을 지어 먹으려고 전날 얼음 속에 묻어둔 양고기를 찾으러 가 보니 누가 먹었는지 살은 다 쪼아 먹고 다리뼈만 남아 있었다. 주위를 살펴보니 고우라 두 마리가 내가 그랬다는 듯이 천연스럽게 우리를 바라보고 있지 않은가? 하도 어이가 없어서 돌을 던졌으나 우리를 놀리는 듯 불과 10m도 안 가서 내려앉았다.

마그디 빙하에는 고우라가 사는데 무엇을 먹는지 알 수가 없다.

설사 정글에서 뛰쳐나온 길 잃은 짐승들이 빙하에서 헤매다가 크레바스에 빠져 죽은 것을 먹더라도 그것 역시 극히 드문 일일 것이니 아무 것도 없는 이 설원에서 어떻게 사는지? 고우라는 우리나라 까마귀보다 약 2배나 크고 울음소리도 전혀 다르다. 그리고 사람을 두려워하지 않는다. 우리는 때때로 이 심술궂은 고우라를 골려주었다. 빙하에 죽은 듯이 누워 있으면, 고우라들이 어디 있다가 몰려오는지 높이 떠서 빙빙 돌다가 점차 낮게 내려와서 우리의 동정을 살핀다. 이때 미리 준비한 돌을 던져 고우라를 쫓아버리곤 했다.

10월 13일 아침, 우리는 1캠프를 철수해 베이스캠프로 내려왔다. 내려와 보니 그동안 계절은 완전히 늦가을로 변해 있었다. 10월 14일에는 사명을 완수한 흐뭇함에 양고기와 통조림으로 요리를 만들어 산상山上 만찬회를 열고 오랫동안 굶주린 배를 채웠다. 셰르파들의 노래와 춤도 나왔다. 이렇듯 산상의 만찬회도 흥겨운데 때마침 함박눈이 소리 없이 텐트를 덮었다.

11 귀로歸路

10월 15일, 베이스캠프를 철수하고 하산을 시작했다. 전에 올라왔던 길을 더듬어 내려가는데 그동안 정글은 변화가 많았다. 어떤 곳은 사태가 나서 길이 허물어지고 또 어떤 곳은 낭떠러지기가 되어 갈 길을 막아놓았다. 약 200m를 새로 길을 만들며 가는데 무려 3시간 이상을 소비해야 했다. 그런데 한 가지 놀라운 것은 입산할 때 그렇게도 많던 거머리가 없어진 것이다. 어쩌다가 한두 마리 눈에 띄기는 했으나 찾아보기 힘들 정도였다. 그들도 계절 따라 자취를 감추는 모양이었다.

10월 16일, 룹시바까지 내려왔다. 해도 저물어서 다시 그 여인의 집을 찾았다. 밭에는 벌써 곡식이 여물고 채소도 먹음직스럽게 자라고 있었다. 저녁 준비를 하는데 여인이 무 네 포기를 뽑아 준다. 그렇지 않아도 채소가 몹시 먹고 싶던 차라 잎사귀까지 넣고 볶아서 모두 맛있게 먹었다.

10월 18일은 무리를 떠나 무우라에 이르렀다. 어느 집 토방 돌에 앉아 쉬는데 동네 여인들 네다섯 명이 몰려와서 자기들끼리 무어라고 이야기를 주고받더니, 한 여인이 산열매를 가지고 와서 먹으라고 한다. 무엇인지 알 수 없어 그냥 받아들고 있는데, 그 여인들은 우리가 자기네가 먹지 못하는 열매를 준 것으로 오인하고 있는 줄 알고 자기

귀로

가 먼저 먹으면서 나더러 먹으라고 손짓을 했다. 때마침 동네 남자 한
사람이 와서 이 광경을 보고, 이 열매는 3,000m 이상 높은 지대에 있
는 열매인데 이것을 먹으면 기운이 난다고 설명했다. 내가 몹시 피로
해 보여 이 여인들이 나를 위해서 주는 것이라 한다. 나는 감사히 생
각하면서 열매를 먹었다. 그 이름을 물었더니 '뎅말'이라고 했다. 열
매의 크기는 딸기 정도이고 빛깔도 딸기색인데 마치 우리나라 다래와
같이 감미가 있었다.

　이날 일정은 도반까지였다. 그런데 우리가 목적지에 도착하기
전에 인가도 없는 무인지경에서 해가 저물었다. 처음에는 어두워서
희미한 길을 더듬어가면서 강행을 했으나 차츰 밤이 깊어져 불과 1m

앞에 가는 사람도 분별할 수 없을 정도로 어둠이 짙어졌다. 이따금 포터들이 넘어져 불평하는 소리가 들린다. 잠시 후에 포터들은 길이 험하고 어두워 갈 수 없으니 어느 곳에서든 야영을 하자고 제안했다. 그러나 다음날 일정을 고려해 포터들을 독려하고 달래면서 걸었다. 우리는 마른 참대 가지를 주워 모아 횃불을 만들어 하나씩 켜 들었다. 그러나 얼마 못 가서 불이 꺼지고 말았다. 불이 있다가 없어지니 그야말로 지척을 분간할 수 없을 정도로 깜깜했다. 하는 수 없이 네 발로 기기 시작했다.

몇 시간 동안 고생하면서 한 고개 비탈을 돌아섰을 때 마침 저녁 준비 차 먼저 내려갔던 송대원과 사다가 등불을 가지고 왔다. 우리는 목적지까지 무사히 도착했다. 나는 그날 밤 약속대로 닭을 잡고 '락시(옥수수로 만든 네팔 술)'로 사다와 포터들을 위로했다. 우리도 칼리간다키 강변의 어느 주막집에서 오래간만에 락시와 민물고기로 흥취를 돋우었다.

10월 19일, 베니에 도착했다. 무엇보다도 반가운 것은 전에 빙하에서 행방불명되었던 셰르파를 만나게 된 일이다. 우리는 그들이 마그디 콜을 넘어간 후 소식이 없어서 조난된 것으로만 알고 있었다. 그들이 조난되었을 경우 본대에 미치는 여러 가지 영향을 생각해 항상 걱정이었기 때문에 반가움이란 무어라 표현할 수가 없었다. 그들은 9월 29일 마그디 콜을 넘을 때 깊은 눈과 혹심한 추위로 빙하에서 동상을 입었다. 간신히 투쿠체까지 갔으나 동상을 입은 발로 다시 그 높고 깊은 마그디 콜을 넘어 베이스캠프로 되돌아올 수 없었다. 그래서 일라 텐징만 들것으로 이곳에 옮겨 치료를 하고 있었다. 나는 그들의 치료비를 지불하고 식량을 준 뒤 베니를 떠나 10월 23일 포카라로 돌아왔다.

2개월 전과 같은 곳에 다시 천막을 쳤다. 그때가 벌써 가을이라 구룽족들이 오렌지를 팔고 있었다. 1루피에 16개나 하는 것을 앉은 자리에서 다 먹어 치웠다. 이튿날 출발할 예정이었으나 비행기 사정으로 며칠을 더 묵어야 했다. 묵는 동안 옷도 빨 겸 몇 해 전 스위스 등반대장이 수영하다 익사하였다는 호수를 보러 갔다. 호수는 꽤 컸다. 주위가 10여 킬로미터나 되는데 마침 석양에 비친 마차푸차레의 거대한 산 그림자가 호수면에 무겁게 덮여 장대한 광경을 이루고 있었다.

다음 날에도 호수에서 수영과 뱃놀이를 즐겼다. 또한 이곳에서 나비도 열 종류나 채집했다. 이렇게 수일을 소비하고 10월 25일 다시 비행기에 올랐다. 포터들이 밤을 새우며 손수 만든 금전화 꽃다발을 목에 걸어주었다. 생사를 같이한 그들의 성의를 생각하니 감개무량했다.

비행기가 이륙했다. 그들은 우리가 멀리 사라질 때까지 손을 흔

* 페와 호수Fewa Lake이다.

깐차 약혼녀가 걸어준 금잔화 화환

들었다. 나는 잠시 그동안 거쳐온 역정과 그들의 소박했던 정을 느끼고 눈시울이 뜨거워졌다. 우리 일행은 그날 카트만두로 돌아와 네팔 외무부에 보고서를 제출한 다음 10월 29일 비행기로 카트만두를 떠나 심라Simla에 도착했다. 그곳에서 다시 버스로 국경 도시 부리칸차에 이르러 출국 검열을 받고, 그날 밤 역마차로 네팔을 넘어 인도 럭소루를 거쳐 귀로에 올랐다.

1962년 히말라야 다울라기리 원정대

Korea Himalaya Expedition 1962

박철암 대장

송윤일 대원

김정섭 대원

주정극 대원

히말라야 다우라기리-히말 원정대
Korea Himalaya-Expedition

1962

경희 대학교 산악회
Alpine Club of Kynug Hee Uuiversity
Seoul. Korea

「히말라야 다울라기리–히말 원정 계획서」
경희대학교 산악회, 1962년

「히말라야 다울라기리 산군의 탐사기」
저자 박철암, 어수각, 1963년 12월 9일
히말라야 첫 원정 보고서

다울라기리 산군의 무명봉 등정 태극기.
「1962년 10월 다울라기리산맥 어느 무명봉우리 6,700m에
서서 피켈에 대고 흔들었던 국기. 박철암. 봄」

1962 경희대학교 히말라야 원정 기념 페넌트

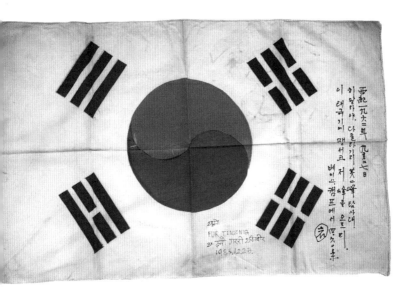

1962 히말라야 다울라기리 2봉 원정 태극기.
「1962년 9월 27일 히말라야 다울라기리 2봉 탐사대.
이 태극기에 맹세코 저 봉을 오르리.
베이스캠프에서. 4,600m. 씀」

1962 다울라기리 2봉 탐사 일정 및 경로 개요

9월 04일 포카라에서 카라반 시작 ┄┄┄┄┄┄┄┄┄┄┄┄┄┄ 포터 고용 30명, 셰르파 2명

9월 04일 노다라 도착

9월 06일 람자틸라하르Ramzatila Har 도착 ┄┄┄┄┄┄┄┄┄ 칼리간다키Kali Gandaki강

9월 07일 베니Beni 도착

9월 09일 베니Beni 출발

9월 11일 마랑Marang 경유 무리Muri 도착 ┄┄┄┄┄┄┄┄ 마그디 계곡 전초기지 포터 교체

9월 13일 무리Muri 출발

9월 15일 바가라Bagara 경유 룹시바 도착

9월 16일 도반 도착

9월 18일 칼리간다키강 가교 작업

9월 20일 칼리간다키강 도하 ┄┄┄┄┄┄┄┄┄┄┄┄┄┄ 다울라기리 1봉 조망

9월 22일 카라반 종료 베이스캠프 설치 4,600m

9월 26일 마그디 빙하 진입 ┄┄┄┄┄┄┄┄┄┄┄┄┄┄ 다울라기리 2봉 7,751m 정찰 시작

9월 27일 마그디 빙하 5,600m ┄┄┄┄┄┄┄┄┄┄┄┄┄┄ 다울라기리 2봉 정찰

10월 02일 캠프1 설치 5,100m ┄┄┄┄┄┄┄┄┄┄┄┄┄┄ 다울라기리 2봉 정찰

10월 07일 5,400m 진출 ┄┄┄┄┄┄┄┄┄┄┄┄┄┄┄┄ 다울라기리 2봉 정찰

10월 08일 캠프2 설치 5,950m

10월 10일 캠프1 출발, 캠프2 도착

10월 11일 캠프3 설치 6,200m ┄┄┄┄┄┄┄┄┄┄┄┄┄┄ 빙하지대 눈사태 발생

10월 11일 오후 무명봉 6,700m 등정, 하산, 캠프3 도착 ┄┄┄┄ 투쿠체Tukuche 좌측봉 특정

10월 12일 캠프2 도착

10월 13일 캠프1 철수, 베이스캠프 도착

10월 15일 무리Muri 경유, 무라 도착

10월 19일 베니Beni 도착

10월 23일 포카라 도착

경희대학교산악회 제공

146

무명봉

6838

히말라야 개관

히말라야 개관概觀

천지天地가 창조되던 당시에는 산이 없었다. 유사 이전 혹은 인류의 출현 이전에 해양이 점차로 얕아지면서 두 개의 대륙으로 분리되고, 대자연의 힘의 압박으로 서로 접근하게 되었다. 그래서 해저海底에 가라앉았던 지층地層이 위로 솟아올랐다. 이 지층은 육지와 함께 천천히 습곡을 이루었고, 이후 대산맥을 형성하게 되었다. 암장巖漿은 아치형으로 서서히 굳으면서 암석을 변질시켰다. 또한 인도 몬순에서 발생한 폭풍우가 남방산맥南方山脈을 침식해 현재와 같은 복잡한 형태를 이루게 되었다. 그중에 가장 높은 그레이트 히말라야Great Himalaya 산맥은 북방의 티베트고원을 둘러싸듯 솟아 있다. 20,000피트를 넘는 이 고원에서는 태고 시대 바다에 살던 생물의 화석이 발견된다.

히말라야는 '눈의 거처居處'라는 뜻으로 동쪽으로 흐르는 갠지스강Ganges River에 북쪽에서 흘러들어 오는 가가라강Ghaghara River과 간닥강Gandak River, 간다키강Gandaki River, 코시강Koshi River의 원류가 되는 산악지대를 지칭한다. '히말라야'는 고대 산스크리트어의 '히마(Hima, 눈)'와 '알라야(Aalaya, 거처)'의 합성어이다. 네팔에서 히말라(Himala)나 히말(Himal)은 많은 독립된 산맥山脈 혹은 산군山群을 의미

* 땅속 깊은 곳에 뜨겁고 녹은 상태狀態로 있는 바위를 만드는 물질物質

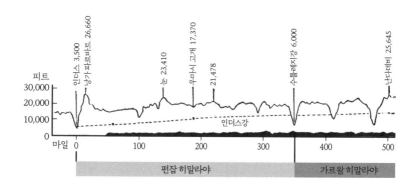

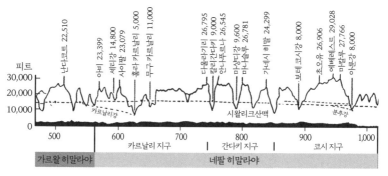

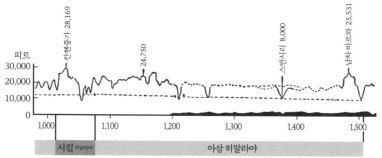

[히말라야산맥의 각 지역]

한다. 시대의 변화에 따라 산스크리트어는 서쪽으로 길기트Gilgit 부근의 인더스강에서 동쪽으로 무려 1,500마일이나 떨어져 있는 창포Tsangpo 혹은 브라마푸트라강Brahmaputra River의 활 모양으로 굽은 지점까지, 그리고 북쪽으로는 인도 평야에서 1,000마일 이상 앞에 있는 티베트고원까지 확장되었다. 이렇듯 히말라야는 복잡한 산계山系 전체를 의미하는 말이다. 현재 유럽인, 인도인, 파기스탄인은 영어를 사용하는데, 이들의 악센트는 거의 같은 강음으로 제2, 제3 음절에 있다.(주1) Himalaya 혹은 The Himalaya라고도 쓴다. 이는 지구상에서 볼 수 있는 자연계 최대를 상징한다.

히말라야는 코카서스Caucasus를 포함한 유럽에 있는 모든 산을 합한 것보다 더 크다. 서쪽 끝 런던에서 동쪽 끝 모스크바에 달하는 구역인데도 말이다. 몽블랑 위에 융프라우를 쌓아 올려도, 스노든Mt.Snodon 여덟 개를 합쳐도 에베레스트 높이에는 미치지 못한다. 그 광대한 지역에 비하면 인간이란 극히 미미한 존재이다.

지리학자들은 히말라야 암석의 역사를 근거로 산맥의 복잡성을 비교적 간단하게 계통화系統化했다. 히말라야는 융기隆起가 계속되면

---

* 브라마푸트라강Brahmaputra River. 벵갈어로는 자무나강Jamuna River, 테베트어로 창포강Tsangpo River이라고 한다.
** 러시아 남부, 카스피해와 흑해 사이에 있는 산계·지역의 총칭. 캅카스Kavkaz라 한다.
*** 영국 웨일즈에서 가장 높은 산. 1,085m.

서 활 모양으로 긴 습곡褶曲이 됐다. 그 일반적인 자세姿勢와 주향走向은 남방南方에 있는 인도印度의 오랜 대륙 지층과 나란히 있다. 그중 몇몇 지층은 더불어 위로 솟아올라 새로운 퇴적층 위에 중첩된 가로 습곡이 되었다. 오랜 세월 침식작용으로 습곡 지층과 납프Napf(가로 습곡이 진화되어 밀어 씌운 구조)가 깎이어 오늘과 같은 형상이 되었다. 그러한 침식은 인도에서 발생한 몬순의 영향으로 티베트고원보다 인도의 산군에 강력하게 작용한 것을 알 수 있다.

현재 티베트와 갠지스 평야 사이에는 3대 산악지대가 있다. 그 첫째는 길게 뻗어 있는 시왈리크산맥Siwalik Range으로 히말라야에서 새로 형성되어 비교적 지대가 낮다. 그 부분을 따라서 단일 지층과 중복지층으로 되어 있다. 이 산맥은 간혹 우리가 델리Delhi에서 볼 수 있는 넓은 평야나 구릉으로 20 내지 30마일의 폭으로 펀잡Punjab에서 아삼Assam까지 뻗쳐 있다. 인도 신화에 의하면, 이곳은 히말라야의 '시바신이 거처하는 처마 끝'이라고 전한다. 그것은 인더스강에서 아삼의 브라마푸트라강까지 1,500마일 이상 연속되어 있다. 그리고 코시강에서 부탄의 마나스강Manas River 사이의 200마일이 하나의 층

---

* 공간상의 세 축 중에서 한 축이나 두 축을 기준으로 하여 경사 정도를 표시하는, 항공기나 우주 비행체의 비행 위치

** 지층면과 수평면과의 교선을 그 지층의 주향이라 하며, 주향과 직각 방향인 지층의 경사각을 그 지층의 경사라 한다.

을 이루고 있다. 이 지역은 몬순의 격렬한 침식을 받아서 거의 전부 파괴되었다. 이 산맥의 고도차는 제일 높은 곳이 갠지스 평야를 기준으로 3,000피트에도 미치지 못한다. 그리고 그 대부분은 밀림으로 범, 표범, 곰 등 맹수들이 살고 있다.

둘째는 레서 히말라야Lesser Himalayas로, 복잡한 형태의 낡은 지대인데 폭이 평균 약 60마일이나 된다. 그리고 시왈리크산맥의 경우와 같이 일반적인 주향을 가지고 있다. 그러나 시왈리크산맥보다는 솟아올라 있고, 심하게 굽어 있으며 수시로 방향이 바뀐다. 또한 침식이나 산 사이의 격류로 인해 많이 깎여 있다. 거대한 석회암의 끝부분은 나란해 보이지만 도리어 북방에 있는 산맥의 결정질의 핵심대에서 갈라진 경우가 많다. 지구의 어느 사면이건 호우豪雨의 영향으로 산길이나 교량이 파괴되기도 한다. 동부에서는 열대성 밀림이 아래쪽 사면을 덮고 있다. 그리고 서쪽 산의 사면은 장대한 송백류松栢類의 산림이 울창하다. 그중 카슈미르Kashmir의 히말라야시다Hymalaya Cedar가 유명하다.

인도 평야에 접한 레서 히말라야의 바깥쪽은 5,000피트 내지는 7,000피트의 고소로 무리, 달후지Dalhousie, 시무라Simura, 무시리Musiri, 라니케트Ranikhet, 알모라Almora, 나이니탈Nainital, 다르질링Darjeeling 등에 산지 측량점이 있다. 이 지대의 산의 고도는 1,500피트 정도이다. 그 이상 되는 고봉이 북쪽에 있는 대산맥에 많이 산재해 있으며 탐사가 진행되고 있다.

지리학자인 오든J.B. Auden은 1934년 1월에 발생한 지진 후 네팔을 방문했다. 당시 그는 레서 히말라야를 두 개의 단위로 구분했다. 바깥쪽은 카트만두의 남쪽에 있는 마하바라트레크산맥Mahābhārat Lekh Mts.으로 서북서에서 동남동으로 뻗어 있다. 안쪽은 그레이트 히말라야에서 출발해 대체로 북북동에서 남남서로 길게 뻗어 있다. 이런 간단한 분류법은 레서 히말라야의 대부분에 적용된다.

제3의 그레이트 히말라야는 히말라야의 주축이다. 결정질 핵심대로 기본적으로는 편마암과 화강암으로 되어 있지만, 간혹 그 정상에는 퇴적암의 잔존물이 있다. 대부분 시왈리크산맥과 나란히 평행을 이루며 뻗어 있다. 이 핵심부에는 갠지스 수원水原 지구의 지류가 파고들어 가 거대한 산군이 깎여 있다. 이러한 작용은 지금도 계속되고 있다. 그 지류는 산맥 서쪽에 많이 존재한다.

그레이트 히말라야의 능선이나 대협곡 또는 옛날부터 알려진 높은 고개 중 18,000피트 이하 지대는 별로 없다. 이렇게 그레이트 히말라야의 주축이 되는 지대에 최고의 산군이 솟아 있다. 즉 서쪽으로는 인더스 강가에 솟은 낭가파르바트(26,660피트)와, 아라크난다와 고리강가Gori Ganga 협곡 사이의 난다데비(25,645피트)가 있고, 네팔에

---

* John Bicknell Auden(1903-1991). 탐험가. 인도 지질 조사. 특히 히말라야 충 중에서 크롤 벨트Krol Belt를 연구했다.

는 칼리간다키 협곡 좌우로 마주보는 다울라기리(26,795피트)와 안나푸르나(26,545피트)가 있다. 티베트-네팔 국경에는 에베레스트(29,028 피트)와 그 부근에 마칼루(27,766피트)가 있고, 네팔 시킴에는 칸첸중가(28,169피트)가, 그리고 동쪽 끝에는 창포강 협곡 위에 솟은 남차바르와 Namcha Barwa(25,531피트)가 있다.(주2)

이 지대에는 표고 25,000피트 이상의 고봉이 31개나 있으며 비교적 정확히 관측되어 있다. 그중 12개는 26,000피트가 넘으며, 31 개 중 12개는 이미 등정되었다.(주3) 인도에서 이 봉우리들을 가려면 레서 히말라야의 전체를 도보나 말을 이용해야 하고, 장비는 포터나 동물의 힘을 빌려야 한다. 그 노정路程은 굴곡이 심한 계곡과 강을 건너야 하기 때문에(때로는 교량이 유실되기도 한다) 이동 가능한 기간은 1년 중 2, 3개월에 불과하다. 또한 높은 구릉으로 인해 카라반 여정도 때에 따라서 1개월 가까이 걸리는 수가 있다.

몬순으로 인한 침식이 동부보다 적은 수틀레지강Sutlej River 서쪽 지구에서는 레서 히말라야 끝단의 나란한 모양이 한층 도드라진다. 마나사로바 호수lake Manasarova 가까이 티베트고원의 원류가 모인 인더스강은 그레이트 히말라야와 나란히 북쪽으로 낭가파르바트 산군의 산 중턱을 돌아서 흐른다. 그러므로 갠지스강의 원류도 그레이트 히말라야의 북쪽에 위치하고, 그곳에서 그레이트 히말라야를 관통해 흐른다.

마칼루봉의 아름다운 모습

이 산맥의 북쪽에는 몬순 영향이 그리 깊이까지는 미치지 않아 고저高低 차는 적다. 가령 등산가가 일 년 중 어떤 계절을 택해, 어느 고봉을 등정하더라도 남쪽의 구름 덮인 산림으로 이루어진 레서 히말라야 계곡과 북쪽의 날이 맑은 반 건조 티베트고원의 풍경을 동시에 바라보는 기회를 얻게 될 가능성이 크다. 또 더운 계절에는 갠지스강 상공을 나는 비행기에서 눈 아래 태양 빛에 타는 듯한 인도 평야와, 산림으로 싸이고 구름에 덮인 시왈리크산맥의 낮은 산들 그리고 멀리 티베트의 푸른 하늘을 배경으로 높이 솟은 히말라야의 거봉들을 볼 수 있다. 남티베트의 깨끗한 마나사로바 호수(4,556m)와 락샤스탈 호수Lake Rakshastal(4,575m)가 있는 지역은 그 남쪽에 굴라만다타 Gurla Mandhata(7,728m)가, 북쪽에는 성산聖山인 카일라스Kailash가 있다. 그곳에는 인더스, 수틀레지, 창포 등 3대 강이 불과 몇 마일 떨어져 있지 않은 거리에서 발원한다.

인더스강은 그레이트 히말라야의 뒤쪽으로 흘러 라다크와 발티스탄Baltistan에 이른다. 또한 카라코람과 히말라야산맥을 구분하며, 낭가파르바트의 바로 서쪽 해발 3,500피트 지대를 흐른다. 낭가파르바트 정상에서 인더스강까지는 무려 23,000피트의 높이를 가진 암

* 1905년 롱스태프가 7,000m까지 등반하여 당시 최고도 도달 기록을 세웠다. 1985년 5월 히라바야시 카즈토시Katsutoshi Hirabayashi가 이끄는 일·중 합동 팀이 북릉을 통해서 초등했다.

석과 빙하의 장벽을 볼 수 있다. 수틀레지강은 락샤스탈 호수가 그 원류이다. 건조한 협곡을 흘러서 6,000피트의 고도에서 그레이트 히말라야를 가로지르고, 심라의 북쪽에서 서쪽으로 흐른 후 인도 평야를 거쳐 파키스탄에서 인더스강과 합류한다.

남티베트를 흐르는 창포강은 폭이 넓고 비교적 완만하다. 이 강은 라사 남동쪽으로 그레이트 히말라야의 동쪽 끝을 흩어지면서 흐른다. 또한 남차바르와의 동쪽 해발 7,000피트 지점을 흐르는데, 행정구역 상 소속이 정해지지 않은, 부탄 동쪽 지역에 흐르는 강을 '디항강 Dihang River'이라 부르며 아삼부터 브라마푸트라강Brahmaputra River이 된다.

여행자들은 여러 방향으로 티베트고원을 횡단하지만, 학술 탐험이 아직 이루어지지 않은 처녀지處女地가 많이 남아 있다. 이 지역에 들어가기에는 자연 지형이나 정치 환경이 늘 녹록하지 않았다. 현재도 그럴 것이라 생각한다. 그리고 티베트고원에 있는 산들은 대개 등정의 매력이 없다. 다만 서쪽 끝 리틀티베트는 고저의 차가 크다. 라다크와 발티스탄 지역은 1834년에서 1842년 사이에 잠무 카슈미르Jammu Kashmir 왕국이었는데 인도의 왕 굴랍 싱Gulab Singh 군대에

---

* 중세에 큰 티벳으로 불렸다.
** 중세에 작은 티벳으로 불렸다.
*** 1792-1857. 잠무 지방의 라자, 잠무 카슈미르 왕국의 제1대 마하라자Maharaja이자 도그라 왕조Dogra dynasty의 창시자이다. 힌두교도인 키쇼르 싱 잠왈의 아들로 태어났

의해 정복되었다.

인더스강 북쪽은 히말라야 내륙 산군으로 히말라야산맥 주축과 다소 나란하게 되어 있다. 그리고 그 산맥들은 다음과 같은 명칭으로 불린다. 인더스강과 그 지류인 시욕강Shyok River 사이에 위치한 라다크산맥Ladakh Range과 얄칸드강Yarkand River의 지류인 샥스감강Shaksgam River을 북쪽 경계로 하는 카라코람산맥, 샥스감강과 얄칸드강 사이에 있는 아길산맥Agile Range 등이 그것이다. 카라코람산맥에는 유럽의 수많은 등산가들이 목표로 하는 고산高山들이 많지만, 그중에서도 K2(28,250피트)는 세계 두 번째 고봉이다. 그 외에도 비교적 정확히 측정된 25,000피트급 고봉들이 18개나 된다. 그리고 남극과 북극 말고는 볼 수 없는 엄청난 크기의 빙하들이 몇몇 있다. 히스파Hispar, 발토로Baltoro, 시아첸Siachen 등의 빙하가 그것이며, 모두 카라코람산맥에서 흘러내린다.

히말라야산맥은 장대長大해 서쪽에서 동쪽에 걸친 전역全域을 몇 개의 부분으로 나누어 보는 것이 편리하다. 시드니 바라드 경Sir Sidney Gerald Burrard은 1907년 발간된 권위 있는 그의 저서 『A Sketch of the Geography and Geology of the Himalaya Mountains and Tibet(히말라야산맥과 티베트의 지리 지질 개요地理地質槪要)』에서 히말라야를 네 구역으로 구분하였다. 펀잡Punjab 히말라야, 네팔Nepal 히말라야, 쿠마온

으며 도그라 라지푸트 가문 출신이다.

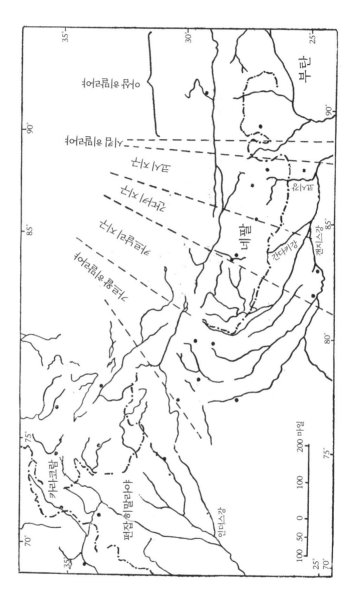

[히말라야산맥의 구분]

아삼 히말라야

시킴 히말라야

코시지구

간다키지구

카르날리지구

쿠마온 히말라야

펀잡·힘말라야

부탄

시킴지구

네팔

간다키강

갠지스강

카라코람

펀잡·힘말라야

인더스강

200 마일

100   50   0   100

Kumaon 히말라야, 아삼Assam 히말라야가 그것이다. 일부 여행자들은 바라드 경이 명명한 대로 펀잡 히말라야는 '카슈미르 히말라야', 아삼 히말라야는 '부탄 히말라야'라고 부르기도 한다. 이들이 각각 카슈미르와 부탄 지역에 속해 있기 때문이다. 내가 보기에도 바라드 경이 붙인 이름이 제일 좋을 듯하다.

서쪽으로는 펀잡의 큰 강이 흐른다. 그곳에서는 이미 펀잡주의 각 근거지에서 탐험이 이루어졌다. 이 지역의 대부분은 행정상 카슈미르국國에 속해 있다. 그러나 실제 '카슈미르'라는 명칭은 이전 잠무Jammu와 카슈미르Kashmir의 마하라자 굴랍 싱에 의해 통치된 일부 지방에만 국한된다. 따라서 라다크와 발티스탄은 사실상 잠무에서 나온 것이다. 또 네팔 히말라야와 아삼 히말라야 사이를 '시킴Sikkim 히말라야'라는 소지역으로 분류할 필요가 있다. 그것은 이 지역의 산들이 네팔이나 아삼에도 속해 있지 않기 때문이다.

위와 같이 분류하면, 서쪽은 인더스강과 수틀레지강 사이에 있는 펀잡 히말라야이다. 그곳에는 젤름강Jehlum River, 체납강Chenab River, 라비강Ravi River, 베아스강Beas River 등의 계곡과 그 빙하 원류原流가 있다. 다음에는 쿠마온 히말라야가 쥬마강과 갠지스강의 원

---

* 가르왈 히말라야Garhwal Himalaya라고도 한다.
** 1846년 힌두왕국이 1차 앵글로−시크 전쟁에서 패배하자 굴랍 싱(1792−1857)이 도그라 왕조를 세웠다.

류 혹은 지류에 포함되어 네팔 서부 국경에 접해 있다. 네팔 히말라야는 네팔 영내에 있지만, 편의상 카르날리Karnali Zone, 간다키Gandaki Zone, 코시Kosi Zone의 각 하천 유역을 포함한 3개 지대로 구분할 수 있다. 다음은 시킴 히말라야로, 히말라야 지대 중에서도 가장 접근하기 쉬운 곳으로, 티스타강Tista River이 흐른다. 네팔과의 국경에는 칸첸중가의 거봉巨峰이 그 위성봉衛星峰과 같이 나란히 솟아 있다.

마지막으로 아삼 히말라야는 부탄과 브라마푸트라강 사이에 있으며, 행정구역이 명확하게 확정되지 않은 지역이다. 그리고 히말라야에는 위에 설명한 바와 같이 다음의 주요 산악지대가 있다. 제각기 특징을 가지고 있어 탐험가나 등산가들에게 여러 가지 흥미를 끈다.

(1) 「펀잡 히말라야」

(2) 「카슈미르」국의 「트랜스 히말라야Trans Himalayas」
  – 주로 「카라코람」과 이에 연결된 산맥

(3) 「쿠마온 히말라야」

(4) 「네팔 히말라야」(카르날리, 간다키, 코시 3지구로 구분됨)

* 길이 2,300km로 히말라야산맥의 북쪽, 인더스·브라마푸트라 양 계곡을 사이에 끼고 이것과 평행으로 뻗어 있다. 그러나 히말라야산맥에 비하여 너비가 좁아 반 정도인 160km이며, 최대인 곳도 250km를 넘지 않는다. 1907년 S.헤딘이 티베트 탐험 중에 확인한 것으로, 파미르에 있는 트랜스알라이산맥에서 힌트를 얻어 트랜스 히말라야로 이름을 붙였다.

(5) 「시킴 히말라야」

(6) 「아삼 히말라야」

위의 (2)와 (5) 지역을 제외하고, 그 외 지역에는 (a)「시왈리크」 (b)「레서 히말라야」(c)「그레이트 히말라야」의 3지대가 있다. 그리고 히말라야 각 지역의 같은 점과 다른 점 또 자연계와 정치상의 문제 등을 명확히 할 필요가 있다. 아울러 거봉을 목표로 원정을 계획할 때 히말라야에 대한 전반적 지식을 머리에 넣으려면 위에 말한 계통적 배열을 숙지하는 것이 반드시 필요하다고 생각한다.

─(주1)─

히말라얀클럽이 1928년에 창립되었을 때 제프리 코베트 경Sir Geoffrey Latham Corbett은 인도에서 많은 전문가와 북부 인도의 언어에 관한 연구를 거듭한 결과 정확한 산스크리트어의 발음으로 Hi는 영어로 Heim, ma는 father, la와 ya는 fur의 경우와 같이 각각 발음한다는 것으로 정했다. 근대 힌두어로는 어미의 a는 보통 무성이며 Himalaya는 Himalay로 발음한다. 기타의 인도인들은 대개가 제2음절과 제3음절은 같이 힘주어 발음한다.

** Himalayan Club. 1928년 영국산악회의 조직을 본받아 케네스 메이슨, 프랜시스 영허즈번드, 더글러스 프레쉬필드 등 127명의 창립자에 의해 인도에 설립된 조직. 히말라야 저널을 발행하고 현 회장은 체왕 모탑 고바Chewang Motup Goba이다.

1953년에 공식적으로 정한 표고, 이미 알려진 25,000피트 이상의 표고와 그 소속 지역의 일람표는 별도로 표시한다.

카메트(1931년), 난다데비(1936년), 안나푸르나 제1봉(1950년), 에베레스트(1953년), 낭가파르바트(1953년), 초오유(1954년), 마칼루 제2봉(1954년), 마나슬루(1956년), 로체(1956년), 또 카라코람에는 25,000피트 이상의 고봉이 19개나 있다. 그중 K2(1954년), 가셔브룸 제2봉(1956년)은 등정되었다.

네팔 히말라야

네팔 히말라야

오늘날의 등산가登山家들은 그 옛날 조상이나 선배들이 네팔 히말라야에 많은 미개척지未開拓地를 남겨 놓은 것에 깊은 감사를 표해야 한다. 탐험하지 못한, 지도도 만들지 못한 미지의 땅이 많다는 것은 축복이다. 아직까지도 네팔 히말라야에는 유럽의 지리학자地理學者들이 실정을 파악하지 못한 곳이 많다. 영국이 인도를 통치하던 전 기간을 통해, 독립국 네팔은 영국의 측량가測量家나 등산가에게 문호門戶를 개방하지 않았으며, 영국도 역시 역대歷代 네팔 통치자의 방침을 어기는 일이 없도록 유의하여 왔던 것이다.

다만, 고봉들은 백 년 이전 영국령 인도에서 정확히 측정한 바 있다. 그리고 때때로 여행자나 구르카Gurkha 영국 장교들은 카트만두 또는 주 산맥 외의 두세 개 산에 대한 등반을 허가받았다. 네팔이 인도에서 보낸 측량 대원을 승인한 것은 1925~1927년경이었다. 그렇지만 당시에도 영국 장교에게 감독권을 부여하지 않았다. 측량 때문에 네팔인이 섞인 혼성대를 조직해 훈련하기도 했다. 그러나 그들은 고소를 극복할 수 있는 전문성을 띤 등산가는 아니었다.

네팔 주거지역 4마일을 1인치 축척으로 측량하고, 당시의 축척 그대로 지도를 만들었다. 그러나 높은 지역은 들어갈 수 없었다. 또한 총괄적으로 만든 지도에서 많은 것을 기대할 수도 없었다. 지명 표기 역시 언어학자言語學者가 현지에 가서 충분히 확인하지 못한 곳도 있었다.

2차대전 후 네팔은 쇄국정책鎖國政策을 완화해 인원의 제한은 두었지만, 매년 각국 원정대에게 입국을 허가하였다. 그러나 이들의 등정은 몇몇 산군에만 집중되어 있었다. 이들이 측량을 목적으로 입국한 것은 아니었기 때문에 네팔 각 산맥의 지리地理나 구성에 관해 충분히 믿을 만한 발표는 아직 없다.

네팔 히말라야에는 카르날리, 간다키, 코시 등 3대 강이 지류를 이끌고 흐른다. 그리고 서부에는 칼리강Kali River의 왼쪽 지류 몇몇이 국경선을 이루고 있다. 이 3대 강은 모두 그레이트 히말라야를 가로질러 흐르기 때문에 편의상 이 산맥을 세 부분으로 구분한다. 먼저 서쪽의 아피 산군Api peak(23,399피트)에서 칼리간다키 협곡에 가까운 다울라기리(26,795피트)까지의 일부분, 이 협곡에서 트리슐리Trishuli간다키 협곡 가까이 있는 가네시 히말Ganesh Himal(24,299피트)까지의 일부분, 그곳에서 아룬 협곡Arun Valley까지의 일부분으로 구분한다. 그러나 시킴과의 국경인 칸첸중가 산군은 포함하지 않는다.

칸첸중가에 가려면 최근까지 외교관계나 자연조건을 고려할 때 시킴을 통과하는 것이 용이하다. 이 산군은 북서쪽에서 네팔로 들어와 있으나, 최초 칼리 강변에 있는 카르비안의 남쪽에서 시작해 아피

남파Api Nampa(23,162피트)의 두 고봉이 있는 비아스리키 히말 쪽으로 급속히 솟아 있다. 그 북쪽에는 몇몇 고봉이 짧게 솟아 있지만 자스칼 산맥과 같이 연결되어 있음을 알 수 있다. 따라서 어느 지점에서는 남쪽의 주 산맥과 교차하지만, 다른 지점에서는 명확히 분리되어 있다. 전체로 보아 그레이트 히말라야는 끝 쪽이 높지만 때로는 남쪽보다 북쪽에 높은 고산이 많다.

　많은 강들이 남쪽 산맥을 파고들어 그 몇은 산맥을 꿰뚫어 흐른다. 칼리간다키강, 부리간다키강Buri Gandaki(또는 부리간카), 트리술리 간다키강, 순코시강(티베트에서는 보추), 아룬강 등 각 강의 본류本流는 남북의 양 산맥 뒤를 흐른다. 이 중 북쪽 산맥의 대부분은 티베트령에 속하고, 기타 산맥은 네팔령 내에 있든가 아니면 양국의 국경 지대에 속한다. 그러나 상세한 지형은 알려진 것이 없다. 이 산맥 중에 27,000피트 이상이 되는 고봉은 셋으로 에베레스트, 로체, 마칼루이다. 그리고 26,000피트 이상이 여섯 개로 다울라기리, 초오유, 마나슬루, 안나푸르나 제1봉, 고사인탄Gosainthan(또는 시샤팡마) 및 안나푸르나 제2봉이 그것이다. 그 외 25,000피트 이상이 14개나 있다.

---

* 높이는 8,012m이다. 네팔과의 국경 부근, 에베레스트산의 북서쪽 약 120km 지점에 위치한다. 중국어로는 시샤방마봉希夏邦馬峰이라고 한다. 고사인탄이란 산스크리트어로 '성자聖者의 집'을 뜻하며, 티베트어로는 시샤팡마라고 한다. 1964년 5월 2일, 쉬징許 競을 대장으로 하는 중국 등반대가 첫 등정을 함으로써 세계의 8,000m 봉은 모두 등정되었다.

카르날리 지구Karnali Zone

네팔 히말라야의 서부 카르날리 지구는 타 지역에 비하여 알려지지 않았다. 세티강Seti River이 아피 산군과 사이팔Saipal peak(23,079피트)* 사이에 있는 그레이트 히말라야에 깊이 파고들어 있으나 산맥을 가로지르지는 않는다. 이 산들은 거의 북쪽이나 혹은 사이팔의 시미코트Simikot와 티베트의 타클라코트Taklakot 사이를 흐르는 훔라Humla의 카르날리강Karnali River에** 가까이 있어 쉽게 접근할 수 있을 것으로 생각된다. 이 양대 산맥 사이의 지질 구조를 보면, 훔라 카르날리강의 흐름을 알 수 있다. 그리고 사이팔에서 약 40마일 떨어진 북부 산맥 위에는 굴라만다타Gurla Mandhata(25,355피트)가 솟아 이채롭다.

1905년, 롱스태프T.G.Longstaff 박사는 굴라만다타를 등정할 때 눈사태에 휩쓸려 불과 2분 만에 3,000피트 아래로 떨어졌으나 무사했다. 롱스태프 박사는 아피남파 산군의 접근로를 답사한 등산가이

---

* 7,031m. 네팔 서부에 있는 구란스 히말Gurans Himal의 세티강 동쪽에서 가장 높은 봉우리. 세티강 서쪽에서 가장 높은 봉우리가 아피봉Api peak(7,132m)이다.

** 중국, 네팔, 인도 세 나라에 걸쳐 흐르는 강. 중국 티베트 자치구 남서부, 히말라야산맥의 마판호 남서쪽에서 발원해 남동으로 흐르고 다울라기리산에서 발원하는 수계와 합류한 후 시왈리크 구릉을 횡단하여 남류, 인도 차프라 상류의 갠지스강으로 흘러들어 간다. 다른 이름으로 카르날리Karnali강, 카우리알라Kauriala강(네팔)이 있으며, 옛 이름은 고그라Gogra강이다. 길이는 917km이며 대부분은 황무지로 사력층에 관목림이다.

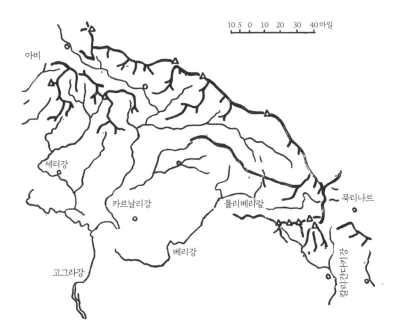

[네팔 히말라야 카르날리 지구]

기도 하다. 그 후 1953년 W.H.마리와 존 타이슨이 칼리강Kali River
과 그 지류인 고리강가Gori Ganga에서 굴라만다타의 북방 접근로를
답사했으나 가능성 있는 루트를 발견하지 못했다.(주1)

　　이 지구 동쪽에는 무구카르날리강Mugu Karnali River과 그 원류인
랑구강Rangu River이 흐른다. 랑구강은 다울라기리 북방 약 40마일 더
멀리 동남쪽에 발원지가 있다. 훔라카르날리Humla Karnali와 무구카

르날리 두 강은 각기 많은 지류와 합쳐져 그레이트 히말라야를 갈라 놓고 있다. 이 두 강은 남쪽에서 다시 합류해 동쪽에 있는 강보다 폭이 넓은 협곡을 만든다. 카르날리강 동쪽에는 베리강Bheri River과 툴리베리강Tuli Bheri River(혹은 바르붕콜라)이 그레이트 히말라야 산맥을 나누고 있다. 이 산맥은 강 서쪽에 22,000피트 이상 되는 여러 고봉으로 솟아 있다. 또 동쪽으로 다울라기리 히말로 알려진 긴 연봉이 있다.

제2차 세계대전 이후 두 개 원정대가 다울라기리 히말을 정찰하러 들어갔다. 이들은 1950년 모리스 에르조그Maurice Herzog가 인솔한 프랑스 원정대와 1953년 스위스 원정대였다. 스위스 원정대는 극심한 기술적 곤란을 극복하며, 무려 25,000피트가 넘는 고도까지 등정했으나 최후의 승리를 거두지 못하고 포기했다. 이 산군 또한 자세한 지도는 아직 만들어지지 않았다. 현행 지도에 나오는 산릉山稜도 정확하지 않다. 산군山群 중 각 산정山頂의 표고와 위치는 위에 기록한 대로 측정되었다. 이 외에도 다울라기리 북쪽 무코트 히말 중에는 23,000피트 이상 되는 산이 적어도 3개가 있다.

다울라기리 산군의 북쪽에는 툴리베리강이 서쪽으로 흐르고,

---

* 1919-2012. 1950년 프랑스 안나푸르나 원정대장으로 참가하여 정상에 오름으로써 인류 최초로 8천미터 등정자가 되었다. 등정기『최초의 8000미터 안나푸르나』(1997, 수문출판사)는 한국에서도 번역되었고, 1981년 IOC 위원 자격으로 한국을 방문했다.

남쪽에는 칼리간다키 지구의 몇 개 지류가 남쪽으로 흘러내린다. 세티, 카르날리, 베리 등 세 강은 레서 히말라야를 거치면서 제각기 물길을 따라 흐른다. 그중 카르날리강은 구부러져서 마하바라트산맥 Mahabharat Range을 지난 후 세티강에 합류하고, 다시 구릉을 지나 베리강과 만나 시왈리크산맥을 거쳐 인도 평야로 흘러 고그라강 Gogra River이 된다.

간다키 지구Gandaki Zone

네팔 히말라야의 중앙부中央部인 간다키 지구에는 간다키강의 지류 몇 개가 흐른다. 칼리간다키(또는 크리슈나), 세티간다키, 마샹디 Marsyandi, 부리간다키(또는 부리강가), 트리술리간다키 등이 그 지류이다. 이 강들은 세티강 외에는 모두 연결되어 있다. 특히 연결된 이 강들은 두 개의 끝단을 단절해 흐르기 때문에, 깊은 협곡으로 분리된 산

** 이 산맥에는 아름답고 비교적 관리가 잘된 슈클라판타Shuklaphanta, 바르디야Bardiya, 치트완Chitwan, 코시타푸Koshi Tappu 국립공원이 있다.
*** 가가라Ghghara강이라고도 한다. 네팔에서는 카르날리Karnli강이라고 부른다. 길이 917km. 티베트 남서부 히말라야 산중에서 발원하여 네팔 서부를 남서로 흐른다. 인도 북부의 우타르프라데시주州에 이르면 남동쪽으로 방향을 돌려 파이자바드의 북부를 지나, 파트나의 서쪽 약 50km 지점에서 갠지스강에 합류한다. 파이자바드의 하류는 항행이 가능하여 곡물, 목재 등의 운반에 이용되고 있다.

[네팔 히말라야 간다키 지구]

괴산塊가 연속된 듯한 형태로 보인다. 이 산맥 뒤 넓은 지역에서 흘러
나오는 강은 없다. 칼리간다키강은 티베트의 창포강에서 불과 20마
일 지점에 있다. 또한 이 산맥의 북쪽에 뻗친 산들에 둘러싸인 곳에
수원水原이 있다.

　　칼리강과 마샹디강 사이에 안나푸르나 히말과 람중 히말Ramjung
Himal이 있다. 또 약 9,000피트의 고소에 있는 마샹디 협곡과 부리간
다키 협곡 사이에는 라르카 히말Larkya Himal의 산괴가 있다. 그리고

부리간다키와 라수아가리 변경邊境 마을이 있는 7,500피트의 지점에서 이 산맥을 절단하는 트리술리간다키 사이에는 가네시 히말Ganesh Himal 산군이 있다. 그 최고봉은 표고 24,299피트이다. 칼리간다키와 트리술리간다키 사이에 있는 협곡에는 사람과 동물이 다닐 수 있는 등로登路가 있다. 칼리간다키는 트라돔 가까이에 있는 창포강과 통한다. 트리술리는 키이룽과 종카와 연결되어 있다. 또 칼리의 협곡을 통해 묵티나트Muktinath로 가는 순례길이 있다.

그레이트 히말라야의 고지대 묵티나트 성지聖地에는 매년 수천 명의 순례자巡禮者가 모인다. 그곳은 네팔 힌두교도들이 심신心身을 정화하는 4대 성지 중 하나이다. 그 외 세 곳은 고사인탄, 파슈파티나트Pashupatinath, 리디이다. 또 트리술리간다키에 인접한 루트는 그 옛날 티베트와 네팔 양국이 서로 침략侵略을 자행할 당시 그 군대들이 통과했던 곳이다.

안나푸르나 히말 연봉連峰의 양 끝에는 최고봉 안나푸르나 제1봉(26,491피트)과 안나푸르나 제2봉(26,041피트)이 우뚝 솟아 있다. 제3봉(24,858피트)과 제4봉(24,688피트)은 그 사이에 있다. 안나푸르나 제1봉은 1950년 모리스 에르조그가 정복했다. 그는 또 다울라기리 동쪽

---

* 높이 7,406m. 그 밖에 제2봉(7,130m), 제3봉(7,102m)이 있다. 1950년 틸먼 등반대가 탐사하였으며, 1953년 뉴질랜드 등반대, 1954년 일본 미타크田 등반대가 실패한 후, 1955년 레이몽 랑베르를 대장으로 한 스위스·프랑스 합동등정대가 등정에 성공하였다.

을 처음 답사했던 인물이다. 안나푸르나 제4봉은 틸먼Harold William Tilman의 원정대가 정상에서 불과 600피트 지점까지 등정했다. 라르카 히말에 있는 3개 정상은 마나슬루 제1봉(26,658피트), 마나슬루 제2봉(25,705피트) 및 히말출리(25,801피트)이다. 마나슬루 제1봉은 1953년 일본 원정대가 등반을 시도해 25,000피트 지점까지 도달했다. 일본 원정대는 그다음 해에도 등반을 계획한 바 있으며(주2) 1956년 드디어 정상을 정복했다.

코시 지구Kosi Zone

코시강이 흐르는 네팔 히말라야에는 마하룽구르 히말의 연봉連峰이 있다. 에베레스트(29,028피트)를 비롯해 그 남쪽 능선에 로체(27,940피트)가 그것이다. 또 12마일 남동쪽에는 보테코시Bhotekoshi, 탐바코시 Tambakoshi(Tabakosi), 두드코시Dudhkosi, 아룬Arun, 타모르Tamor 등 강의 원류가, 그 북쪽으로 멀리 아룬강 지류 분추Phung Chu(Bumchu)가 흐른다.

　　보테코시는 이름이 가리키듯 티베트에서 기원한다. 티베트어로 '포추Po Chu'라고 하는데, 국경 마을인 네냠Nyenyam을 통해 주갈 히

* 1921년 영국 에베레스트 정찰 기록에 나오는 지명이다.

말Jugal Himal의 동쪽에서 그레이트 히말라야를 거쳐 흘러내린다. 탐바코시(이 강의 연안에 있는 북부 네팔 마을에서는 '보테코시'라고 부른다)도 그 수원水原은 티베트에 있고, 그 지방에서는 '칸추'라고 부른다. 탐바코시와 포추 사이에는 아직 미답봉인 23,000피트가 넘는 고봉 '랍체캉 Lapche Kang(Labche Kang)'이 있다. 티베트에 있는 탐바코시의 원류는 포추강보다는 작지만 그레이트 히말라야의 품 안에서 흐른다.

최근 에베레스트 등반대가 선택한 등반로로 유명한 두드코시는

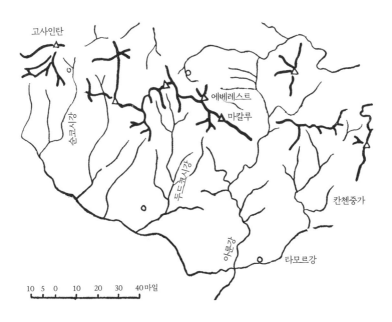

[네팔 히말라야 코시 지구]

방대한 에베레스트 산군의 남면南面을 흐르는 강이다. 또한 두드코시는 쿰부 빙하Khumbu Glacier나 웨스턴쿰Western Cwm과 같이 높은 곳에 있어서 매우 험난한 빙하들이 원천源泉이다. 두드코시 서쪽 원류原流는 그 지방에서는 보테코시로 불리지만, 행정구역상으로는 티베트에 속하지 않는다. 또한 이 산맥이 티베트 쪽으로 연결되어 있지 않아 명칭이 애매하다. 이렇게 불리는 이유는 그 언저리에 '낭파라Nangpa La(19,050피트)'라는 높은 언덕이 분수령으로서 교역로가 있었기 때문이라고 짐작된다. 그 옛날 티베트에서 에베레스트 원정을 갈 때 셰르파들은 남체바자르Namche Bazar나 솔루쿰부Solu khumbu에서 이 분수령을 넘어 원정대에 합류했다.

그중에서 아룬강이 제일 길다. 강 유역은 히말라야산맥의 북쪽 티베트에 있다. 그곳에서 문추강Munchu River과 얌추강이 합류한다. 문추강의 길이는 120마일 이상이며, 고사인탄(26,289피트)의 북동 사면에서 발원하여 동쪽 코시 지구 전장全長까지 흐른다. 그 도중에 '테라이Terai'라는 티베트의 거리와 테인마이던을 지난다. 테라이는 1921년 에베레스트 원정대의 북쪽 접근로로 롱북 빙하Rongbuk Glacier 정찰 때의 출발점이다.

얌추강은 더 들어간 동편의 같은 지구를 흐르는 강이지만, 길이는 문추의 반밖에 안 된다. 그 원천源泉은 시킴의 북동부이며 서쪽으로 흐른다. 그리고 논노리(22,142피트)에서 방향을 바꾼 후 푼추에 합류한다. 이후 푼추의 이름으로 남하南下해 네팔 국경 부근에서 경탄스러운 협곡을 이루고 그레이트 히말라야를 거치며 흐른다. 그 앞은 아룬강으로 네팔 북동부에 있는 복잡하고 구부러진 길과 가교架橋가 있는 협곡을 거쳐 가지만 매우 험난한 길이다.

타모르강Tamor River은 칸첸중가의 서쪽 산간에서 나온 중요한 강으로 몇몇 원류는 그레이트 히말라야의 중심선을 지난다. 그러나 그 원류는 시킴 국경에서 칸첸중가를 휘감는다. 북방에는 그리 큰 유역流域은 없다. 그리고 네팔 남부에서 아룬강에 합류한다. 그 지점은 순코시Sunkoshi가 아룬강에 흘러 모이는 곳보다 2, 3마일 하류下流이다. 그곳에서 타모르Tamor, 아룬Arun, 순Sun 세 강이 합해 사루트코시가 된다. 사루트코시는 히말라야 외부에 있는 마하바라트Mahabharat 산맥을 거쳐 코시강에 합류해 인도 평야로 흘러간다.

히말라야에 속하는 이 지방은 많은 강우降雨로 변화무쌍한 강물이 여행에 많은 지장을 준다. 따라서 특별히 그 개요를 여기에 적는다. 수송輸送은 거의 포터에게 일임하는 수밖에 방법이 없다. 원정대가 그레이트 히말라야에 대해 등반을 기획할 때는 우선 수송 계획부터 신중히 세워야 한다. 이 구역의 주요한 산을 설명할 때 결국 이 산맥에 파고들어 있는 주요한 하천으로 분리된 각 산군 즉, 히말로 분류하여 살펴보는 것이 비교적 편리하다.

서쪽의 트리술리간다키와 보테코시(포추) 사이에는 랑탕 히말

Langtang Himal과 주갈 히말Jugal Himal이 있다. 그곳에는 랑탕리룽 Langtang Lirung(23,771피트)과 도르제 락파Dorje Lhakpa(23,240피트)와 같은 21,000피트 이상의 고봉이 많다. 그 북쪽의 다른 산맥에는(티베트에서는 '시샤팡마'라고 부른다) 강하고 왕성한 고사인탄(26,289피트)이 중앙봉Central Peak(26,273피트)을 거느리고 솟아 있다. 이 두 고봉을 답사한 이는 아직 없다. 그러나 1944년 하인리히 하러Heinrich Harrer와 피터 아우푸슈나이터Peter Aufschnaiter가 기룽Gyirong에 체류한 바 있어, 이 산에 관한 관심이 컸을 것으로 짐작한다. 이 산맥은 보테코시와 탐바코시 사이에서 티베트령까지 뻗쳐 있다. 그러나 그곳의 20,000피트 넘는 산은 알려진 바 없다. 그리고 탐바코시 동쪽에 있는 산맥에 대해서는 수차례에 걸친 에베레스트 원정의 결과로 그 내용을 잘 알

---

* 6,966m. 랑탕 히말 남동쪽의 주갈 히말에 있는 산. 피라미드 모양의 봉우리로 많은 등반가와 사진작가들의 관심을 받고 있다. 1960년 서릉으로 일본 원정대가 초등했다. 알파인저널 1993년에 카를로스 불러Carlos Buhler 서릉 단독등반 기록이 있다. 서릉으로 올라가는 노멀 루트도 중간 정도의 난이도를 갖고 있다.

** 1912-2006. 오스트리아 등반가이자 작가. 1938년 아이거 북벽 초등. 1939년 낭가파르바트 등반을 위해 독일 원정대에 합류했다가 원정 기간 제2차 세계대전으로 영국군 포로가 되었다. 1944년 5번의 시도 끝에 티베트로 탈출하였다. 티베트에서 머물며 달라이라마와 인연을 맺었고, 1950년 중국이 티베트를 점령하면서 오스트리아로 돌아왔다. 저서로 『티베트에서의 7년』, 『하얀거미』가 있다.

*** 1899-1973. 오스트리아 등반가이자 농업과학자, 지리학자, 지도제작자. 1952년 네팔에 도착한 이래 지도 제작자와 농업과학자로 대부분의 인생을 보내면서 귀중한 초기 불교벽화를 발견하는 데 공을 세웠다.

게 되었다.

마하랑구르 히말Mahalangur Himal에 이르는 과정에는 로왈링
히말Rowaling Himal의 가우리상카르Gauri Sankar(23,440피트)가 최고
봉이지만, 마하랑구르 히말에 이르러서는 서쪽에서 동쪽으로 초오
유Cho Oyu(26,906피트), 고줌바캉Ngozumba Kang(25,730피트), 갸충캉
Gyachung Kang(25,990피트), 에베레스트(29,028피트), 로체Lhotse(27,940피
트), 마칼루Makalu(27,766피트) 외에도 22,000피트 이상의 고봉들이 다
수 있다. 낮은 산들은 에베레스트 북남쪽에 있는 거대한 능선 위에 있
어 이 두 산맥의 능선이 이곳에서 합쳐진 것으로 생각한다.

이상에서 볼 때, 에베레스트 외의 고봉高峰들은 아직 등정하지 못
했다. 원래 에베레스트 원정대들은 고소순응을 위해서나 등정에 실
패한 뒤에 위로를 받으려고 20,000피트를 넘는 산을 등정한다. 1952
년 에릭 십턴Eric Shipton이 초오유를 등반하기 위해 등산대를 인솔해
서 고도 22,500피트까지 도달했다. 하지만 이 등정은 초오유 정복을
위해서가 아니고, 1953년에 예정된 에베레스트 등정의 예비 훈련이
주 목적이었다.(주3) 그 후 초오유, 로체, 마칼루가 등정되었다.

**** 네팔 북동쪽과 남중앙 티베트에 위치한 지역. 지구상에서 가장 높은 여섯 개 봉우리
중 에베레스트, 로체, 마칼루, 초오유가 이 산군에 있다.

1954년, 이탈리아 등반대의 등정자登頂者 3명 중 2명은 하산 중에 생명을 잃었으며, 남은 한 명을 셰르파가 베이스캠프까지 인도했다. 또 한 명의 이탈리아인은 등산 초기 칼리강을 횡단할 때 목숨을 잃었다. 같은 해 오스트리아 원정대가 사이팔Saipal Peak을 답사했으나, 상세한 내용은 알려지지 않았다.

―(주2)―

1954년 보고에 의하면 일본 원정대는 동방의 가네시 히말의 답사를 위해 마나슬루 공격을 단념했다. 그러나 자세한 내용은 알려지지 않았다. 1954년, 마나슬루로 향한 일본 원정대 대장 홋타야이치堀田彌一는 4월 초순 사마Sama 마을 사람들의 입산 저지에 봉착해서 살콜라 Salkhola에 들어가는 것과 가네시 히말에 등정하는 것을 허가 받았을 뿐이었다. 결국 마나슬루를 단념하고 가네시 히말로 향했다. 1953년, 뉴질랜드 원정대가 등반했던 루트를 통해 5월 13일 20,178피트 지점에 3캠프를 설치했다.(당시 뉴질랜드 원정대는 이 지점에서 하산했다) 그곳에서 더 올라갔지만, 지형이 험악할 뿐만 아니라 몬순이 가까워 도중에 철수했다.

* 1909-2011(102세). 일본산악회 회원. 릿교대 산악부立敎大山岳部 시절인 1930년 12월 북알프스를 동계등정 했다. 1936년 일본 최초의 히말라야 원정대인 립교대 원정대 대장으로 북인도의 미답봉 난다코트(6,867m)에 도전해서 셰르파 1명을 포함하여 6면 전원이 초등정함으로써 일본 근대 등산사의 쾌거로 남아 있다. 1954년 제2차 마나슬루 원정대 대장을 역임했다.

에드먼드 힐러리 경의 원정대는 1954년에 에베레스트의 동남 바룬 빙하Barun Glacier에 솟은 3개의 주봉 중 하나인 바룬체Baruntse(23,560 피트) 등정에 성공했다. 같은 해 릴리 키간Riley Keegan을 대장으로 하는 미국 캘리포니아 원정대가 마칼루 등정을 계획하였으나 성공하지 못했다. 이 기사를 집필한 후 오스트리아 원정대가 1954년 초오유 등정에 성공했다.

** 1954년 5월 30일 힐러리 경이 이끄는 뉴질랜드 원정대의 콜린 토드Colin Todd와 제프 해로Geoff Harrow가 남릉으로 초등했다.

*** 1954년 10월 19일 헤르베르트 티히Herbert Tichy, 요제프 외힐러Joseph Jchler와 세르파 파상 다와 라마Pasang Dawa Lama가 북서릉으로 초등했다.

에베레스트 등정

에베레스트 등정

1950년 늦은 봄, 미국의 오스카 휴스턴Oscar R. Houston은 우연한 기회에 에베레스트 남측 동부 네팔을 여행할 수 있는 허가를 받았다. 그 옛날 에베레스트위원회를 승계한 영국산악회The Alpine Club와 영국왕립지리학회Royal Geographical Society가 합동으로 설립한 히말라야위원회Himalayan Committee는 전쟁 이래 티베트 및 네팔에 입국하려는 여러 원정대의 요청이 있었지만 끝내 허가하지 않았다.

정상까지 오르려는 몇 번의 시도가 있었다. 그중 하나는 1950년 봄 오스카 휴스턴과 찰스 휴스턴Charles Snead Houston, H.W. 틸먼Harold William Tilman 등이 현지에서 계획한 정찰이고, 둘째는 1951년 몬순 이후에 실시한 에릭 십턴Eric Shipton 일행의 성공적인 정찰이다. 계속해서 1952년 몬순 전후 스위스 원정대의 2회에 걸친 공격과 생리학生理學 등에 관한 중요한 자료를 수집한 초오유의 십턴 원정대가 그 몇 번에 속한다. 그리고 마지막은 존 헌트 원정팀의 성공적인 정찰이 그것이다.

* 1883-1969. AAJ(아메리칸 알파인 저널) 1970년 호에 그의 부고가 실려 있다. 오스카 휴스턴과 H.W. 틸먼, 찰스 휴스턴, 벳시 코울스Betsy Cowles가 포함된 소규모의 원정대가 쿰부 아이스폴이 보이는 지역까지 탐험하여 오늘날 에베레스트 가는 길을 열었다.
** 1947년 에베레스트위원회를 히말라야위원회로 명칭을 변경했다.

휴스턴 일행의 최초 계획은 솔루쿰부Solu Khumbu 지방을 방문하는 것이었다. 일행 중에 오스카 휴스턴의 아들 찰스 휴스턴이 있었다. 그는 1936년 난다데비 원정대를 조직한 사람이었으며, 1938년 K2 아브루치 정찰에 성공했다. 이 일행에 초대받은 틸먼은 1938년 에베레스트 원정대장이었고, 난다데비에서는 찰스 휴스턴의 일행이 된 적도 있어 히말라야 등반 경험이 풍부했다.

일행이 솔루쿰부 지방의 중심지이자 셰르파의 고향인 남체바자르에 도착한 후 틸먼과 휴스턴 두 사람은 바로 앞 임자 콜라Imja Khola로 들어갔다. 그들은 1921년 맬러리가 본 바 있는 웨스턴쿰으로 갈 수 있는 접근로를 조사하려고 빙하 위에 캠프를 쳤다. 그러나 그들에게 허가된 날이 짧았기 때문에 만족스러운 정찰 결과를 기대할 수는 없었다.

에베레스트 서쪽 끝 낭떠러지와 눕체Nuptse의 절벽으로 둘러싸인 쿰cwm에서 흘러내리는 거대한 아이스폴icefall은 짐을 진 포터들이 통과하기에는 많은 위험危險과 장해障害 요소지만 그들은 어떻게 해서든 돌파해보려 했다. 그러나 예정된 날짜 내에 사우스콜 바로 아래

---

* 콜라Khola는 네팔어로 계곡을 뜻한다.

** 조지 맬러리George Herbert Leigh Mallory(1886-1924). 산이 거기 있기 때문에Because it is there 1920년대에 이루어진 영국 에베레스트 원정에 모두 참가했다. 1924년 6월 8일 앤드루 어빈과 8,610m 정도 높이에서 실종되었다. 등정 여부에 대해 많은 논란이 있었고, 실패했을 것이라는 것이 정설이다. 맬러리의 시신은 1999년 5월 1일 발견되었다.

사면斜面을 둘러볼 수 없었다. 이 당시 정찰에서 흥미를 끈 것은 그때가 11월 중순이었는데도 에베레스트 정상에는 눈이 없었다는 것이다. 휴스턴은 강풍이나 혹한酷寒 또는 짧은 일조시간으로 등반이 불가능할 경우 등을 고려할 때 5월이나 6월보다 이 기간이 도리어 등반에 유리하다는 힌트를 얻었다. 동계 솔루쿰부 지방 각 마을의 강설降雪이 서쪽 저기압의 영향을 많이 받는 서부 히말라야와 같은 고도에서의 강설보다 훨씬 적다는 것은 의심할 여지가 없었다.

1951년 정찰이 이루어질 수 있었던 것은 빌 머레이Bill Hutchison Murray, 마이클 워드Michael Phelps Ward, 캠벨 세커드Campbell Secord의 끈질긴 노력 때문이었다. 그들은 히말라야위원회에 추계 정찰을 제안했다. 그리고 에베레스트와 히말라야 경험에 있어서 누구에게도 뒤지지 않는 십턴을 리더로 선정했다. 이 팀은 십턴, 머레이, 워드, 톰 보딜런Tom Bourdillon 그리고 힐러리와 얼 리디포드Earle Riddiford 두 뉴질랜드인으로 구성되었다. 뉴질랜드인 두 명은 그해 여름 가르왈 히말라야에서 이미 등반을 시작하고 있었다.

일행은 조그바니Jobani 철도 종점에서 동부 네팔로 들어갔다. 그

*** 이들이 오른 곳은 푸모리 남릉에 있는 칼라파타르Kala Patar(5,643m)였다.
**** 1953년 에드먼드 힐러리의 에베레스트 초등 당시 의사로 원정대에 참가했다. 어렸을 때 프랭크 스마이드의 『캠프6』을 읽고 산에 다니기 시작했다.
***** 뉴질랜드산악회에서 십턴에게 정찰등반 참가를 제안했고, 십턴이 이를 받아들였다.

리고 14명의 셰르파를 인솔한 앙 타르카이Ang Tharkay는 8월 25일 그곳에서 일행에 가담했다. 원정대는 몬순으로 인한 여러 어려움을 겪으면서 9월 22일 남체바자르에 도착했다. 일주일 후 푸모리 아래 쿰부 빙하 위 약 18,000피트 지점에 베이스캠프를 설치했다.

원정대는 웨스턴쿰 입구의 아이스폴까지 다음 네 가지 의문점에 대한 정찰을 실행했다. 짐을 진 포터들이 아이스폴까지 안전한 길을 확보할 수 있는지, 쿰에서 사우스콜에 이르는 사면斜面을 올라갈 수 있는지, 콜 앞에 있는 동남릉이 항공사진에서 본대로 수월한지, 또 가을이 봄보다 등반에 유리한지. 그들이 쿰부 빙하에서 아이스폴에 도착해서 보니 좌측 에베레스트 끝단에서 떨어진 눈사태의 파편으로 덮여 있어 짐을 진 포터들이 통과하기에 너무 위험해 보였다. 위험지대 바로 오른쪽에 있는 세락과 크레바스의 미로迷路를 지나기 어렵긴 하지만 안전한 등로登路가 보였다.

9월 상순에 시작한 최초의 정찰 때 몇몇 대원들은 19,000피트와 20,000피트 사이에서 험한 작업을 하기에는 고소적응이 되어 있지 않았다. 그래서 에베레스트 서쪽과 동남 지역의 답사와 등반으로 2주 이상을 소비한 후 10월 19일에 되돌아왔다.* 그러나 그때는 이미 아이스폴 일대에 변화가 일고 있었다. 세락은 넓은 지역에 걸쳐서 붕괴

---

* 힐러리와 십턴은 임자Imja와 홍구Hongu의 빙하 구조를 탐험하고 10월 19일 베이스캠프로 돌아왔다.

되었고, 얼음덩어리들이 떨어질 듯 매달려 매우 위험한 지경이었다.

이런 어려움을 극복해가면서 미궁迷宮 같은 얼음 사이에서 처음으로 등로登路를 발견했다. 월말에 이르러서 일행은 비로소 20,000피트가 넘는 아이스폴 정상에 도달했다. 그 지점 앞에서 커다란 크레바스에 막혀 전진을 멈춰야 했다. 위험지대 좌측으로 트래버스 하지 않고서는 도저히 그곳을 벗어날 수 없었다. 앞에서 말한 바와 같이, 4개 문제 중 첫 해답을 여기에서 발견할 수 있었을 뿐 그 외 문제에 관해서는 판단을 내릴 수가 없었다.

이 지역을 떠나기 전 에베레스트 서쪽에서 부차적副次的인 답사를 많이 했다. 고개 몇 곳을 새로이 넘으며 서쪽 가우리상카르Gauri Sankar(23,440피트)까지 산과 산자락, 그리고 빙하를 탐험했다. 그 결과 네팔 히말라야에 대한 지식을 어느 정도 넓힐 수 있었다. 십턴 정찰대에 의한 이 훌륭한 답사의 결과로 에베레스트 남쪽 루트가 티베트를 통과하던 옛날의 북방 루트보다 더 유리하다는 것은 의심할 여지가 없게 되었다.

옛날 루트는 약 21,000피트에서 23,000피트에 달하는 노스콜 등반에서 기술적 곤란이 시작되었다. 그 후에는 강풍과 태풍이 없을 때면 약 25,000피트까지는 크게 문제가 되는 곳은 없다. 그리고 약 28,000피트의 쿨르와르까지 역층의 슬랩 위에서 힘든 트래버스를

** 7,144m. 1980년 미국 원정대의 J. 로스 켈리와 K. 슈미츠가 초등했다.

해야 한다. 가랑눈이 굳지 않고 바람이 셀 때는 트래버스 하기 위험하다. 정상을 향해 능선 사면이나 쿨르와르를 1,000피트가량 오르는 것은 기술적으로도 매우 힘들어, 그 고도에서는 불가능에 가까울 것 같았다.

이곳과 달리 쿰부 루트는 다른 고도에서 문제가 발생한다. 약 18,200피트에서 20,000피트 사이에 있는 험한 아이스폴은 이미 올랐기 때문에 로체 밑(약 22,000피트)까지 루트 또한 어려움이 없을 것으로 생각한다. 보기에 표고 약 25,850피트의 사우스콜에 도달하는 것은 가능할 것 같다. 그 고도 아래는 그 위 지역보다 기술적 어려움을 해결하기 쉽고 콜에서 정상까지의 암반층은 등반에 유리해 보였다. 맑은 날이면 태양광선이 아침 출발을 도와 하루 동안에도 오랜 시간을 등반할 수 있으리라고 본다.

1951년 원정은 영국 왕립지리학회와 영국산악회에서 후원한 여덟 번째 에베레스트 원정이었다. 이 원정은 원래 1952년 본대의 사전 정찰 성격으로 시도한 것이었다. 그러나 스위스산악조사재단Swiss Foundation for Alpine Research이 네팔 정부에서 원정 허가를 먼저 받았다는 사실이 알려졌다. 이 두 단체는 상호 협의하여 1951년에 스위스 원정대가, 1953년에는 영국 원정대가 등반하기로 했다. 그러는 중 히말라야위원회에서는 사전 준비를 위해 에베레스트에서 가까운 초오유에 원정대를 보냈다. 이듬해 있을 에베레스트 원정을 위한 등반

실력을 엄밀히 테스트하고 경험을 쌓게 하기 위함이었다. 더불어 생리적인 자료를 수집했다.

1952년, 스위스 원정대는 몬순 전과 몬순 후로 나누어 두 번의 공격을 시도했다. 몬순 전의 시도에는 에두아르 뒤낭Edouard Wyss-Dunant 박사, 르네 디테르Rene Dittert, 레온 플로리Leon Flory, 레이몽 랑베르Raymond Lambert, 아우구스틴 롬바드Augustin Lombard 박사, 알베르트 짐머만Albert Zimmermann(식물학자) 등 12명의 대원이 참가했다. 12명 중 정상을 공격할 능력이 있는 사람은 8명뿐이었다. 일행은 3월 13일과 20일 2개 조로 나누어 스위스에서 봄베이로 왔고, 또 22일에 항공편으로 뉴델리에 그리고 24일에 카트만두에 도착했다. 3일 후 다시 그곳을 출발해 4월 13일 남체바자르에 도착했다. 그리고 일주일 후 쿰부 빙하 하류 16,570피트 지점에 베이스캠프를 설치했다.

* 1897-1983. 의사이자 산악인. 멕시코(1936년), 동아프리카(1937년), 그린란드(1938년), 티베스티(차드)(1946년), 히말라야(1947년 및 1952년) 등 많은 원정에도 참여했는데, 1952년 에베레스트 원정대 대장일 때 가장 절정기였다. 스위스산악회 회장을 역임했고, 1963년 영국산악회 명예회원이 되었다.

** 1914-1997. 텐징과 함께 1952년 봄 8,611m까지 올라 당시 최고 고도 도달 기록을 세웠다. 제네바의 엘리트 등반가 그룹의 일원으로 그랑드조라스와 드류 북벽에서 초등 기록이 있고, 에귀 뒤 디아블Aiguilles du Diables 동계등반 시 3일 동안 갇혀 있다가 탈출했는데 이때 발가락 전부를 동상으로 잃었다. 1954년 이후 가우리상카르와 초오유 등반에 실패하고, 1955년에 다시 네팔로 와서 에릭 고샤Eric Gauchat, 클로드 코간Claude Kogan과 함께 가네시 1봉(7,429m)을 초등했다. 파키스탄과 남미에서도 많은 등반을 했고, 조종사 자격증을 따서 미지의 빙하지대를 비행했다.

4월 25일, 17,225피트 빙하 위에 1캠프를 설치했다. 정상까지의 거리가 멀어 5월 하순 이전에 정찰이나 등반을 끝내기에는 시간이 부족했고, 그래서 고소적응 기간이 거의 없었다. 아이스폴에 오르는 최초의 시도는 성공하지 못했다. 도중에 2캠프(18,374피트)를 설치하고, 쿨르와르를 이용해 좌측에 보이는 에베레스트의 끝단 바로 아래쪽을 통해 5월 4일 아이스폴 정상에 도달했다. 이틀 후 3캠프(19,358피트)를 확보했다. 셰르파들이 3캠프에 식량을 저장하기 위한 격렬한 작업을 10일 동안 실시했다. 등반대원들은 더욱 전진해 5월 9일 웨스턴 쿰 중앙에 4캠프(21,162피트)를, 11일에는 그 동쪽 끝에 5캠프(22,639피트)를 설치했다.

쿰에 연결되어 있는 로체 서북면은 폭이 넓은 빙하로 덮여 있다. 그리고 하나의 얼음 쿨르와르가 25,854피트나 되는 사우스콜에 솟아올라 있다. 그 상반부 북쪽은 제네바 스퍼Geneva Spur(에페롱 드 제네바 Eperon des Genevois 또는 새들립Saddle Rib으로도 불린다)로 알려진 암석의 작은 끝단으로 구분된다. 정상 공격용 물자를 5캠프로 옮겼다. 시간을 아끼기 위해 그 지점과 5캠프 사이에는 고정 로프만 설치하고 추가 캠프는 설치하지 않았다.

6월 24일 등반대장인 디테르는 5캠프에서 공격을 개시할 수 있도록 각 캠프에 충분한 식량 공급을 완료해 상당한 양을 저장하도록

---

* 에베레스트와 로체 사이에 있으며 고도는 약 26,000피트(7,900m)이다.

결정했다. 그리고 그들이 나아갈 23,000피트 이상은 아직 정찰되지 않은 6,000피트의 미개척지가 있었다. 5캠프와 정상 사이에 있는 사우스콜에 6캠프를 설치하고 동남릉 27,500피트 혹은 가능하면 그 이상 고소에 7캠프를 설치하기로 했다. 5캠프를 공격기지攻擊基地로 하고 첫 번째 공격조는 랑베르, 플로리, 오베르René Aubert 대원과 텐징, 다남길, 파상 푸타르Pasang Phutar 2세, 푸탈커, 안눌부, 밍마돌테, 아지마 등 7명의 셰르파로 구성했다. 기후는 매우 좋았다. 공격에 나선 일행은 24일 오전 9시에 5캠프를 출발했지만, 잠시 후 돌연 기후가 변해 부득이 되돌아왔다.

25일, 날이 밝았고, 다시 일행은 가벼운 장비로 떠났다. 그중 아지마는 몸에 이상이 있어 제네바 스퍼까지 가지도 못하고 돌아서야만 했다. 나머지 일행은 그곳에 도착해 12시 30분경 다시 오르기 시작했다. 이번에는 그들도 무거운 짐을 지고 있었기 때문에 고소에서의 이동移動이 매우 힘들었다. 약 25,300피트 지점에 이르렀을 때, 안눌부와 밍마돌테가 동상에 걸리기 시작해서 부득이 하산하게 되었다. 남은 짐은 스위스인이 책임져야 했다.

고소와 무거운 짐으로 등반 속도가 급격히 떨어졌다. 해가 진 뒤에도 그들 7인은 콜에 도착할 수가 없었다. 하는 수 없이 그날은 빙하 사면에 두 개의 텐트를 설치하고 밤을 지냈다. 26일에는 강풍을 무릅쓰고 사우스콜에 6캠프를 설치했지만, 그날은 짐을 운반하는 데만 하루를 소모했다. 그 작업으로 포터들은 피로해했다. 27일에는 다남길, 파상푸타르, 푸탈커 등 3명이 피로가 심해 등반을 계속할 수 없어 하산했다.

이런 상태로는 정상 공격을 하기 어려웠다. 3명의 스위스인과 텐징이 능선에 세울 예정이던 고소 캠프용 텐트와 침낭, 식량 등을 위로 올리겠다는 희망은 이미 기대할 수 없었다. 27일에는 제2차 공격을 위한 물자 운반이 시작되었다. 27,560피트 높이에 도달했을 때, 텐징과 랑베르는 그 지점에 텐트를 치고 다음 날 정상 공격을 목표로 플로리와 오베르를 콜까지 보내자고 제안했다. 이 대담한 착상을 실행에 옮겼지만 결국 무리였다.

랑베르와 텐징은 슬리핑백 하나 없이 적은 식량과 촛불로 눈을 녹여 얻은 소량의 음료수만으로 무서운 밤을 보내게 되었다. 이들은 동상을 염려해 밤새 눈을 붙이지도 못하고 계속 손발을 비비거나 두드렸다. 이튿날인 28일 6시에 정상을 향해 출발할 생각을 한 것은 매우 경탄할 만한 의지였다.

기후는 좋지 않았다. 그들은 28,200피트 지점에서 더 오를 수가 없었다. 650피트를 오르는 데 무려 5시간 반이나 걸리는 형편이었다. 그들은 이제 정신적으로나 육체적으로나 한계에 달했다. 기력은 시시각각 약해져갔다. 오로지 초인적超人的인 결의가 있어 그날 저녁 사우스콜까지 내려갈 수 있었다. 콜에 있는 네 사람은 모든 체력을 소진한 상태였다.

　29일, 5캠프로 내려가는 도중 2차 공격을 위하여 셰르파를 데리고 올라오는 디테르, 로흐Andre Roch, 아스펠, 슈발레Gabriel Chevalley 일행과 만났다. 그들은 사우스콜에 도달했지만 엄청난 강풍과 고도의 영향 그리고 심한 피로로 더 이상 더 오를 수 없어서, 6월 1일 등반을 포기해야 했다.

　스위스산악조사재단은 그해 포스트 몬순을 기해 제2차 원정대를 파견해서 등반을 시도했다. 슈발레와 랑베르는 제1차 등반에 이어 제2차 등반에도 참여했다. 그 외는 에른스트 레이스Ernst Reiss, 구스타프 그로스Gustave Gross, 아서 스포헬Arthur Spohel, 노먼 다이렌퍼스Norman G. Dyhrenfurth 등이 참가했다. 마지막에 참여한 사람들은 10월 말 일행과 합류하였기 때문에 등정 가능한 대원은 불과 7명뿐이었다. 텐징은 이번에도 셰르파들을 지휘했다.

　9월 10일, 원정대는 카트만두에서 출발했다. 아이스폴은 봄 시즌보다는 이 즈음에 안전하다는 것을 알게 되었다. 10월 26일 로체

---

* 1920-2010. 1956년 프리츠 룩스징거Fritz Luchsinger와 로체를 초등정했다.
** 스위스 산악가이드
*** 1917-1967. 스위스 산악가이드이자 영화제작자
**** 1918-2017. 독일 스위스계 미국 산악인. 영화감독. 1963년 미국 에베레스트 원정대장 역임. 1965년 1월 21일 한국산악회 초청으로 방문하여 1월 22일과 23일 양일간 미국 공보원 영사실에서 슬라이드 상영을 비롯한 에베레스트 등반과 자신의 산악관을 피력하는 강연을 했다. 1965년 1월 25일 한국산악회 명예회원으로 추대되었다.

밑에 5캠프를 설치했다. 3일 내내 사우스콜로 가는 루트를 개척하는데 시간을 보내야 했다. 31일에는 거대한 얼음덩어리가 로체 사면 높은 곳에서 허물어져 쿨르와르까지 떨어졌다. 슈발레와 두 사람의 셰르파로 구성된 1조와 셰르파 세 명으로 구성된 2조는 그것이 떨어지는 바로 아래에 있었다. 이들은 세 사람씩 로프로 연결되어 있었다. 밍마돌테는 낙석에 머리를 맞아 죽고, 셰르파 세 사람은 중심을 잃고 600피트를 미끄러져 쿰에 떨어졌다. 1명은 쇄골이 부서졌다. 나머지 2명은 경상에 그쳤지만 3명 모두 충격을 받아 다시 움직일 수 없었다.

이 사건 이후 새롭고 더 안전한 루트 개척을 위한 정찰이 시작되었다. 그것은 로체 사면을 오르는 루트로 이전의 루트보다도 길었다. 6캠프와 7캠프를 빙하 위에 설치했다. 제네바 스퍼와 쿨르와르는 포기했다. 11월 19일, 랑베르와 레이스, 텐징 및 7명의 셰르파는 사우스콜에 8캠프를 설치했다. 다음 날 남동릉을 등반했으나 강풍으로 인한 고통과 추위가 심했다. 강풍과 한기寒氣가 완화되는 기미가 보이지 않아 26,500피트 고도에서 하는 수 없이 공격을 포기해야만 했다.

두 번에 걸친 도전으로 스위스 원정대는 등정에 성공할 수 있는 매우 가까운 거리까지 도달했다. 사우스콜까지의 등반은 짐을 진 셰르파들도 가능했다. 또 남동릉의 등반은 정상에서 1,000피트까지 가능하다는 사실이 밝혀졌다. 단지 등정에 문제가 되는 것은 짐을 진 포터들의 인내력의 한계였다. 역시 그들에게도 적당한 휴식과 고소적응이 필요했다. 그러나 랑베르와 텐징의 인내력은 상상하지 못할 정도였다. 사우스콜에 캠프를 설치하고 짐을 보급하기 위해서는 더 많은 포터를 올릴 필요가 있었다. 그리고 25,000피트 이상의 등반에 수반되는 생리적 통증과 피로에서 오는 급속한 신체 쇠약 및 식수의 부족 등을 충분히 인식하지 못했다는 점도 고려해야 했다.

1952년 초오유로 향하는 십턴의 원정은 몇 가지 중요한 목적이 있었다.

⑴ 등반대원들의 고소등반 능력을 테스트해서 뛰어난 대원을 선발해 1953년 원정을 준비할 것.
⑵ 산소 사용에 대하여 실험할 것.
⑶ 고소등반의 생리학적 문제, 예를 들어 고소적응과 신체 쇠약, 식사 메뉴, 음료용 액체의 소비량을 정확히 연구할 것.
⑷ 새로운 의류와 장비를 테스트할 것 등.

에베레스트 서쪽 20마일 거리에 있는 두드코시에 솟은 초오유 (26,906피트)는 지난해 십턴과 워드가 등반한 일이 있었다. 그들은 이 산 서남쪽에서 가능한 루트가 있음을 관찰했다. 이 등반에 8명의 등반가가 초청되었다. 그들은 1951년 에베레스트 원정에 가담했던 톰 보딜런Tom Bourdillon, 얼 리디포드Earle Riddiford, 힐러리 그 외에 캠벨 세커드Campbell Secord, 조지 로우George Lowe, 찰스 에번스Dr. Charles Evans, 알프레드 그레고리Alfred Gregory, 로이 칼리지Roy Colledge 등이 었다. 의학연구협회의 그리피스 퓨Griffith Pugh 박사는 생리학상의 문제를 연구했다. 초오유 남서릉은 조금 올라보았으나 곧 불가능하다는 것을 깨달았다. 낭파라Nangpa La 위에 솟은 21,000피트의 정상에 오른 힐러리와 로우는 북서쪽으로 올라 티베트 국경을 넘어 앞쪽에 베이스캠프를 설치해야 한다는 것을 알게 되었다. 따라서 기존 계획은 포기하는 수밖에 없었다.

그래서 원정대에 부여된 남은 날들을 에베레스트의 서쪽 보테코시 혹은 두드코시의 들판과 에베레스트와 마칼루 사이에 있는 바룬 빙하 지역에서의 탐험 그리고 기타 많은 피크와 고개를 오르는 데 소비했다.

◆   ◆   ◆

1953년 존 헌트와 그가 인솔하는 원정대의 등정은 최근에 있었던 거사擧事였고, 특히 엘리자베스 여왕 시대의 위업偉業으로 모두에게 깊은 인상을 주었다. 따라서 미숙한 연대기年代記 작가가 이를 기술한다는 것은 외람된 일이 아닐 수 없다. 대장의 기록을 살펴보면 대원들의 활약과 역할에 대해 특히 강조하고 있다. 용의주도한 준비와 세심한 주의가 최후의 승리를 가져왔기 때문에 등반 과정을 특정해서 기술하기가 쉽지 않다.

헌트의 전법戰法은 종래에 이룬 에베레스트에 대한 모든 원정 양상과 경험, 세밀한 평가 그리고 때로는 많은 전문가의 반론 및 기술적 조언을 참고했다. 헌트 자신의 히말라야에 대한 경험은 원정대의 규모, 포터의 수, 장비와 식량의 질과 양의 조정 등 형식적 문제에 관한 기본적인 판단을 내리는 데 중요한 자료가 되었다. 그리고 그는 1차 공격의 제일 빠른 일시, 준비 시기, 응당 있을 기후의 변화, 병자病者나 부상자로 인한 지연 혹은 고소적응이나 신체 쇠약과 같은 생리학상의 문제 등 많은 요소를 세밀히 분석했다.

헌트는 몬순 전 짧은 등반 시즌을 이용해 고도 26,000피트 이상에서 세 번의 공격을 하려면 10명으로 구성된 등반대가 필요하다고 생각했다. 또한 경험 있는 등산가와 의사, 생리학자가 필요했다. 원정대를 촬영할 수 있는 카메라맨도 필요했다. 필름이 후일 등산의 모습을 말해주는 최선의 수단이라는 점과 원정대의 경비 보충에 이익이 된다는 이유였다. 그래서 일행의 수는 모두 13명이었다. 그러나 후에 카트만두에서 텐징이 등반대원에 가담해 총 14명이 된 셈이다. 원정대원의 자격은 아니지만, 타임지 기자인 제임스 모리스James Morris가 베이스캠프에 합류해 기사 송고送稿를 맡아 대장의 일을 덜어주었다.

또 때를 놓친 제임스 로버츠 소령이 영국에서 발송된 마지막 장비인 산소실린더를 가지고 맨 마지막으로 참여했다. 그때 등반대원의 성명과 연령은 다음과 같다. 존 헌트(42), 찰스 에번스(33), 톰 보딜런(28), 알프레드 그레고리(39), 에드먼드 힐러리(33), 조지 로우(28), 찰스 와일드(32), 마이클 웨스트매컷Michael Westmacott(27), 조지 밴드(23), 윌프리드 노이스Wilfrid Noyce(34).

헌트에 의하면, 텐징은 39세이지만 히말라얀클럽의 기록에는 36세로 되어 있다. 평균 연령은 32세와 33세 사이이다. 그리고 또 1952년에 십턴과 함께 초오유에 갔던 고산 생리학자 그리피스 퓨와 1951년 에베레스트에 갔던 의사 마이클 워드 그리고 노련한 영화제작자 톰 스토바트Tom Stobart가 합류해 팀이 정비되었다. 성공을 하려면 정신을 집중하고 최선을 다해 몰입해야 한다. 같은 관심과 경험을 갖고 성장한 인간은 민족의식을 초월해 잘 뭉친다. 더욱이 히말라야 경험이 있는 사람과 그들과 같이 등반했던 셰르파나 포터들과 긴밀한 교감交感 또한 중요한 일이다.

5월 15일, 헌트는 사우스콜까지 몇 개의 캠프를 설치하고 물자를 운반했다. 두 명으로 편성된 첫 번째 공격대가 그날 이후 최초의 기회를 포착하는 계획을 세웠다. 뒤따라서 두 번째, 세 번째의 공격대를 계속해서 출동시킬 예정이며, 등정에 실패하면 다음에 오는 공격대에 인계하기로 했다. 따라서 베이스캠프에서 사우스콜에 이르는

18,000피트에서 26,000피트 사이의 몇 개 캠프에 물자, 장비, 산소 등을 운반하는 데는 어느 정도 한도가 있어야 했다. 그 기간과 기후 변화, 질병, 부상 등의 원인으로 늦어지는 경우를 계산에 넣어서 운반에 필요한 포터의 인원 수도 결정해야 했다. 여기서는 23,000피트라는 위험한 고도에서 고소적응과 신체의 쇠약이 문제였다.

헌트가 아이스폴로 향하기 전 19,000피트와 20,000피트 사이에서 재빨리 고소에 적응하고 물자를 운반하는 동안, 전 대원은 눕체에서 3, 4일간 휴식하기로 했다. 눕체는 쿰부 빙하 아래에 있는 비교적 매력적인 캠프지이다. 휴식이 끝난 후 쿰의 전진 베이스캠프에서 위쪽으로의 운반 작업에 속도를 내어, 피로가 오기 전에 정상 공격대가 사우스콜에서 출발할 예정이었다. 그리고 사우스콜 위쪽에서는 가능하면 비박할 예정이었다.

3월 8일, 원정대 전원이 카트만두에 집결했다. 그리고 2주일 후 남체바자르에 도착했다. 27일 임시 베이스캠프를 텡보체Tengboche에 설치하고 곧바로 고소적응을 시작했다. 헌트, 에번스, 힐러리가 인솔하는 대원과 셰르파가 혼합된 소규모의 몇 개 팀을 만들었다. 이들은 함께 등반하기 때문에 두 종류의 산소 공급 장비 테스트 및 사용법을 익히는 한편, 셰르파 훈련을 위해 가까운 계곡에 출동하곤 했다. 로우, 밴드, 웨스트매컷으로 구성된 힐러리의 팀은 4월 12일에 쿰부 빙하 17,900피트 지점에 캠프를 설치하고, 이튿날부터 아이스폴 정찰을 시작했다. 얼음은 매년 큰 변화가 일어나고, 작은 변화는 매일같이 있다는 점에서 십분 주의를 기울여야 했다. 얼음은 웨스턴쿰Western Cwm의 출구를 통과하면서 웅대한 슬로프로 변화하므로 항상 요동搖動친다. 아이스폴을 오르는 루트를 선정하고 사다리 설치가 곤란한 크레바스는 로프를 고정해 루트의 안전성을 확보해야 한다. 이미 1951년과 1952년에 이런 문제가 상당 부분 해결되었다고는 하지만, 이 등반에서 최초의 난제難題였다.

이 최초의 난관은 힐러리의 아이스폴 팀이 해결했다. 4월 15일, 아이스폴을 어느 정도 오른 19,400피트 지점에 2캠프를 설치했다. 아이스폴 하단 빙하에 설치되어 있던 베이스캠프가 안정화되었기 때문에 물자를 운반하는 22일에는 아이스폴 정상 약 20,000피트 지점에 3캠프를 설치했다. 이로써 쿰의 전진 베이스캠프로 짐을 운반하기 위해 전 대원이 집결하였으며, 모두 고소적응이 되어 있었다. 4월 22일은 1952년 5월 4일 스위스 원정대가 고소에 적응해가면서 세운 3캠프와 거의 같은 지점이라는 점에서 많은 것들이 비교된다. 또 1933년 5월 6일 휴 러틀레지Hugh Ruttledge가 이스트 롱북 빙하East

* 1884-1961. 1933년, 1936년 두 번의 영국 에베레스트 원정대 대장. 케임브리지대학을 나오고 가르왈과 쿠마온, 티베트 국경 지역을 광범위하게 탐사했으며 우르두어를 유창하게 구사했다. 1932년 카메트를 초등반한 프랑크 스마이드Frank Smythe를 대장으로 선임하고자 하였으나 에베레스트위원회 기준의 신사가 아니었다는 이유로 단순히 전문적 기술에 대해 조언을 해주는 대원으로 참가하게 되었다.

Rongbuk Glacier(20,000피트)에서 고소적응을 했던 지점과 거의 같다고 볼 수 있다. 다만 북쪽 3캠프에서 정상까지의 수직거리는 아이스폴 위의 3캠프에서보다 가까웠고 루트에 대해 더욱 잘 알고 있었다는 점이 다르다. 헌트 팀은 스위스 원정대보다 12일이나 먼저 아이스폴에 도달하였을 뿐만 아니라 고소에 잘 적응해 3주 가까이 여러 팀으로 나누어 작업을 했다. 스위스 원정대의 도움을 받아 많은 예비지식을 지닐 수 있어 루트파인딩의 어려움도 해결할 수 있었다.

4월 20일부터 두 개 조로 나누어 조직적으로 고소 캠프에 물자 운반을 개시했다. 첫 주차에는 대원 2명과 셰르파 7명으로 구성된 3조가 베이스캠프에서 아이스폴을 넘어 3캠프까지 짐을 운반했다. 한편 그레고리와 노이스가 지휘하는 7명의 조는 헌트, 에번스, 힐러리, 텐징이 이미 정찰한 바 있는 루트를 거쳐서 콜 중간에 있는 스위스 원정대의 4캠프였던 고도 21,000피트 지점까지 짐을 운반했다. 그곳은 '페리'라고 불렸으며, 매일 악천후와 강설로 러셀 한 흔적이 없어져서 루트를 찾아야만 할 정도였다. 그럼에도 불구하고 시곗바늘같이 계획이 착착 진행되었다. 5월 1일, 전진 베이스캠프인 4캠프가 확보되었을 때 90개가량의 화물貨物이 아이스폴 루트를 거쳐 위로 올려졌고, 그중 절반은 4캠프까지 운반되었다.

5월 2일, 수송팀이 3일간 휴식을 위해 눕체로 돌아갔다. 다음의 큰 장해는 로체 사면을 넘는 것이었다. 헌트는 에번스와 보딜런을 데리고 정찰을 위해 전진했다. 그들은 22,500피트에 도달하였으나 기후가 나빠지자 더 이상 무리하지 않고 정찰을 중단했다. 그는 이미 1952년 봄 스위스 원정대의 루트보다 몬순 후 2회째 공격 루트를 채택해 로체 사면 23,000피트와 24,000피트 지점에 6캠프와 7캠프를 두기로 했다.

헌트는 지원을 위해 올라온 워드와 윌리 그리고 공격을 계속하게 되어 있는 보딜런과 에번스를 남겨두고 베이스캠프로 돌아갔다. 로체 사면을 넘어서는 데 예상외로 많은 시간이 필요했다. 악천후와 강풍, 더욱이 고도는 강적이었다. 로우가 6캠프를 설치한 것은 5월 10일이었다. 그러나 로우와 노이스가 7캠프를 구축하여 배후背後의 루트를 안정화한 것은 그로부터 17일이 지난 후였다. 그사이 아래에서는 장비의 수송이 중단되는 일 없이 공격에 필요한 장비는 하나도 남김없이 4캠프 혹은 그 위로 운반되었다. 4캠프의 마지막 운송은 18일이었다. 그리고 2일 후 7캠프에서 사용할 짐을 진 8명의 셰르파를 인솔한 노이스는 로우, 워드, 셰르파 텐징으로부터 작업을 인계 받았다. 21일에는 노이스와 셰르파 아눌루Annulu가 아래 캠프의 지대한 관심 속에서 사우스콜까지의 루트를 확보했다.

20일에 내려온 로우는 22,000피트 또는 그 이상 되는 로체 사면에서 11일간이나 견뎌냈다. 이는 위대한 업적이었다. 헌트의 등정에 관한 전략적 계획은 상황에 따라서 약간 변경되었다. 그는 세 번 연속

공격 대신 두 번의 공격을 하기로 했다. 결국 1차 공격조는 경량이나 개방식보다 실험적인 폐쇄형 산소장비를, 2차 공격조는 개방형 산소장비를 사용했다. 최초의 두 명은 정상까지 갈 계획이었으나 남봉南峰까지만 올랐다. 어떤 문제가 일어날지 모르는 상황에서 2차 공격을 위태롭게 하면서까지 무리하게 공격해서는 안 되었다. 선발된 2차 공격조는 보딜런과 에번스 그리고 힐러리와 텐징을 말한다. 혹독하고 체력 소모가 심한 로체 사면에서의 어려운 작업을 다른 대원들에게 부담시킨 것도 최후의 공격에 이 네 명을 남기기 위해서였다.

이 계획대로 공격을 진행해서 21일 노이스가 사우스콜 루트를 완성했다. 또 같은 날 셰르파들이 짐을 지고 로체 사면으로 올라갔다. 와일리는 그날 짐을 진 7명의 셰르파를 인솔해 7캠프에 도착했다. 22일에는 힐러리와 텐징이 공격을 개시하고 와일리는 짐을 진 15명의 포터들과 함께 콜에 도착해 짐을 내려놓고 되돌아갔다. 기후는 15일부터 좀 나아졌다. 바람은 아직 강했으나, 힐러리와 텐징은 자신이 있어 보였다.

21일에 이룬 노이스와 아눌루의 위업은 7캠프에 있는 대원들에게 등반 의욕을 고취시켰다. 다음 날 와일리의 인솔하에 셰르파들이 콜에 도착했다. 힐러리와 텐징은 21일 4캠프에서 7캠프로 올라갔다. 22일에는 일행을 콜까지 올리고 그날 밤 4캠프로 돌아왔다. 이렇듯 실제 운행에서 확신을 얻은 그들은 정상 공격을 개시하게 되었다.

5월 24일, 첫 번째 공격대인 보딜런과 에번스 그리고 지원조인 헌트, 다남길, 텐징 등은 사우스콜에 도착해 무서운 강풍 속에서 22일에 보관해둔 텐트를 세웠다. 그들은 25일에는 휴식을 취하고 캠프 보강과 산소장비 기능을 정비하면서, 2차 공격조가 7캠프에 접근할 수 있도록 도왔다.

26일 콜에서 1차 공격을 실행했다. 에번스의 산소장비 고장으로 출발이 늦어졌으나, 그들은 목표 지점인 남봉(약 28,700피트)을 오르는 데 성공했다. 그러나 에번스의 산소장비가 또 고장 날 수도 있고, 랑베르Raymond Lambert와 텐징이 지난해 도달한 지점보다 훨씬 높은 고도에서 겪는 어려움도 문제였다. 오후 1시에 남봉에 도착하고 또 최후의 공격을 하기 위해 콜까지 내려가기에는 그들이 소지한 산소가 충분하지 않았다. 결국 그들은 되돌아가기로 결정했다.

한편 지원조인 헌트와 다남길은 텐트, 식량, 등유, 산소통 등 약 50파운드의 장비를 27,300피트와 27,500피트 사이로 옮겨 2차 공격조를 도왔다. 대원들은 무사히 콜에 내려갔지만, 피로는 극도에 달했다. 그리고 같은 날 7캠프에 올라온 2차 공격조에게 그들이 남봉에 오를 때까지 분투한 경험을 설명해주었다. 2차 공격조는 힐러리와 텐징, 그들의 지원자인 그레고리, 로우, 앙템바Ang Temba, 앙니마Ang Nyima 그리고 셰르파 5명이었다. 셰르파는 연장자인 드워돈도우프와 노이스, 로체 사면에서 눈부신 활약을 한 톱기, 안눌부, 다텐징으로, 그들은 다른 사람의 짐을 지고 올라온 것이다.

많은 사람이 모인 8캠프의 밤은 험악했다. 바람은 무섭게 몰아쳐서 포효咆哮하는 듯했다. 누구 하나 제대로 잠을 이룬 사람 없이 27일 밤을 강풍으로 새웠다. 2차 공격조는 출발을 연기하는 수밖에 없었다. 1차 공격조는 그날 중으로 7캠프로 내려갔지만, 8캠프에서는 3박을 하고 그 위 지역에서 분투한 관계로 피로가 극에 달했다. 7캠프에서 그들은 노이스와 워드에게 도움을 받았다. 그날도 워드는 에번스를 따라 4캠프까지 내려갔다. 헌트는 28일 4캠프에 도착했다.

이제는 모든 것이 기후 여하에 달려 있었다. 8캠프에는 짐을 충분히 옮겨 이상이 없었으나, 셰르파 대부분은 기진맥진한 상태였다. 그 중 일부 셰르파는 두 번이나 콜까지 짐을 져 올렸다. 힐러리, 텐징, 그레고리, 로우, 셰르파 앙니마는 식량과 산소를 휴대하고 언제든지 등반을 할 수 있는 태세로 사우스콜로 내려갔다. 노이스가 지원을 위해 올라왔다. 과거 6개월 동안 계획한 전부는 이 클라이맥스에 달려 있었다. 그리고 또 그것은 위대한 노력의 피라미드와 같은 정점頂點이었다.

2차 공격조는 27일, 종일토록 바람이 세차게 부는 콜에서 대기했다. 이 고도에서 오래 정체하게 되면 체력 소모가 심해지기 때문에 다음 날 출발 준비를 했다. 그날 밤도 바람은 여전히 강했다. 28일 오전 8시가 되어서야 바람이 잦아들었다. 로우, 그레고리, 앙니마는 즉시 출발했고, 힐러리와 텐징이 그 뒤를 따랐다. 로우, 그레고리, 앙니마는 랑베르와 텐징이 1952년 5월 27일 밤을 지낸 지점을 통과해 헌트 공격대가 져 올린 짐을 약 27,900피트 지점까지 운반하고 콜로 되돌아왔다. 힐러리와 텐징은 작은 사이트를 만들고 텐트를 세웠다. 그들은 그날 밤에 1분간 1리터의 비율로 4시간 동안 사용할 수 있는 산소를 각자 가지고 있었다. 그 양은 다음 날 약 1,100피트의 등반에 사용할 꼭 알맞은 산소량이었다. 힐러리와 텐징은 그날 밤 편히 쉬었다. 바람도 밤에는 잠들었고, 29일에는 맑게 개었다. 두 사람은 오전 6시 반에 출발했다. 중간중간 선두를 교체하면서 착실히 등반해 그들은 9시에 무사히 남봉에 도착했다. 2시간 반 동안 800피트를 오른 셈이다. 그들은 휴식을 취하고 능선을 살펴보았다. 동벽 위에는 눈이 무겁게 언덕으로 쌓여 덮였다. 또 한편으로는 웨스턴쿰 위의 절벽까지 험준한 암벽이었다. 그들은 1시간 후에 매우 어려운 등반 지점에 직면했지만 넘을 수 있었다. 그곳은 높이가 40피트나 되는 거대한 암벽이었다. 올라갈수록 등반은 늦어지며(1분에 1피트) 갈수록 더 많은 시간이 소비되었다. 결국 11시 반에 두 사람은 정상에 도착했다.

힐러리는 올라가면서도 항상 텐징과 함께 사용한 산소량을 계산했다. 내려가는 데 소요될 산소량을 측정하기 위해서였다. 그리고 정상에서 사진 촬영을 했다. 15분간 휴식한 후 그들은 하산을 시작했다. 2시에는 지난밤 묵었던 캠프에 도착해 마지막 두 개의 산소통을 바꾸었다. 그들은 피로했지만, 슬리핑백을 가지고 행복한 기분으로 콜까지 내려갈 수 있었다. 콜에는 로우가 뜨거운 수프와 비상용 산소를 가지고 마중 나와 있었다. 텐트에 도착하기 직전 이미 힐러리의 산소는 비어 있었다.

이 위대한 업적을 낱낱이 실감나게 표현하는 일은 대원이 아닌 제3자로서는 불가능하다. 헌트 팀은 한 사람의 사고도 없이 성공적으로 에베레스트 정복을 완료했다. 전원 무사히 귀환했다. 영국에서는 에베레스트의 서사시를 읽었고, 1921년 찰스 하워드베리Charles Howard-Bury의 에베레스트 정찰 이후 여러 원정대의 운명을 보아온 우리는 친우親友들의 성공과 안녕을 축원했다. 여왕 대관식이 있는 날 아침 6시에 우리가 지정된 좌석에 이르렀을 때 에베레스트 등정 뉴스가 군중들 사이에 이미 퍼져 있었다.

(그 후 1956년에 스위스 등반대가, 1960년에는 중국 원정대, 1963년에는 영국 원정대가 에베레스트를 등정했다. −역자)

에베레스트와 로체

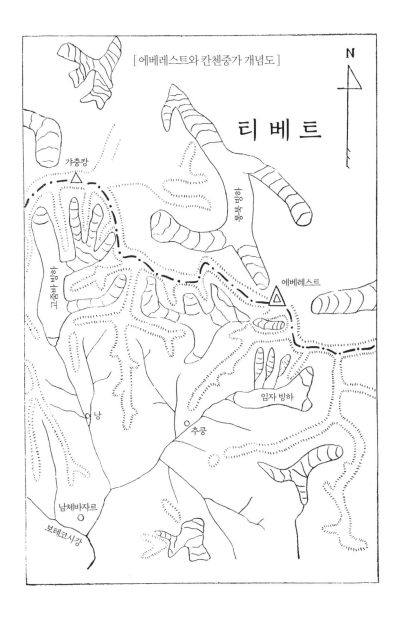

[에베레스트와 칸첸중가 개념도]

티베트

N

갸충캉

에베레스트

임자 빙하

낭

추쿵

남체바자르

보테코시강

낭가파르바트

낭가파르바트Nanga Parbat

— 헤르만 불Hermann Buhl

낭가파르바트는 모르는 등산가가 없을 만큼 유명한 산 중 하나이다. 그리고 또 이 산은 수백만의 사람들에게 익히 알려진 산이기도 하다. 낭가파르바트에는 많은 이름이 있다. '공포의 산'이라고도 하고 '운명의 산'이라고도 한다. 31명의 인명人命을 삼켜버리고도 아직 저 구름 위에 높이 솟은 거인巨人, 그저 희생을 요구할 뿐 아무것도 주려고 하지 않은 거인, 인간을 마력魔力으로 매혹魅惑해 잡으면 절대로 놓지 않는 무자비한 왕국王國과도 같은 존재이다.

우리는 누구나 이 독립된 거봉, 히말라야 북서쪽에 기둥과 같이 서 있는 낭가파르바트의 역사를 알고 있었으며, 이 처녀봉處女峯을 정복하려는 남성들의 필사적인 노력이라든가 혹은 산 사면斜面 또는 능선 위에서 일어났던 전율할 만한 많은 비극의 내용들을 알고 있다. 그리고 또 우리는 1895년, 1934년, 1937년, 1938년, 1939년 그리고 1950년에 이 산에서 있었던 일들도 다 알고 있었다.

그러므로 우리 일행은 이렇듯 비장秘藏된 내용을 풀어보려고 드디어 이 산을 향해 출발했다. 그러나 우리가 과연 이러한 위대한 일을 능히 감행할 만한 실력이 충분한가? 우리보다도 먼저 이 산에 올라

싸우고, 공격하고, 방어하고, 결국 패배했던 선답자先踏者의 발자국을 과연 우리가 밟을 자격이 있는가? 선답자들이 이루지 못한 이 계획을 우리가 과연 완수할 수 있을까? 그러나 이러한 불안한 문제들에 앞서 우리에게는 끓어오르는 즐거움이 있었다. 그것은 위대하고도 숭고한 모험의 기쁨과 자신의 실력을 활용하려는 즐거움이다.

우리들은 이 산과 정상에서 체험할 내용을 상상해보았다. 우리는 많은 것을 기대했다. 그리고 실제로는 그 이상의 것을 체험으로 얻었다. 비행기에서 처음 보는 낭가파르바트의 광경光景, 그 광경은 그야말로 압도적이었다. 한동안 누구 하나 말이 없었다. 우리가 우리의 다리로 저 산정山頂에 오른다는 것을 생각하니 어쩐지 불손한 기분이 들었다. 나는 이런 최초의 인상印象을 생각한 지 수 주일 후에 저 정상에 오른 나 자신을 생각하면 마치 내가 옛 신화神話 중의 한 인물처럼 느껴지기도 하고, 꿈인가 싶기도 하고, 그 장대하고도 이상異常함이 황당무계하게 생각되었다. 이 산에서 얻은 체험은 그토록 위대하고 강렬했기 때문에 이 체험을 순서대로 설명하기가 나로서는 매우 힘든 일이다. 모든 일이 시간의 흐름과 같이 많은 광경이 달라지고 바뀌어버렸다.

나는 지금 눈앞에 베이스캠프를 그려본다. 유럽에서 해발 4,000m의 높이는 꽤 높은 산이다. 그러나 이곳 히말라야에서는 낮은 지대에 지나지 않는다. 캠프는 빙하 옆 모레인moraine 언덕 부근에 있었다. 이곳은 내 고국과의 거리가 무려 10,000km나 된다. 당당한 자세를 갖춘 모레인 언덕! 이 언덕은 마치 대자연이 낭가파르바트 북벽北壁에서 굉음을 울리며 떨어지는 위협적인 눈사태로부터 캠프를 보호해주기 위해 이곳에 걸쳐 있는 것만 같았다. 베이스캠프에 있으면 얼음이 갈라지는 소리, 울려 퍼지는 소리, 떨어지는 소리 등이 마치 아득히 멀리서 들려오는 소리와도 같이 귓가에 웅웅거린다. 그러나 이곳은 인간이 거처하는 지대地帶이다. 신神들도 이 인간이 거처하는 곳까지는 그 힘을 미치지 못하는 것 같다.

모레인 저쪽에는 높이가 거의 4,000m나 되는 만년설에 뒤덮인 낭떠러지가 솟아 있다. 이것이 이름 높은 낭가파르바트의 북벽이다. 그 사면에는 얼음이 태양 빛에 반사되어 눈이 부시고 깊은 눈이 암벽을 덮고 있다. 저 멀리 높은 곳에는 수직 빙하가 보인다. 오른편에는 작게 조각된 설릉雪稜이 내려 뻗치고 눈으로 장식된 벼랑에서는 광채가 나는 빙설이 수직을 이루면서 수천 미터 아래 가날로Ganalo 빙하로 떨어졌다. 말하자면 태양과 폭풍이 만든 대자연의 경이驚異인 것이다. 이 설릉 어디를 보아도 하나의 완성된 예술 작품과 같았다.

맞은편 북동쪽에는 중앙 총라피크Chongra Peak와 남 총라피크의 원형 정상이 보인다. 멀리 왼편에는 북 총라피크의 뾰족한 정상이 보인다. 이 정상에서 험준한 북쪽 능선이 꽤 낮은 볼더피크Boulder Peak로 떨어져 있다. 계곡을 넘어서 바라다보이는 먼 곳에는 카라코람 산군의 얼음 성채가 약한 빛을 띠고 있다. 안개 속에서 몽롱하게 보이는 그 자태는 마치 어떠한 항거할 수 없는 힘을 가지고 이끄는 것 같기도 하고, 감정으로 매혹하기도 하는 듯이 빛나고 있었다. 어떤 장중한 언어나 표현으로도 실제의 그 광경을 낱낱이 전할 수는 없을 만큼 위대하고 숭고했다. 우리는 이런 광경을 앞에 두고 그저 경탄해 말을 잇지 못했다.

베이스캠프에서 1,400m 높이에 올랐다. 라키오트Rakhiot 빙하가 난폭하게 무너지고 부딪쳐서 뒤범벅된 얼음덩어리 가운데 있는 대지! 상상할 수 없는 압력으로 얼음덩어리가 밀려 이동한다. 그런 중에도 약간 높은 장소가 있다. 이것은 하나의 암초岩礁로 '라거슈포룬'이라고 불린다. 높이는 해발 5,367m. 이 암초는 마치 쇄빙선과도 같이 길이가 수백 미터나 되는 얼음덩어리를 좌우로 갈라놓고 있다.

라거슈포룬 북벽에는 마터호른 크기만큼 튀어나온 부분이 있다. 여기서는 모든 스케일이 너무도 초월적超越的이기 때문에 웬만한 크기의 암석들은 눈에 띄지도 않는다. 또 성난 파도가 일순간에 얼어붙은 것 같기도 하고 큰 파도가 그대로 얼음덩어리가 되어 험한 절벽을 향해 밀려들고 밀려들어 물결과 거품이 이는 물기둥이 된 것 같은 빙탑氷塔이 솟아 있다. 빙탑 저편에는 마치 마천루와도 같은 몇 개의 빙탑이 100m 높이로 솟아 있다. 말로 헤아릴 수 없는 형식미形式美, 그 자체이다. 우리는 빙탑들을 보고 고국에 있는 낯익은 산 이름을 따서 '파

요레트의 빙탑'이라고 불렀다.

이렇듯 얼어붙은 매혹적인 세계에 한 가닥 발자국이 그어져 있었다. 그 발자국은 얼마 안 가서 빙하 한가운데에 있는 작은 계곡과 같은 평탄한 곳에서 그쳤다. 그곳에는 매우 높은 빙벽氷壁의 보호를 받는 몇 개의 텐트가 있었다. 이곳이 2캠프이다.

이 캠프를 설치하는 것은 하나의 모험이었다. 이 일은 실로 몇 주 동안 위험을 무릅쓰고 감행한 긴장과 노력의 연속이었다. 산山은 있는 수단을 다해 우리 침입자에 대해 항거抗拒했다. 산은 눈을 오게 하고 폭풍을 일으켰다. 그리고 무자비한 추위와 작열하는 더위와 눈사태를 보여주었다. 나는 눈사태에 어느 정도 경험이 있었다. 그러나 우리가 낭가파르바트의 벽에서 보았던 눈사태는 지금까지 겪은 온갖 경험도 하등 소용이 없었다. 이렇게 말하는 중에도 그 당시의 광경 하나하나가 살아오는 것 같다.

쿠노 라이너Kuno Rainer와 나는 2캠프를 설치할 장소를 향해 올라갔다. 큰 사각형의 얼음덩어리와 빙탑, 갈라진 미로에 들어가면 길을 잃어버리게 된다. 마치 처음 온 외국 도시의 높은 벽으로 둘러싸인 거리에 들어온 것 같은 기분에 사로잡힌다. 깊은 눈은 위태롭게 연못을 덮고 있었다. 물론 우리는 로프를 가지고 있었지만 4,000m나 5,000m 높이에서 크레바스에 떨어지면 기분은 잡친다. 그러나 사진 반사眞班에게는 이 이상 더 좋은 곳이 없다. 나는 이렇듯 많은 모티브를 우리 카메라맨에게 알릴 수 있어서 매우 좋았다.

이곳에 서면 빙탑의 얼음창을 통해 낭가파르바트의 호쾌한 북벽을 바라볼 수 있다. 북벽을 옆으로 볼 수 있어 더욱 훌륭한 광경이 눈앞에 전개된다. 또 저편을 보니 안개 낀 인더스 계곡을 배경으로 오벨리스크obelisk가 툭 솟아 있다. 그리고 이들 사이로 잠시 눈에 어리는 총라피크의 산군과 카라코람 산군을 전망할 수 있다. 그러나 매우 험준한 등반이 시작되면 더 이상 아름답다는 말이 나오지 않는다. 때로는 불과 10m나 20m의 가까운 사면을 오르는데도 1시간 또는 그 이상의 시간이 소비된다. 우리는 마치 고슴도치와 같이 전진했다.

나는 몇 번이고 러셀을 해봤지만 이렇게까지 피로하기는 생전 처음이었다. 오전 10시만 되어도 태양 빛은 유난히 뜨겁게 비쳐 그늘을 찾아 쉬어야만 했다. 그러나 그늘에서는 추위를 느낄 정도였다. 돌연 내 머리 위 저 멀리 보이는 북벽에서 높은 음향이 들려왔다. 굉장한 눈사태가 일어나는 소리였다. 그러나 우리는 아직 안전해 높은 곳에서 바라보는 기분이었다. 그리고 몇 분이 흘렀다.

벌써 그 눈덩이들이 아래쪽으로 굴러떨어졌을 것이라고 생각하던 찰나에 나는 내 눈을 의심했다. 정신을 가다듬어 보니 내 머리 위에 구름이 뭉게뭉게 일더니 크게 퍼져나가기 시작했다. 구름은 점점 그 모양이 커지면서 내가 있는 지역을 넘어 왼쪽으로 뻗더니 점점 아래로 떨어져 내려오는 것이 아닌가! 문득 눈앞에 번쩍이는 것을 보니 눈사태였다. 나는 재빨리 사면에 엎드려 머리를 눈 속에 파묻고 입고 있던 플란넬 셔츠flannel shirt로 틀어막았다. 이렇게 나는 눈사태를 맞았다. 불안한 몇 분이 지났다. 그리고 돌연 주위가 어두워지더니 바람이 마치 폭풍 그대로의 위세로 일었다. 입고 있는 옷 속 어디든 눈이 들어박혔다. 위험한 상황이 끝없이 계속될 것만 같았다. 나는 꼼짝 못하고 기다릴 수밖에 없었다.

얼마 지나지 않아 다시 빛이 보이고 주위가 밝아졌다. 나는 서서히 머리를 들었다. 다시 푸른 하늘이 보이고 위험은 사라졌다. 그러나 추워지기 시작했다. 몸이 떨렸다. 그러고 보니 셔츠 하나만 입고 있었고 온몸에 눈이 배어 있었다. 포화砲火 같은 눈사태 세례를 받은 우리는 눈사태를 맞으면 어떻게 된다는 것을 잘 알게 되었다. 또 이런 눈사태는 아무런 흔적도 남기지 않는다는 것도 알았다. 몇 분 전만 해도 우리는 정신을 잃을 정도였지만 잠시 후 이런 체험에 대해 웃음 짓고 있었다. 그러나 최초의 눈사태가 있은 이후에도 계속해서 많은 눈사태를 맞았다.

대개 무더운 날이 지나면 눈은 맹렬하게 녹아 수축해버린다. 그리고는 밤새 얼어 다음 날 아침에는 완전히 얼어붙은 눈을 밟으며 등반할 수가 있었다. 쾀터Otto Kempter와 쾰렌슈페르거Hermann Köllensperger가 동행해 아주 기분 좋게 걸어가던 어느 날 1캠프를 벗어날 즈음 북벽에서 얼음 사태가 일어났다. 실제로 이런 자연계의 놀라운 광경을 목격한 사람만이 눈사태의 위엄을 상상할 수 있다. 그 얼음 사태는 마치 이 세상의 마지막과도 같은 장면이었다. 우렁찬 진동과 함께 많은 양의 얼음이 갈라지면서 수천 미터 아래로 떨어졌다. 그리고 빙하에 부딪혀 갈라지면서 흩어진다. 그런 다음 매우 작은 가루가 되어 강력한 눈 롤러로 변한다. 다시 세찬 힘으로 부풀어 오르면서 빙하 위를 돌진해 달린다. 만약 이 사태 가운데에 사람이 있다면 한 조각도 남아나지 않을 것이다. 사람이 아니라 건물이라고 해도 흔적 없이 그 속으로 사라져버릴 것이다.

눈사태의 규모는 때때로 폭이 2km, 높이는 200m에서 300m나 된다. 그리고 눈사태에서 제일 위험한 것은 그 풍압風壓에 말려들어 가는 것이다. 여전히 흰 구름이 벽壁을 스쳐 떨어지면서 점점 부풀어 오르고 있었다. 얼마 안 되어 수직 벽이 우리를 향해 가까워지는 듯하더니 어느새 우리를 깊은 안개 속에 파묻고 말았다. 눈사태는 계속 일어나서 반대편 모레인 언덕 위를 향해 200m 높이까지 뻗어 올라가더니 서서히 잔 얼음 가루가 되어 사라졌다.

눈사태에 따른 불쾌한 현상은 정기적으로 기온이 떨어지는 것이다. 그래서 나는 눈사태가 일어날 것 같은 위험지대에서는 반드시 따뜻한 옷을 입고 출발하곤 했다. 이틀 전만 하더라도 깊은 눈가루가 쌓여 있었지만, 오늘은 마치 태풍이 지나간 것처럼 눈 하나 없이 이리저리 흩어져 있는 얼음 조각만 보였다. 눈 모양만 보아도 풍압의 세기를 알 수 있다. 우리는 종종 히말라야 등반은 러셀과 초인적인 인내로 이루어진다고 생각했다. 이제는 그 추억만이 행복과 고통을 거듭했던 날의 아름다운 베일을 펼쳐준다. 격렬하게 뛰는 심장의 고동을 느끼면서 힘든 일을 하고 있을 때면, 나도 모르게 그때의 광경들을 떠올리게 되는 것이다. 말하자면 감추어져 있던 크레바스에서 본 광경! 마치 터널을 통해 보는 듯 카라코람 산군이 멀리 바라다보였다. 카라코람에는 세계 제2의 고봉이 있다. 굉장한 피라미드의 고산高山으로 높이가 8,611m인 K2가 그것이다.

그러나 추억은 어디까지나 달콤한 멜로디만을 들려주지는 않았다. 로맨틱한 순간도 끊임없는 웅장한 화음和音이라든가 파열음, 세찬 진동과 부서지는 소리로 순식간에 사라져버린다. 어느 때의 일이다. 나는 2캠프에서 1캠프로 내려갈 일이 있었다. 깊은 눈으로 지나온 발자국은 보이지 않았다. 어쩔 수 없이 나는 길 없는 사면을 걸어서 서서히 러셀을 하면서 내려갔다. 도중에 포터들을 데리고 올라오는 비터링Albert Bitterling을 만났다. 우리가 서로 몇 미터 나가지 못했을 때 갑자기 사면斜面 전체가 소리를 내면서 움직이기 시작하더니 쏟아져 내리는 눈이 우리를 밀어 제쳤다. 다행히 나는 떨어지면서 간신히 빠져나왔지만, 포터들은 어떻게 할 수가 없었다. 그들은 다 같이 로프로 연결되어 있었다. 눈 속에서 보이는 것은 그들의 손이나 다리뿐이었다. 천운天運으로 눈사태는 깎아 세운 듯한 사면 바로 앞에서 멈췄다. 그들은 알라신에게 구명을 기도했다. 우리는 천신만고 끝에 그 포터들을 구출할 수 있었다. 짐을 안전한 장소에 옮기고 다 같이 하산했다.

저녁때가 되니 하늘은 구름이 끼고 일과日課처럼 눈이 내리기 시작했다. 나는 다시 6명의 포터를 데리고 2캠프로 올라갔다. 퀠렌슈페르거가 따라왔다. 우리는 북벽 아래 평탄한 빙하 위를 걷고 있었다. 돌연 우레와 같은 진동에 쳐다보니 저 위쪽에서 눈사태가 일어나 쏟아져 내려오고 있었다. 그 둔한 폭음이 골수까지 느껴지는 것 같았다. 우리는 필사적으로 뛰었다. 아차! 하는 순간 갈라진 틈 속으로 뛰어들었지만 어느새 눈은 롤러가 되어 우리를 덮고 있었다. 몹시 추웠다. 우리는 몇 분 동안 눈사태 속에 파묻혀 있었다. 거센 바람이 몰아쳤다. 우리는 몸부림쳐 빠져나오려고 애를 썼다. 숨이 막힐 지경이었다.

사방에서 눈가루가 몸에 스며들었다. 나는 눈가루가 입속으로 들어가지 않게 셔츠로 입을 틀어막았다. 잠시 후 바람이 약해져 숨을 쉴 수가 있었다. 포터들 쪽을 쳐다보니 그들은 공포 속에서 떨고 있을 뿐 사태가 완화된 것도 모르고 있었다. 우리는 또 걷기 시작했다. 그러나 불과 5분이 지나지 않아 새로운 진동이 들려왔다. 이번에는 눈사태가 왼쪽에서 일어났다. 이제 우리는 뛰지 않았다. 빨리 숨을 장소를 발견하고 타올과 재킷으로 얼굴과 귀를 덮은 채, 일부는 입을 가리고 숨을 깊이 쉬면서 대기했다. 이렇게 잠시 또 몇 시간이 지났다. 이제는 아무것도 일어나지 않았다. 눈사태가 그렇게도 많았던 아래와 달리 위쪽 등반은 매우 쉽게 진행되었다.

나중에 눈사태에 관한 이야기를 듣게 된 에르틀Hans Ertl은 자기들이 있었던 곳에서는 눈사태가 없어 촬영하지 못했다며 많이 아쉬워했다. 그러나 우리는 도리어 에르틀이 보지 못한 것을 다행이라고 생각했다. 이렇듯 순서도 없이 생각나는 대로 떠올려보았지만 이제는 그 추억을, 등반 루트를 따라 일기장을 참고로, 하나의 작품으로 만들 예정이다.

6월 하순 2캠프의 날씨는 전보다 안정적이었다. 그리고 발터 프라우엔베르거Walter Frauenberger도 침착했다. 발터는 위쪽에 있는 우리의 불안한 사정을 은근한 미소를 지으면서 쳐다보는 것이 아닌가! 그것은 발터가 그 사정을 더 잘 알고 있었기 때문인 것 같았다. 그러던 중에 부탁했던 셰르파들이 또다시 다르질링으로 돌아갔다는 통지가 왔다. 그들은 꽤 일찍 파키스탄에 도착했지만 아쉽게도 입국할 수 없었다. 매우 큰 실수였다. 우리가 동원할 수 있는 인력은 그 수가 적어서 10명의 사이브(sahib, 등반대원)들과 훈자 출신 포터 15명뿐이었다. 그중 3명은 여자 포터로 베이스캠프에 적합하지만 그래도 괜찮은 편이다. 그보다 큰 문제는 남은 포터 중 절반이 약속이나 한 듯 병이 나거나 포터용 식량인 차파티chapati가 보급이 안 되는 것이었다.

에르틀은 약속한 무선 연락 시간에 아무도 응답이 없어 노발대발하면서 어쩔 수 없이 대책 마련을 위해 하산을 했다. 이제부터라도 좋으니 길기트Gilgit에서 포터들을 데려올 필요가 있었다. 포터들의 식량도 마찬가지였다. 한스는 우리에게 없어서는 안 될 존재였다. 때때로 결정적인 지령이 베이스캠프에서 전달되었고, 발터는 남은 장비를 정돈하느라 바빴다. 또 그는 오전 2시에 일어나 아침 식사를 준비했다. 1캠프에는 무려 80개의 고소 캠프용 짐이 있었다. 그러나 적은 수의 포터로 고소 캠프까지 장비를 운반할 수 있을지 알 수 없는 일이었다.

나는 이때 몬순 후의 등반을 생각하지 않을 수 없었다. 만약 우리가 7월 중에 다시 등정하려면 필요한 인원 없이 하든가 또는 보다 많은 포터를 고용하든가 둘 중 하나지만 그 어느 것도 실행하지 못했다. 이런 사정을 잘 알고 있는 베이스캠프에서 드디어 지령이 왔다. '등반 대원들도 포터들과 같이 짐을 나르라'는 것이었다. 그러나 우리는 이미 우리의 힘으로 짐을 운반하고 있었다. 이렇듯 포터 부족으로 거의 희망을 잃을 정도였다. 우리는 오전 2시만 되면 일어나서 포터들과 아침 식사를 준비했다. 포터들도 열심히 움직여줬다. 그러나 버너를 쓸 줄 몰랐다. 만약 그들 중에 버너를 쓸 줄 아는 사람이 있었다면 매일 한 개씩 내줘야 했을 것이다.

기상起床 신호를 하면 몇 명은 뛰쳐나온다. 그러나 얼마 지나지 않아 병자病者가 생긴다. 오전 3시에 12명의 포터에게 짐을 준비하게 한다. 1시간만 지나면 포터들은 지쳐버린다. 오전 5시가 되면 불과 5명의 포터만 남을 정도이다. 그러나 이들만은 믿을 수 있었다. 그들은 자신 있는 태도로 무엇이든지 우리의 힘을 빌리지 않고 했다. 다만 말을 듣게 하려면 애를 먹었다. 그들이 하는 대로 두면 연거푸 조난 사고를 일으킬 것이다.

6월 10일 잠을 이룰 수 없는 밤을 새우고 켈렌슈페르거와 나는 오전 4시에 출발해 라키오트피크 아래쪽을 향해 러셀을 했다. 3캠프와 4캠프를 설치할 예정이었다. 위에 있던 쿠노 라이너는 잠시 쉬기 위해 켐터와 같이 베이스캠프로 내려갔다. 이들은 당연히 쉬어야 할 만큼 훌륭한 활동을 했다.

날씨는 공포를 느낄 정도로 추웠다. 험준한 암벽을 가로지르고 있는 얼음 암초를 건널 수밖에 없었다. 이 일로 몸도 후끈해졌다. 헤르만 켈렌슈페르거가 뒤에서 따라왔다. 고도계는 5,800m를 가리킨다. 여기에 3캠프를 세워야 하지만 그렇게 하기에는 시간이 너무 일렀다. 그래서 나는 포터들에게 도움이 될 일을 하려고 생각했다. 이곳이 3캠프 예정지라는 것을 누구도 모르고 있었으니까. 이 때문에 우리도 귀중한 시간을 절약할 수 있었다. 포터들은 아무것도 모르고 걸었다. 그들이 이런 내용을 알면 무어라고 할 것인가? 그러나 아직 그런 걱정은 없었다. 그들은 아무것도 모르고 있었으니 말이다.

우리는 서서히 그리고 전과 변함없는 상태를 유지하면서 올라갔다. 좀 늦어서 발터 프라우엔베르거가 소수의 포터를 인솔하고 올라왔다. 나는 아침 7시에 넓이가 몇 km²나 되는 높은 대지坮地 위에 섰다. 눈앞에 라키오트피크와 장대하게 높이 솟은 낭가파르바트의 동쪽 능선이 보였다. 이 높은 대지에 대해서는 이미 사진이나 뉴스 혹은 서적을 통하여 알고 있었다. 이곳은 1932년과 1934년 원정대들이 4캠프를 설치했던 곳이다. 단지 1937년에만 이 편리한 장소를 버리고 100m나 아래쪽에 4캠프를 설치했기 때문에 그들은 눈사태를 만났고, 결국 인간의 의지와 용기는 분쇄되고 생명을 잃고 말았다.

　이렇게 바라보는 이 순간에도 이 산이 그렇게까지 무자비한 존재라는 것이 나에게는 너무나도 의심쩍어 보였다. 산은 숭고崇高한 미美를 간직한 채 내 앞에 솟아 있었다. 오른쪽 바로 위 저편 멀리에는 정상으로 가는 입구라 할 안부鞍部가 눈부시게 번쩍인다. 말할 수 없는 산악山嶽의 아름다움과 장엄한 위세를 마주하고 있으니 쓸쓸한 기분이라고는 조금도 들지 않았다. 인간은 매우 높은 곳에 있으면 산기슭 계곡에 있을 때와는 판단이 사뭇 달라진다. 장대한 경관에 한층 담백한 심정이 되어버린다.

　한스 하트만H. Hartmann은 일기 첫머리에 무어라고 썼던가? 그

---

* 1937년 독일 낭가파르바트 원정대 대원(대장 Karl Wien). 게르만 민족의 우월성을 강조하기 위해 히틀러가 지원했다. 4캠프에서 대원 7명과 셰르파 9명 모두 눈사태로 사망했다. 생존자가 없어서 며칠 뒤 사고를 알게 되고 수색이 이루어졌다.

는 거기에 '목표-낭가파르바트'라는 문구를 적었다. 이 위대한 산이 그의 목표였던 것이다. 우리는 이 위대한 산을 정복하기 위해 노력해야만 했다. 나는 결코 경박한 기분에서 도전적인 태도로 이 산에 오르는 것이 아니다. 신중한 용기와 충만한 내면의 의지에 따라 산에 가는 것이다. 이와 같은 감격을 안고 이 산에 오른 남성들은 추억 속에 살아 있다. 그들은 우리와 같이 정상을 향해 함께 행동하는 것이다. 결코 죽음의 나라로 이끄는 사자使者가 아니라 삶의 길손인 것이다.

나는 서서히 올라갔다. 고도 6,200m 지점에 륙색Rucksack을 두기로 했다. 그곳에서 다른 일행을 기다렸다. 몹시 추웠다. 그래서 이 틈을 이용해 나는 최초의 6,000m급 봉우리로 출발하기로 했다. 대지坐地는 북으로 무한하게 뻗어 있었다. 나는 아주 빨리 올라갔지만 남 총라피크의 험준한 능선 밑까지 한 시간이나 걸렸다. 눈이 깊어 러셀에 힘이 들었다. 패어 있는 능선에서 잠시 쉬었다. 바로 오른쪽은 커다란 눈에 덮여 있지만, 그 배후에는 험준한 벽이 남쪽으로 치우쳐 있었다. 이곳에도 히말라야의 독특한 만년설이 거의 수직을 이루며 분방奔放한 자태를 한껏 뽐내고 있다. 이것은 강풍과 심한 기온의 변화가 만들어낸 것이다.

나는 총라피크의 서쪽에 있는 급사면을 횡단했다. 그리고 온 정신을 가다듬어 설면雪面을 살펴보았다. 그러나 뜻밖에도 눈은 단단하게 굳어 있었다. 한 번은 발이 눈 속에 빠지기도 했지만 얼마 지나지 않아 굳어진 설면을 밟고 높이 6,450m 최고점에 올라섰다. 아주 쉽게 오를 수 있었다. 나는 이제 완전히 고도에 적응했다. 기쁨에 넘쳐 요들송을 불러보았지만, 소리는 광막한 대공간 속으로 사라져버렸다. 돌아보니 낭가파르바트의 주봉 부근까지도 볼 수 있었다. 경건한 소망은 정상을 향한 것이었다. 다시 내려오기 시작해 정오쯤 룩색이 있는 곳까지 돌아왔다. 포터들은 설면을 평탄하게 다져서 두 개의 텐트를 설치했다. 누구라도 태양의 불볕더위를 피해 텐트로 들어갈 수가 있었다.

쾰렌슈페르거는 포터들을 데리고 내려가고 발터와 나는 이곳을 지내기 편한 장소로 만들었다. 결국 우리는 둘이 남게 되었다. 한 명은 노련한 히말라야의 투사 발터요, 다른 한 명은 어설픈 등산가인 나였다. 날씨는 매우 좋았지만, 불행하게도 우리에게는 포터가 한 사람도 없어서 후회했다. 만약 포터가 있다면 훨씬 빨리 캠프를 전진시킬 수 있을지도 모른다. 그러나 그렇게 할 수 없었다. 역시 포터들은 아래쪽에서 필요로 할 것 같았다.

다음 날 발터는 내가 걸어온 발자국을 따라 같은 코스로 남 총라 피크에 올랐다. 이것으로 그가 오른 6,000미터급 산봉우리 수가 늘어난 셈이다. 후일 발터가 말한 바에 의하면 베이스캠프에 도착한 일행들은 예정에 없던 우리의 등정에 대해 좋아하지 않았다고 한다. 일행들은 도리어 우리가 지나치게 체력을 소모한 것이 아닌가 하고 걱정스러워했다. 그렇지만 등반은 우리의 등정 능력을 정확히 파악하는 데 적절한 도움이 됐다. 이 일로 나는 베이스캠프에서 들은 아센브레너Peter Aschenbrenner의 이야기를 생각했다. 아센브레너가 1934년 원정 당시 때로는 엉뚱하게 원정을 했다는 이야기를 들려주어 우리들을 감탄하게 했다.

헤르만 퀠렌슈페르거는 다시 한번 2캠프에서 석유와 식량을 가져왔다. 그가 보이지 않아 찾았더니 그는 자기 임무를 마친 뒤 피로한 모습으로 침낭 속에서 잠들어 있었다. 잘 자는 것이 건강의 유일한 증거라고 치면 헤르만은 모름지기 우리 중에서 제일 건강한 편이라고 할 것이다. 나는 잠시 포터들의 식사를 마련하기 위해 버너를 써보았다. 약 2시간이나 걸렸는데도 작동이 잘 안 되었다.

대개 버너는 처음 손을 대면 잘 켜지지만 조금 있다가 꺼져버린다. 이럭저럭 해서 겨우 푸른 불빛이 아물아물 타오르기 시작해 눈 맞은 냄비를 올려놓으려고 하는 순간 갑자기 화염이 높이 튀는 것이 아닌가. 나는 너무 분해 눈 속에다 냄비를 집어 던졌다. 그랬더니 포터는 놀랄 정도의 인내와 동양인 특유의 냉정함으로 내가 던진 냄비를 다섯 번이나 주워 왔다. 그래서 나는 처음 할 때와 마찬가지로 다시 시도했다. 매일 이렇게 벌어지는 작은 일들이 어디에서나 가장 신경이 쓰이게 마련이다.

회중시계懷中時計가 울렸다. 아직 깊은 밤이다. 텐트의 사이드포

켓에 손을 넣었다. 잠시 후 촛불을 켜고 침낭에서 나와 옆 텐트에서 아침 식사를 준비했다. 그러나 또 버너가 말을 듣지 않는다. 아차 하는 순간에 식량이 들어 있는 상자에 불이 붙었다. 나는 텐트에 불이 번지기 전에 겨우 식량 상자와 필요한 기구 일체를 밖으로 옮겼다.

오전 5시 우리는 텐트에서 나왔다. 올려다보니 실버 새들까지 전면이 활짝 트여 천 리 밖까지도 한눈에 보일 듯하다. 눈앞에 아무것도 가리는 것이 없었다. 그리고 깎아 세운 듯한 낭떠러지에는 세락이 하나도 보이지 않아 참으로 기분이 상쾌했다. 이제부터는 라키오트피크로 향하는 길고 험준한 사면을 돌파해야 한다. 벌써 쑥 높아진 사면이 처음으로 나타나 긴장되었다. 만일을 생각해서 발터는 산 밑에서 대기했다. 우선 내가 먼저 올라갔다. 그런데 놀랍게도 눈이 단단하게 굳어 있었다. 여기서 더 높이 올라가 보니 아래 캠프 부근보다도 상황이 한층 쉽다는 것을 알 수 있었다.

험준한 사면 위쪽으로 가는 곳에서 나는 일행을 기다렸으나 그들은 좀처럼 올라오는 기색이 없었다. 무슨 일이라도 생긴 것일까? 혹시 판상板狀 눈사태에 휩쓸렸나? 그러나 나의 근심은 바로 가라앉았다. 저 건너 아래 평탄한 빙하 위에 한 가닥 검은 선을 발견했기 때문이다. 그러나 왜 밑에서만 움직이고 있는지 알 수가 없었다. 내려가 보고서야 발터가 모자를 밑으로 떨어뜨렸다는 것을 알았다. 무리도 아니다. 나 같은 죽마지우竹馬之友를 저버리고 갈 수는 없는 일이었다.

오늘은 이제까지 없었던 추운 날이었다. 한기寒氣를 등산화를 통해 느낄 수 있었다. 문자文字 그대로 은 같은 빛이 번쩍거리는 실버 새들이 몇 번이고 우리의 시선을 끌었다. 그리고 왜 많은 사람이 정상에서 쓴맛을 보며 후퇴하게 되었는지 아무리 생각해보아도 이해할 수 없었다. 혹시 그 자태가 은근한 까닭인가? 그렇지 않으면 희박한 공기 탓에 사람들이 정신을 차리지 못하고 홀리는 것일까? 비로소 눈앞에 눈가루를 뒤집어쓴 험준한 사면이 나타났다.

이제 고도를 느낄 수 있는 것은 걸을 때 입을 다물고는 호흡할 수 없다는 것이다. 선두로 러셀을 하는 것과 뒤따라 오르는 것과의 차이는 호흡수로 분명하게 나타난다. 일보전진一步前進에 호흡 1회와 4회로 차이가 생긴다. 얼음과 바위 사이에 베르그슈른트가 있어 할 수 없이 오랫동안 트래버스 해야 했다. 나는 병풍과 같은 수직 설벽을 지나 마침내 깊고 갈라진 지역을 무난히 넘어섰다. 가까스로 이곳까지 올라오고 보니 몸은 완전히 마비 상태에 빠진 것 같았다.

우리는 정오에 라키오트피크의 수직 빙벽 밑에 이르러 텐트 칠 적당한 장소를 물색했다. 그러나 곧 표고 6,700m 지점을 떠나지 않을 수 없었다. 그곳에서만 볼 수 있는, 마력같이 급변하는 기후 변화가 일어났기 때문이다. 얼마 후에 우리는 짙은 안개 속에 휘감겨버려 아침에 올라온 발자국을 찾아가며 무사히 텐트로 돌아왔다.

심야까지 내린 눈이 아침에는 1m 이상 쌓였으나 여전히 멎을 줄

모르고 퍼붓기만 했다. 취사용 텐트가 눈에 묻혀 주저앉을까 염려되어 단단히 지주까지 세웠는데도 불구하고 아주 찌부러져버리고 말았다. 우리는 스키 스톡으로 지주를 다시 보강했다. 그러나 끝없이 내리며 텐트에 쌓이는 눈을 쉴 새 없이 치워야 했다. 그러지 않으면 그 중압을 이기지 못하고 텐트가 무너져 버리고 말았을 것이다. 이 날도 하루 종일 눈과 싸워야 했다. 포터는 단 한 사람도 오지 않았다. 그러나 그리 걱정하지는 않았다. 우리는 두 사람이 며칠 동안 먹을 수 있는 충분한 식량을 가지고 있었기 때문이다. 우리 두 사람은 텐트 안으로 들어갔다. 하여튼 그 안에만 있으면 견딜 수 있었다.

밤에도 다시 눈은 텐트 지붕을 두드렸다. 눈이 극심하게 내려 쌓인다. 캠프 사이드에 쌓인 눈이 우리 텐트 위로 내려 덮였다. 발터가 눈의 중압으로부터 텐트를 해방했다. 그러나 잠시 후 또다시 눈은 원래 상태로 돌아가 내려 쌓인다. 그 모습이 마치 우리의 유일한 숙소를 파묻어 버릴 것같이 위협적이었다. 적어도 2, 3일은 모진 눈보라가 계속될 것이다. 눈에 압축된 텐트 안에 둘이 있기에는 너무 좁아서 나는 취사용 텐트로 옮겨 가기로 했다. 우리는 텐트를 세우기 위해 몇 번이고 일어나야 했다. 따뜻한 침낭 속에서 눈보라 치는 밖으로 뛰어나가야 한다는 것은 우리에게 극기심(克己心)을 요구했다.

이렇게 행동하지 않으면 금방 눈에 젖은 텐트 천정이 콧잔등에 내려 덮여 깜짝 놀라 일어나서는 도대체 무엇이 어떻게 된 것인지 어리둥절해 가슴이 덜컥 내려앉을 정도이다. 일어나려고 해도 텐트 무게에 눌려 일어날 수 없다. 나중에는 나이프라도 가지고 있었다면 텐트 벽을 찢어 헤치고 뛰어나가고 싶었을 것이다. 우리는 밤새 텐트 입구를 열어 놓은 채로 두었다. 그러지 않으면 호흡 곤란을 일으키거나 혹은 이튿날 아침에 지독한 두통을 일으킬 수 있기 때문이다. 그랬더니 다음 날 아침 눈이 침낭 위에까지 쌓여 있었다.

그러고 보면 침낭이나 텐트나 다를 것이 없었다. 왜냐하면 침낭 속에 완전히 틀어박히면 얼마나 따뜻한지 모른다. 그러나 잠시 후에는 정신없이 출구를 찾으려고 헤매었다. 만일 출구를 찾지 못하면 그야말로 어려움에 빠지게 되고, 정상을 오르려는 꿈은 허무하게 꺼져 버리고 만다. 숨 막히게 답답해 나오지만, 곧 추위에 몸이 굳어버린다. 이럴 때 최선의 방법은 침낭 입구에 코끝만 내놓는 것이다. 며칠 동안 우리는 심한 기침에 고통스러웠다. 캠프의 건조한 공기가 원인인 것 같았다. 기침은 잠들기 전에만 매우 심해 발작을 일으키고 상당히 오랜 시간을 끈다. 이튿날 아침에는 두통이 심했다. 충분한 수면만이 해결책이었으나 나는 수면제를 사용해서까지 자려고 하지 않았다. 나와 반대로 발터는 건강 상태가 매우 좋았다.

너무 오래 지체되면서 우리 두 사람은 권태를 느끼기 시작했다. 우리는 벌써 몇 차례나 마음에 걸리는 문제에 관해 이야기했다. 셰르파가 활동하지 못하는 것은 무엇보다도 유감스러운 일이었다. 이 문제가 우리를 괴롭혔다. 내가 발터에게 물었더니 그는 언성을 높여 말했다. "그렇소. 세르파만 쓸 수 있었더라면 우리는 벌써 꽤 많은 전진을 했을 것이오." 이런 상황이 만들어진 데는 나름의 이유가 있었지만 그래도 포기하지 않으려면 무언가 방법을 찾아야 했다. 발터는 가르왈 히말라야와 중앙 히말라야에서의 체험과 코카서스의 웅장한 산의 형상을 설명해주었다. 우리는 때때로 교대로 제설 작업을 했다. 이 작업은 비상한 노력이 필요했다. 처음 몇 번 있는 힘을 다해 제설 작업을 한 결과 잠시 극심한 두통이 왔다.

저녁에는 예전대로 하늘이 맑게 개었으나 잠시 후 다시 모질게 눈이 내리기 시작했다. 애써 제설 작업을 한 보람도 없이 모든 것이 원래 상태로 되돌아갔다. 세차게 내리던 눈은 발광적인 눈보라로 변했다. 광풍은 무서운 소리를 지르면서 눈 세계로 휘몰아쳤다. 삽시간에 텐트는 눈에 덮였고, 텐트 지주는 겨우 몇 센티미터만 눈 위에 뾰족이 내다보일 정도였다. 우리는 다시금 삽을 들고 교대로 제설 작업을 하면서 밤을 지새웠다.

어느덧 아침이 되었다. 6월 16일 눈보라는 여전히 계속되었다. 벌써 닷새째이다. 때마침 어디서인지 사람 소리가 들려왔다. 착각일까? 아니면 사람이 올라오는 것일까? 설원에 고립된 이 캠프로 누군가 우리를 구원하러 오는 것일까? 여러 억측이 머리에 떠올랐다. 이런 일은 도저히 상상할 수 없었다. 그러나 확실히 사람 소리가 들려온다. 우리를 부르고 있었다. 이 생각이 미처 사라지기 전에 희미한 회색 장막 속에서 몇 개의 흑점이 나타났다. 그들은 퀠렌슈페르거를 위시한 몇 사람의 포터들이었다. 그들은 3캠프로 옮기자고 했다. 여기서 기다리는 것은 생각조차 하기가 싫었다.

이들이 여기까지 와주리라고는 상상도 못했다. 아센브레너는 지난 며칠 동안 아주 편히 지내면서 우리에게는 포터조차 보낼 생각이 없었다. 그런데 3캠프로 옮기자는 것이 진심일까? 그들은 놀라운 뉴스를 가져왔다. 에베레스트가 등정되었다는 것이다. 이 소식을 들었을 때 나는 말할 수 없는 감동에 사로잡혔다. 이 거봉巨峰이 수년 이내에 등정되리라고는 도저히 생각도 하지 못했기 때문이다. 이 사실은 우리에게 등반 의욕을 고무하였다.

전 대원이 필요한 텐트 설치에 전력을 다했다. 나는 이 사이에 버너를 찾았다. 이젠 무엇을 먹든 그대로는 도저히 먹을 수가 없었다. 어떤 깡통이든 충분히 끓여야만 했다. 나의 낙관주의가 항상 웃음거리가 되었다. 내 시계로 우리는 벌써 실버 새들에 도착했어야만 했다. 그런데 그들의 계산으로는 오늘은 4캠프를 향해 러셀 하고, 내일은 4캠프 설치, 다음 날은 5캠프를 설치하는 순서다. 이것은 말로는 쉬운 일이나 실제로는 그 순서 대신 몇 날 며칠을 강설降雪 속에 파묻혀 외부와 차단된 세계에서 지냈다.

이윽고 날씨가 개어 마침내 우리가 정상을 향해 러셀을 하려고 하자 포터들이 동맹同盟이나 한 듯 몸이 아프다고 떠들어댔다. 나는 아내에게 보내는 최후의 편지에 이렇게 기록했다.

"…다음 날 포터 3명을 대동하고 4캠프를 설치할 계획이다. 그리고 다시 5캠프를 세우고 실버 새들 아래는 최후의 캠프, 즉 정상 공격을 위한 최종 캠프가 되는 것이다. 이 캠프에는 3개의 텐트를 가지고 올라가야 한다. 등반대원 4명과 포터 3명이 올라가서 그중 2명은 정상을 향하고, 나머지 한 사람은 서포트를 한다. 앞으로 2주일 있으면 만월滿月이다. 이때가 아마 정상 공격을 위한 절호의 시기일 것이다. 그때까지 날씨가 좋으면 좋으련만. 모쪼록 나의 성공을 빌어주길. 위쪽을 바라보고 있으면 모든 것이 당연한 일 같은 기분이 든다. 성공은 반드시 나에게 있음이 틀림없다. 나는 자신이 있다. 모든 것은 고소적응 여하에 달려 있다."

날이 새고 보니 텐트는 완전히 눈 속에 파묻혀 있었다. 쿠노가 우선 내가 밖으로 나갈 수 있도록 입구의 눈을 치워주었다. 다음 날 거센 눈보라는 그치고 퍽 따뜻한 날씨가 되었다. 아센브레너가 텐트를 100미터 정도 아래로 옮길 것을 명령했다. 현재 우리가 있는 곳이 바로 바람의 통로였기 때문이었다. 우리에게 이 명령은 그리 기분 좋은 일은 아니었으나 공손히 순종했다.

6월 18일 아침, 날씨가 쾌청하게 개었다. 온도계는 영하 21도를 가리키고 있었다. 나는 라키오트피크를 목표로 러셀을 했다. 눈은 1

주일 전보다 훨씬 깊었고, 밑을 알 수 없을 정도로 엉성한 분설粉雪이 6,000m 이상까지 맞구멍이라도 뚫려 있는 것처럼 허술하게 쌓여 있었다. 그렇다고 지금 새삼스럽게 계획을 변경할 수도 없는 노릇이었다. 우리는 라키오트피크를 향해 험준한 암벽 밑 눈 사면에 설동雪洞을 팠다. 파헤치는 도중 하나의 균열된 공간이 나왔다. 쿠노는 이쯤은 아무것도 아니라고 하면서 계속 파헤쳐 두 사람이 넉넉히 들어갈 수 있는 구멍을 만들었다. 균열된 속이 무척 넓어 눈을 사각으로 잘라서 메웠다. 균열로 인해 오히려 제설 작업은 약간 힘이 덜 들었다. 이 복잡한 작업을 끝내고 겨우 안도감을 안고 내려왔다.

다음 날 나는 켐터와 여러 명의 포터를 동반하고 다시 라키오트 빙벽 아래 능선에 올랐다. 다른 사람들은 하산했다. 켐터가 버너의 불길을 조절하고 있을 때 나는 삽을 들고 험준한 사면을 파헤쳐 그 속에 텐트를 쳤다. 텐트 밖에는 또다시 모진 바람이 눈보라를 일으키기 시작하고 능선 위에는 무서운 바람이 억센 소리를 지르고 있었다. 잠시 후 지난 흔적은 전혀 보이지도 않았다. 4캠프의 이러한 기후는 늘상 일어나는 일이다. 우리는 이제 무엇인가 보호받고 있다는 기분이 들었다. 텐트에서 찌걱찌걱하는 듣기 싫은 소리도 끊어졌다.

몹시 괴로운 잠에서 깨어난 나는 시계를 들여다보았다. 벌써 오전 8시다. 그러나 우리의 설동 속은 아직 캄캄했다. 침낭 위에 서리가 태양 빛에 반사되어 반짝이고 주위에 있는 모든 것은 다 얼어 있었다.

한쪽 구석으로 차디찬 공기가 스며들었다. 막아버린 균열 부위가 다시 입을 벌린 것이다. 출입구가 눈에 막혀버려 오늘 해야 할 일이 꽉 찰 정도로 많아졌다.

입구 앞에 든든히 쳐놓았던 텐트에는 눈이 1m가량 쌓여 있었다. 밖에 나가니 살을 에는 듯한 혹한풍이 일고 있었다. 잠시 후 우리는 250m의 보조 로프를 끌면서 험준한 절벽을 기어올랐다. 로프 무게 때문에 발밑으로 밀려 떨어질 것만 같았다. 아이젠 없이는 올라갈 수 없었다. 나는 로프를 어느 한 바위에 튼튼히 고정해놓고 어려운 일을 마쳤다는 시원한 마음에서 가벼운 걸음으로 하산했다. 오늘은 한 사람의 포터도 올라오지 않았다. 아아! 그들도 오늘 날씨가 심상치 않다는 것을 예측한 모양이다.

한밤중부터 또다시 무서운 눈보라가 휘돌기 시작했다. 순식간에 입구가 묻혀버린다. 다행히 나는 삽을 텐트 속에 넣어 두었었다. 균열은 다시 벌어져서 아가리를 드러냈다. 그러나 이것은 도리어 다행한 일일지도 모른다. 그렇지 않았다면 심한 호흡 곤란을 일으켰을지도 모른다. 호흡 곤란에 빠지지 않았지만 얼마 지나지 않아 통풍구도 싫어졌다. 모든 것이 짙은 안개에 싸였다. 우리 추측으로는 적어도 영하 20도 정도는 될 것 같았다. 장갑 없이는 아무것도 할 수가 없었다. 취사는 더욱 힘들었다. 옆에 있는 텐트는 완전히 눈에 묻혀버렸다. 사면斜面에 흘러 쏟아져 내리는 눈은 텐트와 사면 사이에 있는 균열 속으로 끊임없이 흘러들어 가고 있었다.

오전 8시 반 출발, 우리는 라키오트 절벽을 올랐다. 이번에도 100m 정도 로프를 가지고 갔다. 거의 빙벽 위에까지 닿았다. 몇 군데 바위에 피켈 한 개와 이전에 원정대들이 쓰던 허름한 텐트 지주로 로프를 고정했다.

트래버스를 해서 무어스 헤드Moor's Head까지 오니 반들반들한 푸른 빙벽이 나타났다. 여러 사람이 아이젠은 필요 없다고 말했지만, 이 푸른 빙벽에서 아이젠을 쓰게 되어 다행으로 여겼다. 나는 무너지기 쉬운 눈 위에 커다랗게 발판을 만들었다. 포터들도 올라갈 수 있도록 하기 위해서였다. 이 작업이 그렇게 쉬운 일은 아니었다. 이날 일기는 쾌청했지만, 바람이 세차게 불었다.

산정山頂 일대에는 무엇 하나 눈에 걸리는 것 없이 전망이 뻥 뚫렸다. 전위봉 바싱기레크와 어깨를 나란히 한 톱날 같은 산릉, 무어라고 형언할 수 없는 중압감을 가진 남벽은 실로 장관이었다. 우리는 표면이 얼어붙은 깊은 눈을 러셀 하며 라키오트피크 정상으로 향했다. 얼마 지나지 않아 정상 왼편으로 날카롭게 솟은 라키오트 침봉으로 진로를 돌렸다. 등반 의욕으로 마음이 설렜다. 나의 최초 7,000m 봉을 아내에게 선사하기 위해 이 뾰족이 솟은 암봉을 올라가고 싶었다. 높이는 20m 정도였으나 그리 쉬운 것은 아니었다.

바위 오르기에만 전념했던 나는 고소에서의 주의 사항을 잊어버릴 뻔했다. 바로 앞에 있는 1m가량의 수직 암봉을 오르기 위해 장갑을 벗었으나 내 손끝에 닿는 암석岩石의 촉감은 무어라고 형언할 수가 없었다. 정상은 간신히 혼자 설 만한 장소였다. 지도에는 7,070m로 표기되어 있다. 정상을 넘어 건너편 쪽으로 내려갔다. 물론 로프는 없었다. 그 이유는 로프를 트래버스 했던 곳에 두고 왔기 때문이었다. 그래서 세심한 주의가 필요했다. 왜냐하면 바로 내 발밑에 언제 어느 때 낙하할지도 모르는 거대한 눈 언덕이 돌출해 있었기 때문이다. 이러고 있는 사이에 쳄터가 나를 기다리고 있었다.

우리 두 사람은 검고 뾰족한 암벽 무어스 헤드로 내려왔다. 이 무어스 헤드 바로 옆 얼음 속에는 빌로 벨첸바흐Willo Welzenbach가 매장되어 있다. 설동을 파려고 삽을 들었으나 시간이 너무 늦었다. 남벽에서 눈안개가 자욱이 일어났다. 안개가 능선을 물들이며 단조로운 회색빛 장막으로 우리를 몰아넣었다.

갈라진 안개 장막 사이로 다시 루팔 계곡Rupal Valley을 내려다보니 아득히 먼 곳에 푸른 호수가 마치 수은같이 반짝이고 있었다. 그리고 머리 위 높은 산정엔 백설 피라미드가 기울어져 가는 석양을 받아 눈부시게 빛나고 있었다. 나는 내려오면서 험준한 빙벽을 깎아 단단한 스텝을 만들었다. 내일 포터들을 데리고 올라올 계획이기 때문이다. 4캠프 부근 가까이 좁은 대지 위에서 나는 다섯 개의 흑점을 보았다. 내일 일을 생각하니 마음이 한없이 부풀어 올랐다. "됐어. 이것 참

그만이야." 내일은 무어스 헤드에 올라갈 수 있다. 그리고 더 많이 전진할 수 있을 것이다. 그러나 그 기대는 어긋나고 말았다.

다음 날 아침 포터들이 병이 났다. 이들은 성을 공격하는 방식으로 정상에 오르려던 가장 우수한 포터들이었다. 희망은 점점 희박해졌다. 그들의 텐트를 들여다보니 마치 병원 같았다. 종종 우리 귀에 들리는 소리라고는 '비마루(병입니다)'라는 말밖에 없었다. 그들은 무엇 하나 먹지도 마시지도 않았다. 이번에는 정말 병이 든 것이 분명했다. 그러나 포터들은 하산할 생각조차 하지 않았다. 이때 또 눈이 내렸다. 마치 뭉게뭉게 서린 물속에 들어 있는 것 같았다. 우리는 포터들을 믿을 수가 없었다. 그렇다고 체념하고 후퇴해버릴 것인가? 그건 참으로 안 될 일이었다. 우리는 한층 더 분발하는 수밖에 없었다. 나는 포터들에게 가벼운 짐을 지고 무어스 헤드까지 올라가자고 제안했다. 그러나 답변은 동정 어린 미소뿐이었다. 나는 통조림을 배낭에 집어넣고 고무매트를 걸머지고 단신으로 올라갔다.

이것은 결코 즐겁고 만족할 일은 아니었다. 짐은 가벼운 것도 10kg이나 되었다. 어제 내가 만들어놓은 스텝은 아무 흔적도 없이 눈에 묻혀버렸다. 나는 다시 러셀을 하지 않을 수 없었다. 경사가 45도나 되는 험준한 사면에 짐을 내려놓았으나 쉴 수 있는 장소는 되지 못했다. 몇 시간 후 산릉에 이르러 겨우 짐을 내려놓았을 땐 극심한 피로를 느꼈다.

무어스 헤드의 트래버스 할 곳에 다시 고정 로프를 내려뜨리고 로프로 된 엘리베이터를 타고 빙벽으로 내려갔다. 눈보라가 쳐서 커튼이 잠시 열릴 때마다 4캠프 부근에 몇 개의 검은 점이 보였다. 나는 캠프에 묶여 있는 대원들이라 생각했다. 죽은 듯이 앓고 있던 포터들은 회복했을까? 배가 몹시 고파서 다시 설동으로 돌아왔다. 아침에 가루우유 한 잔만 타 마시고 떠났으니 그럴 법도 한 일이었다. 따뜻한 식사를 한 것은 늦은 저녁때였다. 이날 밤 몸은 몹시 괴로웠다. 나는 에르빈 슈나이더Erwin Schneider가 '몇 주일 내내 고지 캠프에서 체류하는 것보다 매주 한 번 비박을 하고 싶다'고 한 말이 몇 번이고 떠올랐다.

고소에서 심한 기침은 그리 쉽게 멈추지 않아 오랫동안 잠들 수 없었다. 따뜻한 맥주를 마셔보았으나 그것도 소용없는 일이었다. 천식에 가까운 기침이 어느 정도 가라앉을 무렵 머릿속이 샘물처럼 맑아져 잠은 고사하고 이런 일 저런 일이 뇌리에 맴돌았다. 여러 가지 생각에 몇 시간이 흘렀다. 나는 생각하지 않으려고 애를 썼으나 불과 몇 분도 지나지 않아 내 생각은 다시 저 높은 정상을 달리고 있었다. 이런 상태로 전진할 수 있는 묘안을 몇 번이고 생각해보았다. 나는 여러 번 이 산을 저주하고 싶었다. 결코 따뜻한 음식을 먹고 싶다든가 채소를 먹고 싶다든가 하는 일념에 못 이겨서 산에서 내려가지는 않을 것이었다. 나는 훗날 '저 사람은 최선을 다하지 않은 것 아닌가?'라는 비난을 듣고 싶지는 않았기 때문이다. 한밤중이 지나 나는 겨우 잠이 들었다. 이런 밤이 몇 번이고 지났다.

전날 포터들과 같이 올라온 쿠노는 매우 상태가 좋지 않아 보였다. 그는 가장 우수한 대원 중 한 사람이었으나 이번에는 확실히 병에 걸린 것 같았다. 쿠노는 퀠렌슈페르거와 포터들의 부축을 받으며 3캠프로 내려갔다. 이제 둘이 남게 되었다. 켐터와 나다. 우리는 고체 알코올 에스비트Esbit로 취사를 했지만 좀처럼 잘 되지 않았다. 미지근한 물을 만드는 데도 몇 시간을 소비해야 했다. 더욱이 텐트 안에는 지독한 연기가 가득해 눈보라 치는 밖으로 뛰어나가고 싶을 정도로 기분이 몹시 불쾌했다.

나는 실없이 평지의 일을 회상했다. 불이 활활 타오르는 광경을 잊어버린 지가 오래다. 먹을 것을 얼마든지 가지고 있으면서도 먹을 수 없다는 것은 참으로 어이가 없는 일이다. 점심시간 전에 내가 떨어진 석유를 가지러 3캠프에 내려갔을 때 켐터는 침낭 안에 있었다.

한낮에 나는 700m 아래에 있었다. 그곳은 정말 멋진 곳이었다. 붉은 태양이 빛나고 기온은 따뜻해 위와는 비교할 수 없이 느낌이 좋았다. 눈보라도 없어 마음 편히 밖에서 오랜 시간을 보낼 수도 있다. 버너불은 잘 붙었으며 식욕은 무서울 정도로 왕성했다. 불과 수백 미터 차이인데 이렇게도 많이 다른가 하고 놀라지 않을 수 없었다. 이날은 4캠프로 돌아가고 싶지 않았다. 나는 이 전진기지의 쾌적한 날을 맛보면서 마음껏 즐기기로 했다.

　다음 날 오전 9시 3명의 포터를 동반하고 위로 올라가는데 새로 쌓인 눈 속에서 어제의 발자취를 찾을 길이 없어 무척 고생했다. 켐터는 이제 설동 생활에 몸서리가 난다고 포터 한 사람을 데리고 내려가 버렸다. 남은 사람은 두 명의 훈자 포터와 나 세 사람뿐이었다. 버너는 모진 바람에 바로 꺼져버리고 만다. 한 시간쯤 걸려야 겨우 차를 끓일 수 있었다. 그러는 중에 포터 한 사람이 들어왔다. 그는 '차?' 하고 중얼거렸다. 차를 마시고 싶다는 것이었다. 물론 나는 그에게 차를 주었다. 누구보다도 먼저 포터에게 차를 주어야 한다. 결국 차를 마실 주인은 포터인 셈이다.

　만일 차를 안 주면 다음 날은 또 비마루(아프다. 힌두어), 즉 병에 걸렸다고 꾀병을 앓을 우려가 있기 때문이다. 나는 다시 눈을 녹였다. 이러저러다 보면 어느새 어두워진다. 촛불은 잘 붙지도 않고 바로 꺼져버린다. 촛불마저 꺼지고 보니 텐트 안은 암흑이 되어 성냥을 찾기도 힘들었다. 이러는 중에 미지근하던 물은 다시 식고 말았다. 간신히 버너에 불을 피우고 나니 이제는 석유가 떨어졌다. 이러는 동안 어느새 9시가 되었다. 인내忍耐.

　강렬한 폭풍이 또 불기 시작했다. 버너도 절망적이다. 바람을 견뎌내는 내풍耐風 성냥도 불이 번쩍 켜졌다가는 바로 꺼지고 만다. 열 개비 중에 간신히 한 개비 켜질까 할 정도였다. 불을 살펴봤댔자 심한 연기와 악취에 기침만 심해 부득이 텐트를 열어젖혔으나 퍼붓는 눈이 마구 쏟아져 들어온다. 삽시간에 텐트에 눈이 쌓였다. 겨우 버너에 불이 타오르기 시작했다. 나는 식사 대신 가루주스를 타 먹고 잠을 자기 위해 우울한 기분으로 침낭에 들어갔다.

다음 날 나는 7시에 기상해 다시 버너에 불을 붙여 눈을 녹이기 시작했다. 이때 텐트 밖에서 발소리가 들렸다. 내다보니 오다리가 눈을 파헤치고 있었다. 나는 큰 소리로 칭찬해주고 싶은 기분이었다. 그래서 주전자에 반이나 들어 있는 뜨거운 물을 포터에게 주며 이만한 물을 끓이는 데 한 시간 이상이 걸렸다고 말하고 눈을 좀 더 집어넣어 달라고 했다. 그랬더니 무슨 일인지 포터는 끓인 물을 다 쏟아버리고 빈 주전자를 돌려주는 것이 아닌가! 나는 참을 수 없어 텐트 밖으로 뛰어나가다가 아침 식사로 준비했던 소시지, 샐러드 등을 그만 발로 차서 내동댕이쳐버렸다. 그것들은 모두 고무매트 위에 흩어지고 말았다. 재수 없는 이 소동에 나는 기진맥진했다. 나는 포터에게 이와 같은 상태로는 하루 종일 걸려도 물을 끓일 수가 없다고 납득이 가도록 일러주었으나 포터는 아무 말도 없이 돌아가버렸다.

나는 다시 눈을 녹여 겨우 차를 데워놓고 옆 텐트에 있는 두 사람을 대여섯 번 소리 질러 불렀으나 그들은 대답이 없었다. 그래서 차를 갖다 주려고 나갔더니 그들은 또 병이라고 한다. 한 사람은 가슴이 아프다고 해서 곧 아래로 내려가라고 했다. 그러나 그들은 움직일 생각조차 없었다. 하는 수 없이 그들의 침구를 벗겨버렸다. 그랬더니 그는 다시 침구를 끌어당겨 뒤집어썼다. 그리고 동여맨 다리를 보여준다.

다시 맹렬한 바람이 불기 시작해 도저히 텐트 밖에서는 있을 수가 없었다. 이렇듯 참담한 상태에 나는 하산을 결심하지 않을 수 없었다. 두 사람은 텐트 입구를 막을 생각도 없이 당연한 것처럼 보고만 있었다. "좋다! 그러면 당신들의 주인인 내가 닫아주지."

다시 올라오기에는 2일간의 휴식이 필요했다. 3캠프에서 나의 정신 상태는 정상적이었다. 그래서 원기 왕성한 기분으로 4캠프로 향했다. 그때 베이스캠프에서 지령이 왔다.(내주 중 정상을 정복하지 않으면 그때에는…) 그때에는? 어찌한다는 거야?

아센브레너와 에르틀은 포터들을 라키오트 빙벽을 넘어 전진시키려고 힘을 다했으나 가망이 없었다. 그들은 4캠프 위로 올라갈 생각을 전혀 하지 않는다. 그러나 5캠프 없이 정상 공격이란 무의미한 것이다. 계곡에는 벌써 무거운 눈 덩어리가 굴러떨어지고 있었다. 몬순의 영향일까? 이쯤 되면 우리 계획은 여러 가지로 저항해오는 대자연에 대한 최후의 반항이었다.

발터와 쳄터, 퀠렌슈페르거 그리고 나는 다시 4캠프에서 대기했다. 산 일대는 깊은 안개가 쌓이고 대기는 무거웠다. 휴식을 해도 공기가 모자랄 정도였다. 막상 걸음을 걸으려니 질식할 것만 같았다. 포터들은 텐트 앞 눈 위에 무표정한 얼굴로 앉아 몰아치는 강풍에도 무감각했다. 우리 기분은 빙점氷點에 달하고 있다. 그러나 기상 담당 비터링은 누구의 의견에도 동의하지 않았다.

밤이 되니 날씨가 개었다. 보름달이어서 정상이 잘 보였다. 내 마음은 또다시 정상으로 달려가고 있었다. 나는 할 수만 있다면 지금 당장이라도 출발하고 싶은 심정이었다. 어느덧 나는 잠이 들면서 이 생각에서 풀려났다. 쳄터와 헤르만 퀠렌슈페르거는 더 이상 의욕이 없는 모양이었다. 그러나 나는 아직 단념할 수가 없었다. 나는 등반대장 발터 아센브레너가 한 말을 상기했다. 컨디션이 가장 좋은 사람이 정상을 가게 되는 것이고, 이때 상부상조相扶相助하는 것은 원래 당연한 일이다. 정상을 목표로 한 이 치열한 투쟁에 있어서 개인적인 고려를 해서는 안 된다. 더욱이 8,000m 이상에 이르러서는 어느 쪽이나 모두 각자 자기 자신이 맡은 일을 해야 한다. 나는 발터에게 개인 장비만 가지고 4명이 무어스 헤드 근방에 설동을 파자고 제안했다. 발터는 나의 제안을 거절하지 않았고 다른 일행들도 다 같이 호응했다.

아침에도 날씨는 좋았다. 나는 앞장서서 러셀을 했으며 뒤에 세 사람이 내 개인 장비를 등에 지고 따라왔다. 모두 다 고소의 영향으로 쇠약해져 있는 것이 눈에 뚜렷하게 보였다. 산에서는 끊임없이 작은 눈사태가 일어나고 있었다. 위험할 정도는 아닌 것 같았다. 단지 조금 찬 샤워를 하는 것 같은 정도였다.

오후 4시, 우리는 능선에 도착했다. 라키오트 정상으로 트래버스를 했다. 나는 뒤에 오는 사람이 편히 올 수 있도록 다시 한번 로프를 고정했다. 오늘 나의 컨디션은 나쁘지 않았다. 급하고 험한 빙벽을 트래버스 할 때 퀠렌슈페르거가 로프에 몸을 지나치게 기대어 피켈을 뽑다가 순간적으로 로프를 타고 거꾸로 미끄러져 내려갔다. 다행히도 사면이 아래로 갈수록 어느 정도 평탄해져서 내가 고정 로프 끄트머리를 겨우 잡을 수가 있었고, 그는 커다란 낭떠러지 직전에 추락을 멈췄다. 7,000m나 되는 고지에서 추락한다면 누구든지 겁에 질릴 것이다. 짙은 안개가 다시 우리를 둘러싸고 눈보라는 한층 더 기세를 올렸다. 그러나 날씨가 밤이 되면 개리라는 것을 대체로 알고 있었다.

무어스 헤드까지는 앞으로 30분은 걸릴 것이다. 때는 석양이 가까운 것 같았다. 그런데 그때 쾀터가 돌연 걸음을 멈추고 말했다. "이제 모두 돌아가자. 이 이상 더 전진한다는 것은 무의미한 일이다." 그의 제안은 이 순간 모든 사람에게 생각해볼 여유를 주었다. 얼마 후 대부분의 사람들도 돌아가고 싶은 마음이 생겼다. 처음부터 나는 누구에게나 폐를 끼치고 싶지는 않았지만 속으론 무척 분개하고 있었다. 지금까지 온 길을 무거운 짐을 그대로 지고 돌아갔다. 결국 아무것도 아닌 결과를 가지고 어두워지기 직전에 캠프로 돌아왔다.

밤이 되니 날씨가 개었다. 정상은 달빛을 안고 유혹하듯 빛나고 있었다. 이제는 모든 것이 싫어졌다. 이쯤 되면 나에게도 하고 싶은 심정이 생기지 않았다. 낮에는 강풍이 미칠 듯이 휘몰아쳤다.

7,000m 위에는 운해雲海가 없었다. 퀠렌슈페르거의 건강이 걱정되었다. 여기서 우리는 내려가기로 했다. 어쩌면 이것으로 끝나는 것이 아닐까 싶었다. 무거운 짐을 짊어지고 이제 다시 여기까지 올라올 수 없으리라고 생각했다. 텐트 밖으로 나왔다. 이때까지 없었던 거센 바람이 이는 날이다. 안개가 깊어져 겨우 2, 3m 앞만 보일 뿐이다. 희고 회색빛 도는 설원雪原 속으로 빠져드는 듯했다. 어디에도 붙을 곳이 없었다. 러셀을 했다. 잠시 후 발밑에 허공이 느껴졌다. 균열은 아니나 지금 내 눈에 들어온 것은 가슴이 싸늘해질 정도의 깊은 못이었다.

나는 남벽 위의 돌출된 눈 언덕 위에 서 있어서 약간 왼쪽으로 가는 수밖에 없었다. 사면이 급해지고 쏴 하는 소리가 났다. 대체 무슨 일인가? 몸에 소름이 끼친다. 눈이 움직이기 시작하자 내 발밑에서부터 눈사태가 시작되는 것이 보였다. 처음에는 조그마한 눈이 미끄러져 떨어진 것이 차츰 커져서 굉장한 눈사태로 퍼져나갔다. 우리는 눈길에서 발을 옮겨 어렵지 않게 내려올 수가 있었다. 황량한 눈 덩어리 벌판을 걷는 것 같았다. 이 부드러운 눈에 가슴까지 묻히면서 걷는 것이 아니라 그저 몸이 앞으로 끌려 나가는 것이다. 상반신이 자연히 앞으로 쏠리고 그 뒤에 다리만 끌어올리는 것에 불과했다. 륙색은 생각조차 나지 않았다. 이럴 때는 방향을 잃지 않으려고 온 신경을 집중하게 된다. 나는 다른 험준한 사면을 내려가보았다. 그러나 점점 더 험악할 뿐이어서 다시 돌아와 좌측으로 트래버스 했다. 그 순간은 극히 짧은 시간이었다. 안개는 맑게 개었다.

멀리 전방前方에는 얼음과 암석 사이가 커다랗게 입을 벌리고 있었다. 내가 방금 험준한 사면을 내려온 발자국에서 2, 3m 아래에는 높이가 50m쯤 되는 오버행 얼음 낭떠러지가 보였다. 위험한 상태에 있을 때 육감으로 판단해야 한다는 사실이 다시 확인됐다. 이번에도 사면은 험했다. 눈 덩어리가 아래로 굴러떨어지는 것을 보아 사면이 급해졌다는 것을 알 수 있었다. 죽음의 검은 실루엣이 떠올랐다. 길이 어긋나지는 않았을까? 그러나 나는 이 빙벽을 잘 기억하고 있었다.

나는 길을 아래로 잡았다. 산상山上에는 새로 내린 눈이 1m에서 2m가량 쌓였다. 겨우 3캠프 부근의 광활한 대지에 이르렀다. 이것으로 눈사태의 위험만은 피하게 되었다. 캠프는 어디에 있을까? 우리는 운이 매우 좋은 편이었다. 어쩐지 나는 오래된 발자국 위를 걷는 것 같았다. 왜냐하면 확실히 발 밑에 딱딱한 것을 밟고 있는 게 느껴지고 조금이라도 옆쪽으로 걸음을 옮기면 눈 속 깊이 빠졌기 때문이었다. 이 딱딱한 길만이 나의 유일한 길손이었다. 짙은 안개가 나를 놀렸다. 내 배후 우윳빛깔의 평탄한 곳에 하나의 그림자가 움직이고 있었다. 그림자의 윤곽을 확실히 볼 수 있을 때 그와 마주쳤다. 그 그림자는 발터였다. 희미하게 무엇인가 붉은 것이 보였다. 그렇다! 슈스타의 마크가 들어 있는 작은 깃발이었다. 나는 환호성을 질렀다.

다시금 100m가량 걸어서 우리는 취사용 텐트 앞에 섰다. 피로를 모르는 한스 에르틀이 맛 좋은 과자를 만들어주었다. 한스는 우리가 안개 속에서 나타나 그의 앞에 섰을 때 이것은 틀림없이 환상이라고 생각했다. 확실하게 우리라는 것을 알게 된 그는 이런 기후에 우리가 돌아오리라고는 생각지도 못했다고 한다. 한스는 여기에 혼자 있었다. 다른 사람들은 모두 휴식을 위해 베이스캠프에 가버리고 없었다. 그들은 이제 산에 대해 싫증을 느낀 모양이었다. 우리도 이쯤 되고 보니 별로 다를 바가 없었다. 정상 같은 건 한 푼의 가치도 없는 것이다.

한스는 우리가 연속된 실패로 기진맥진한 것을 보더니 나에게 용기를 주기 위해 이렇게 말했다. "몬순이 있어도 그 사이에 뭔가 해볼 수 있는 일도 있을 것일세." 오래 전 다이렌푸르트 교수와 같이 카라코람에 갔던 경험이 있기에 할 수 있는 말이다. 여하튼 식량은 충분하니까 구태여 산을 내려갈 이유는 없다. 한스가 이어 말하길, 2일 전에 포터 3명을 데리고 4캠프에서 내려왔을 때 텐트가 텅텅 비어 있었다고 한다. 그런데 돌연 포터 한 명이 텐트 속에서 기어 나와 서투른 영어로 아센브레너가 훈자 출신 포터들을 모두 하산시켜버렸다고 알려주었다. 이 사람만 혼자 남아 있었는데 그는 내려가고 싶지 않아 숨어 있었다고 한다. 이 사람은 우리 일행 중에 가장 우수한 포터였다. 우리는 너무 배가 고파서 한스가 만들어준 것으로는 충분히 배를 채울 수가 없었다.

음식 중에서 가장 맛있는 것은 산양 고기였다. 이 고기는 원래 포터들의 식량이다. 포터들은 우리가 식량을 같이 먹어도 그리 거리낌이 없었다. 설탕에 재운 복숭아를 먹었고, 밤에는 한스가 메뉴를 내놓고 몇 가지 수프를 만들어주었다. 이 수프는 맛이 좋았다. 하늘은 밤이 되면 맑아졌다. 이 밤은 편히 푹 쉴 수 있었다.

날이 새자 텐트 안으로 햇빛이 비쳤다. 우리는 모든 사정이 변해버린 것을 알았다. 일기는 쾌청했다. 하늘은 마치 광을 낸 거울같이 청청하게 맑았다. 정상의 현관이라 할 실버 새들은 우리 눈앞에 우뚝 솟아 찬란한 광채를 보내고, 멀리 아래 계곡은 마치 거칠었던 날씨의 남은 흔적인 양 커다란 뭉게구름 덩어리가 이제 막 흩어지려고 너울거리고 있었다. 그렇다면 그 몬순이 온다는 보도가 너무 빨랐던 것인가?

라왈핀디Rawalpindi 방송국 보도에 따르면 지금쯤 우리 머리 위엔 몬순의 폭풍우가 습격해 있어야 옳았다. 휴대 무전기가 울린다. 베이스캠프에서 가끔 부르는 신호다. 아센브레너가 내일 귀국한다는 보도다. 우리는 곧 베이스캠프로 돌아가야 했다. 모두 등반대장 아센브레너에게 작별 인사를 해야 한다고 했다. "내려오라고? 대체 무슨 일로?" 우리는 의아했다. "등정을 할 수 있는 마지막 기회에 하산하라고 하다니." 우리는 납득이 가지 않았다. 또 무전기가 운다. "전 대원 하산하라!" 우리에게 휴식이 필요하다는 것이었다. 며칠 전에 아센브레너는 무엇이라고 했던가? 지금이야말로 이를 악물고 힘을 다해야 한다고 하지 않았던가. 베이스캠프에서는 새로운 공격 계획이 서 있었다. "그 새로운 계획을 전화로 알려줄 순 없을까?" 하고 에르틀이 물어보았다. "안 돼. 하산하라." 수화기 속의 목소리가 날카로웠다.

에르틀도 참을 수 없어 베이스캠프의 대원들에게 우리 중에 치통이 있는 쾰렌슈페르거 이외에는 누구 하나 하산할 사람은 없다고 말했다. 우리는 고소에 잘 순응하고 있어 구태여 베이스캠프까지 휴식하러 내려갈 필요가 없으며, 이 좋은 절호의 천기天氣를 이용해 정상 공격을 하려고 했다. 그리고 우리에게 있어서 이 3캠프는 부족함이 없는 휴양소라고 설명했다. "우리가 있는 이 위쪽의 기후는 최상이다."라고 에르틀은 아래에 있는 대원들에게 이유를 말했다. "최후의 기회다. 희망이 있는 이 최후의 기회를 이용하려는 것이다." 이처럼 호소해보았으나 수화기 속의 음성은 단호히 즉각 하산하라는 것이었다.

에르틀은 각자 자신이 올바르다고 생각하는 대로 자유롭게 행동해도 무방하다고 말했다. 켐터도 내려가지 않겠다고 했다. 왜냐하면 이제 내려가면 다시는 못 올라오게 되기 때문이다. 이러는 동안 쓸데없이 시간만 낭비하게 될 것이고, 내려가는 건 이 중요한 시간을 취사용 텐트 속에서 보내라는 것과 같다는 것이 우리의 생각이었다.

무거운 분위기가 우리를 에워쌌다. 구태여 우리를 불러 내릴 필요가 있을까? 아무런 근거도 없지 않은가. 에르틀은 여러 가지 이유를 들어 설명하였으나 모두 거절당하고 말았다. 베이스캠프에서는 차후에 어떠한 일이 있더라도 지원하지 않겠다고 했다. 이 사실은 우리를 베이스캠프 대원들과 대립하게 했다. 이 대립은 도리어 우리의 결심을 한층 더 굳게 했다.

나는 아내에게 급히 편지를 썼다. "벌써 몇 주를 우리는 이 높은 곳에서 지냈다. 우리의 지난 노력이 수포로 돌아가는 것은 아닐까? 내일은 4캠프로 향하고 이어 실버 새들 바로 밑에 5캠프를 설치할 심산心算이다. 그리고 그곳에서 정상을 향하는 것이다. 뜻대로 되기만 하면 좋으련만. 그러나 설혹 마음대로 되지 않는다 해도 나의 책임은 아니다. 물론 나는 최선을 다할 작정이다. 여기서 한 가지 당신에게 말해두고 싶다. 만일 우리가 정상에 오르게 된다면 그것은 단지 우리 자신의 '괴아愧我의 공명功名*'일 것이다!" 취사용 텐트에서 보낸 이 밤은 참으로 역사적인 밤이었다.

… 그리고, 위(上)에서는

7월 1일 우리는 새벽부터 4캠프로 향하고 있었다. 저지대에도 구름이 사라지고 희미한 안개가 끼어 있었다. 틀림없이 좋은 징조이다. 계

---

* 부끄러운 나의 공명심이라는 의미. 서거정徐居正의 시 '愧我虛名已誤身'에서 차용한 것이다.

곡에는 안개가 약간 덮여 있을 뿐 시야에는 구름 한 점 없었다. 몹시 추울 뿐이다. 더 이상 바랄 게 있으랴! 이 모든 상황은 우리의 마음을 한층 더 약동躍動하게 했다. 나의 컨디션은 최적의 상태였다. 이처럼 기분 좋은 날은 처음 같았다. 끊임없는 설원, 눈 또 눈. 실새 없는 러셀의 연속에도 불구하고 나는 이렇게 느꼈다. 다 같이 원정 기간 내내 처음 느껴보는 만족한 기분이었다. 이번엔 틀림없이 성공할 것만 같았다. 우리 모두 같은 심정이었다. 8,000m 정상을 정복하기 위해서는 일정한 조건이 갖춰져야 한다.

　　그러나 이 모든 조건이 어느 하루에 완벽하게 갖추어진다는 것은 만에 한 번이나 있을까 말까 할 것이다. 대체로 인간의 심리 상태는 언제나 각양각색이다. 기분이 상승하는 때가 있는가 하면, 의기소침할 때도 있다. 어떤 일이 잘 풀리려면 적절한 재능을 지닌 사람이 마땅한 곳에 자리해 있어야 한다. 쳄터는 아직 건강이 회복되지 않아 3캠프에서 하루 더 휴식하고, 다음 날 포터와 같이 뒤따라 올라오겠다고 했다. 우리는 남은 3명의 포터를 데리고 갔다.

　　이 세 명의 훈자 포터를 후일 '타이거'라고 불렀다. 그들은 오늘 무엇이든 하려는 적극적인 기세를 보였으나 그들에게 지나치게 무거운 짐은 지우고 싶지 않았다. 무리하게 시키면, 다음 날 일에 지장이 있기 때문이다. 꼭 필요한 물건, 즉 텐트와 약간의 식량, 휴대 무전기만 가지고 가게 했다. 개인 장비는 각자가 가지고 가기로 했다. 별안간 베이스캠프로부터 무전기가 울려왔다. 에르틀이 수화기를 들었다.

또 우리를 불러 내리려는 후퇴 명령이었다. 에르틀은 베이스캠프에 있는 사람들의 정신 상태를 의심하지 않을 수 없었다. 우리가 보기에 그들의 사고는 독선과 고집에서 오는 것 같았다. 에르틀은 이 높은 곳에도 이제 눈보라가 자고 바람이 쉬고 있으니 아무런 장애 없이 전진할 수 있게 된 것을 베이스캠프에서도 반갑게 생각해줄 수 있지 않느냐고 설득하듯 말했다. 그런데 이번에는 아센브레너의 목소리가 들렸다. 그는 어제 등반대장의 임무를 프라우엔베르거에게 넘겨주었다. 서로 심한 말다툼이 바이에른Freistaat Bayern 사투리로 시작되었다. 아센브레너는 다시 등반대장의 임무를 받았다.

"자, 우리는 가자!" 한 시간 후 우리는 베이스캠프에 연락해, 현재 정상을 향해 등반 중이라는 것과 상당히 순조로운 진행이라고 전했더니, 그곳에서는 또 후퇴하라는 강경한 명령이 왔다. 이번에는 아우만Fritz Aumann이 그 명령을 전해왔다. 설득에 실패한 에르틀은 좋지 않은 어조로 전화를 끊었다. 전혀 희망이 없었다. 이것이 오늘 마지막 통화였다.

정오 무렵 우리는 4캠프에 도착했으나 캠프가 어디에 있는지 찾아낼 수가 없었다. 그저 평지에 덮여 있는 설원 군데군데 약간 두드러진 곳이 텐트일 것이다. 사면은 완전히 달라져 있었다. 힘든 제설 작업이 시작되었다. 우리는 스키 스틱을 사용해 텐트를 하나하나 찾아내야만 했다. 어떤 텐트는 1m가량 눈 밑에 묻혀 있는 것도 있었다. 아무리 찾아도 설동 입구를 찾을 수가 없었다. 귀중한 식량을 그 설동에 두었었다. 피켈로 겨우 설동을 찾아냈다. 좁은 설동 입구는 3m나 되는 눈 속에 깊이 묻혀 있었다. 몇 시간이 걸려 비로소 우리는 텐트를 파낼 수 있었다.

에르틀과 나는 각자 한 동의 로프를 륙색에 넣고 라키오트 빙벽을 올랐다. 고정된 로프가 커다란 역할을 해주었다. 얼마 후에 무어스 헤드를 향해 트래버스를 시작했다. 이 트래버스에서 남은 구간을 다시 200m 로프를 가지고 완전히 통과했다. 이 고도에서 하켄을 박는 것은 여간 힘든 일이 아니었다. 경사진 빙벽을 깎아 그곳에 확실한 스텝을 만들었다. 돌아올 때도 사용할 수 있도록 제대로 만든 스텝이다. 우리는 이튿날 포터들을 대동하고 이곳을 오를 것이다. 이것으로 4캠프에서 무어스 헤드까지 완전히 로프를 고정할 수 있었다. 우리는 간신히 마음을 놓았다. 저녁 7시 피로한 몸으로 텐트로 돌아왔다. 대단한 작업이었다. 오늘 일은 다행히도 순조롭게 잘되었다.

다음 날 새벽, 잠이 없는 에르틀이 시간이 다 되었다고 깨웠다. 두통이 있다는 포터들에게 약을 한 알씩 먹였더니 금방 나아서 대단히 의욕적인 표정들이다. 발터는 어제 하루 귀중한 준비 작업을 해주었다. 오늘 필요한 모든 준비를 끝내고 난 나는 포터들에게 아이젠을 맞춰주었다. 포터들은 요사이 줄곧 우리에게 마치 피서객과 같은 대우를 받고 있었다. 근실한 신자인 발터도 이때만은 알라신에게 기도를 올렸다. 제발 포터들 모두 다 같이 가게 해주었으면 하는 생각에서였다.

별안간 베이스캠프에서 호출이 왔다. 도대체 무슨 일이 생겼나? 이번에는 올라가도 좋다는 건가. 그러나 아래에 있는 일행들은 아직도 후퇴 명령을 완고하게 되풀이하고 있을 뿐이다. 30분간이나 문답을 주고받았다. 발터는 끝내 아래에 있는 일행들의 입에서 다음과 같은 양보의 말을 들을 수 있었다. "이렇게 된 이상 할 수 없다. 여러분의 성공을 기원한다."

우리는 홀가분한 기분에 마음이 놓였다. 켐터도 우리와 합류했다. 그는 오늘 원기 왕성한 모양이다. 드디어 우리 일행은 전열戰列을 갖추었다. 등반대원 네 명과 포터 네 명, 내가 앞에 서서 러셀을 했다. 등반로를 걷기 좋게 만들기 위함이었다. 내 뒤에는 에르틀이 무거운 촬영기를 메고 따라왔다. 에르틀은 등반 상황을 촬영했다. 그 뒤를 포터들이 마음 좋은 '사부'라고 부르는 발터가 따랐다. 포터를 다루는 데는 발터를 따를 사람이 없었다. 포터들은 로프로 연결해서 발터 뒤를 따르고 있었다. 맨 뒤에는 켐터가 있었다. 나는 기쁜 마음을 억제할 수 없었다. "봐요. 포터들이 따라 올라오고 있지 않은가!" 아니 그것 뿐인가. 포터들이 암벽과 빙벽 사이의 균열 진 곳을 넘어 올라오는 것을 본 우리의 얼굴에는 희망과 힘이 넘쳤다. 그들은 깊이 갈라진 낭떠러지도 무서워하지 않았다. 이 빙벽도 이제는 그렇게까지 무섭게 느끼지 않을 것 같았다. 대견한 일이다. 왜냐하면 우리 왼쪽 바로 옆 빙벽은 험준한 선을 그리며 루팔 계곡의 푸른 골짜기 밑으로 멀어져 내려가고 있었기 때문이었다.

우리는 어느 정도 짧은 시간에 라키오트피크의 트래버스 장소 바로 밑까지 올라왔다. 나는 이 순간에도 로프에 매달려 로프를 눈 속에 더 견고하게 고정하려고 애를 썼다. 피켈로 여기저기 찾아보았으나 견고한 곳을 발견하지 못했다. 이때까지 포터들은 라키오트 끝에서 기다리고 있었다. 마침내 가까스로 한 곳에 고정할 수 있었다. 포터들은 조심스럽게 따라 올라왔다. 그러나 마데이는 돌아가야 했다. 그의 발이 너무 커서 그에게 맞는 아이젠이 없었기 때문이다. 아이젠 없이 험준한 암벽과 결빙된 사면을 통과하는 것은 불가능하다. 발터는 4캠프로 내려가는 마데이의 짐을 맡아주었다.

찬바람에 딱딱해진 눈 속을 러셀 하면서 라키오트피크와 실버 새들이 이어지는 산릉까지 도달하느라 힘이 많이 들었다. 모두 능선에서 다시 합류했다. 여기서 나는 주위를 볼 수 있는 여유가 생겼다. 험준한 사면은 발 밑에서 2캠프가 있는 평탄한 빙하까지 쭉 뻗어 있다. 바로 밑으로는 마치 암초와도 같은 라거슈포룬이 보였다. 바로 그 빙하 근처에 몇 개의 흑점이 눈에 띄었다. 그것들은 보일 듯 말듯 극히 작았다. 텐트였다. 그리고 더 밑에는 회색빛 쇄석磈石으로 덮인 혀 모양의 암초와 같은 라키오트 빙하가 있다. 라키오트 빙하는 뱀처럼 굴곡을 이루며 '멜핑비이제'라는 옛이야기에 나오는 초원을 거쳐 다토를 향해 흘러내리고 있었다. 평탄한 라키오트 빙하 저 밑 제일 최후의 활 모양으로 굽은 부근에 베이스캠프가 있을 것이다. 저 부근 일대는 녹색이다. 저 밑에서는 우리가 잘 보일까? 저 멀리 카라코람의 가셔브룸, K2, 라카포시의 멋들어진 피라미드형 산맥 그리고 수많은 무명봉들이 우리를 부르는 듯하였다.

남측에는 깎아 세운 듯한 장대한 벽의 맨 꼭대기 정상 부분만 눈에 띄었다. 낭가파르바트 정상에서 500m나 되는 이 남벽은 지구상에서 최고의 암벽이다. 또한 내가 앞장서서 러셀을 하는데 이 이상 정상 가까이 더 올라간다는 것은 기대할 수 없었다. 그러나 1m라도 고도를 높이고 싶은 강력한 의욕이 앞섰다. 새로운 인상의 연속이었다. 즐비하게 서 있는 호쾌한 눈 언덕 위에서 무어스 헤드를 목표로 러셀을 계속했다. 그곳에는 우리가 지난번에 두고 왔던 국자가 있었다.

높이가 약 6,900m나 되는 곳에 깊게 깎인 아주 협소하고 평탄한 지점으로 내려갔다. 예리한 능선이 저쪽 실버 새들 쪽으로 높아졌다. 나는 묵묵히 올라갔다. 정상을 향해 올라가는 최후의 캠프를 좀 더 높은 곳에 설치하고 싶었다. 그런데 별안간 뒤에서 무엇인가 인기척 소리가 들려 살펴보았더니 포터들이 짐을 내던지고 있었다. 나는 또 하는 수 없이 되돌아 내려갈 수밖에 없었다. 우리는 포터들을 화나게 하면서까지 올라가고 싶은 마음은 없었다. 포터들은 내일도 계속 일을 해야 하니까. '보도아쟈'라는 칭찬의 말을 던지고 그들의 어깨를 툭툭 치면서 노고를 위로했다. 나는 그들 곁을 떠났다. 한스와 발터는 될 수 있는 한 위에 남아 있고 싶어했으나 그렇게 하지 못했다. 컨디션은 좋았으나 포터들을 데리고 하산해야 했다. 정상 공격용 텐트 외에 아무것도 없는 5캠프에는 두 사람밖에 있을 수가 없었다.

연장자인 두 사람은 넓은 아량으로 등정을 포기하고 젊은 우리 두 사람에게 기회를 주었다. 그들은 우리의 등정을 충심으로 빌며 작별 인사를 하고 4캠프로 향했다. 우리 두 사람은 전적으로 믿을 수 있는 두 대원이 배후에서 지원해준다는 것이 무엇보다 마음 든든했다. 우리들 4명의 뒤에는 높이 3,000m의 공간이 있을 뿐이다.

이미 아래와 연락은 중단되었다. 중간 캠프에는 아무도 없다. 극히 협소하고 평탄한 지대의 눈을 단단하게 발로 다지고 정상 공격용 텐트를 쳤다. 어느덧 태양은 실버 새들 뒤로 넘어가고, 저녁 한기寒氣가 우리 텐트 속으로 몰아쳤다. 이것저것 륙색에 넣고 내일을 위해 차를 끓였다. 어느새 7월 2일 최후 몇 시간이 흘렀다.

날이 어두워져서 우리는 침낭에 들어가 프리무스 버너 곁에 웅크리고 있었다. "우리가 이렇게 웅크리고 있을 필요는 없지 않을까? 괜찮다면 나는 잠시라도 눕고 싶은데. 그 대신에 내일 아침 식사는 내가 준비할 테니!"하고 켐터에게 물었더니 그도 찬성했다. 나는 몹시 피로감을 느꼈다. 며칠 전의 그 고통스러운 기침이 다시 시작되기 전에 잠들려고 애를 썼다. 이미 밤 8시였다. 잡념을 버리려고 눈을 감으려 했으나 전과 같이 이것저것 번잡한 공상에 잠겼다. 밤이 깊어질수록 머리는 예민해졌다. 한 시간쯤 지나 켐터가 촛불을 껐다. 나의 공상은 다시 저 높은 정상으로 달려갔다. 우리가 내일 잘 해낼 것인가? 나에게 내일이란 성공하느냐 아니면 실패하느냐가 결정되는 중대한 날이다. 우리와 정상 사이의 높이는 1,200m이며 직선거리는 6km나 된다. 이 거리는 오늘날까지 히말라야에서 돌파한 사실이 없는 경이적인 거리이다. 그야말로 상식적인 거리를 훨씬 넘는다는 것은 알고도 남음이 있다. 그렇다고 유달리 어떠한 방법이 있을까? 포터들은 우리와 같이 등정하지 않을 것이 뻔했다.

우리만 등정할 수밖에 없었다. 보통은 전진하면서 2, 3개의 캠프를 쳐야 하지만 더 이상 캠프는 없다. 어느덧 나는 등반로 전 지역을 뛰어넘는 스스로를 상상한다. 실버 새들과 연결되는 만년설의 능선을 알고 있었다. 이 능선에서 훨씬 높이 올라가면 갑자기 험준해진다. 푸른 얼음이 없으면 좋을 텐데 만일 있다면 뜻밖에 많은 시간이 걸릴지도 모를 일이다. 아센브레너는 5시간은 족히 필요할 것이라고 말했다. 그곳은 대설원 지대이다. 굉장히 길어서 몹시 육체를 혹사하는 구간이다. 다만 바라는 것은 대설원의 많은 눈에 빠지지 않으면 좋겠다는 것뿐이다. 마침내 설원을 통과하고 나니 이제는 전방이 묘연해진다. 여기서부터 새로운 미지의 등반로가 시작되는 것이다. 바즈힌 갭 Bazhin Gap으로 내려가는 곳은 과연 어떻게 될 것인가? 저편 넘어 연결되는 능선은? 그 루트는 언제나 비교적 순탄한 것으로 판단되었다.

능선에서 정상으로 가는 마지막 지역을 슈나이더Erwin Schneider[*]는 마치 모조리 깎아 훑은 초원草原과 같다고 말했다. 손수레나 소형 자동차까지 어느 것이나 다 지나갈 만하다고. 결국 모든 것은 고도 순응에 달려 있다는 것이다. 그러나 머리를 써야 할 것은 정상에서 되돌아오는 중에 전위봉 등반을 어떻게 하느냐 하는 것이었다. 이 등반은 100m나 된다. 그렇다고 전위봉을 제거할 수도 없는 일이다. 캠프로 돌아오려면 전위봉을 넘어야 했다. 만일 그전에 지친다면 어떻게 될 것인가? 그렇다면 이 등반은 성공하기 어려울 것이다. 그러나 주저할 수는 없다. 어떤 방법을 써서라도 돌파해야 한다. 하여튼 다음 날 승부가 결정된다. 자신과의 싸움도.

켐터는 내 곁에서 잠들었는지 꼼짝도 하지 않는다. 돌연 맹렬한 바람이 불기 시작했다. 세찬 바람은 텐트를 흔들고, 내 머리는 텐트 지붕에 눌려 나도 모르게 텐트 가운데로 밀려갔다. 바람은 태풍과 같

[*] 1906-1987. 오스트리아 등반가. 종송피크Jongsong Peak와 시울라그란데Siula Grande
를 초등했다. 1934년 낭가파르바트 원정대(대장 빌리 메르클) 대원으로 아센브레너와 함께
7,700m까지 등반했다. 포터 11명, 대원 5명이 등반 중 폭풍을 만나 대장 메르클과 대원
발첸바흐, 빌란드를 포함하여 9명이 사망했다.

은 속도로 능선을 넘어 휙! 휙! 소리를 내며 남벽을 쥐고 흔들었다. 우리 텐트는 능선 눈 언덕에서 불과 5m밖에 떨어져 있지 않았고, 능선 배후에는 거대한 낭떠러지가 있었다. 보통 길이의 짧은 말뚝으로 텐트를 눈 속에 고정했다. 세찬 바람에 날려 텐트와 같이 남벽 밑으로 떨어지지나 않을까 염려스러워서 소름이 오싹 끼쳤다. 이때 어떻게 해야 할지 방법을 찾을 겨를도 없었다. 그러나 무엇이든 해야 했다.

만일 세찬 바람이 텐트 밑으로 불어닥치는 경우 모든 것이 실패로 끝나고 만다. 따뜻한 침낭에서 나와 텐트 밖으로 나설 때까지는 비상한 각오가 필요했다. 하늘은 맑았으나 세찬 바람은 나를 넘어뜨릴 기세로 세게 불었다. 스키, 스틱 전부를 사용해 세찬 바람이 부딪치는 쪽을 튼튼하게 고정했다. 안심하고 누웠다. 얼마든지 뒤흔들어라. 내일 새벽까지만 참아라. 또다시 이것저것 번잡한 공상으로 몇 시간을 보냈다. 좀체 잠이 오지 않는다. 한밤중을 지나자 세찬 바람도 어지간히 누그러졌다. 시계를 봤다. 12시 30분, 아직 일어나기에는 이르다. 하여튼 많은 시간이 필요했기 때문에 출발 시간을 2시로 정했다. 어두워져서 되돌아오는 것이 싫었기 때문이다. 비로소 예정 시간이 되었다. 야광 시계의 지침은 1시를 가리킨다.

나는 침낭 속에서 옷을 매만졌다. 등산화를 신고, 바지 혁대를 조였다. 또한 지금까지 충분히 효과를 본 스패츠도 착용했다. 오늘은 특히 하늘색의 나일론 원단으로 만든 하의를 입고, 셔츠는 세 벌이나 겹쳐 입었다. 버너에 불을 붙이고 따뜻한 차를 준비했다. 1시 30분. 켐터도 기상할 시간이다. "켐터 일어나. 시간이 되었어!" 나는 소리쳤다. 대답이 없었다. 자고 있었다. 나는 더 큰 소리로 외치며 그를 흔들었다. "야, 들었니? 곧 2시야. 빨리 출발해야지." 켐터는 무어라 중얼거렸다. 내가 들은 것은 "아직 일러. 약속은 3시 아냐." "그렇지만 많은 시간이 걸릴 거야. 거리는 멀고 어두워서 되돌아오는 것은 싫을 텐데." 내가 말했다. 벌써 2시가 넘었다.

켐터는 꼼짝하지 않았다. 나로서는 무슨 영문인지 알 수 없었다. "켐터, 어떻게 된 거야? 가고 싶지 않아? 여기까지 와서. 지금 정상으로 가야 하는데 웬일이야!" 이렇게 외치며 나는 켐터를 흔들어 깨웠다. 그러자 그가 침낭 속에서 작은 목소리로 중얼거리듯 말했다. "응, 출발할 생각이 없어. 모두 귀찮아." 나는 단독으로라도 출발하려고 륙색을 매만졌다. 베이컨, 데키스트로, 오보스폴트 그리고 몇 개의 빵을 더 집어넣었다. 방한구와 아그파 카메라 그리고 에르틀이 볼리비아에서 가지고 온 코코아를 담은 소형 써모스 보온병과 아이젠을 륙색에 넣었다. 건조 과일 한 봉지와 어제 에르틀이 준 파키스탄 국기, 티롤Tyrol의 소형 깃발도 물론 넣었다. 이 소형 깃발은 인스부르크 중앙 터미널을 출발할 때 나와 쿠노가 우리 클럽을 위해 정상에 가지고 가기로 약속한 것이었다.

그리고 동상에 걸리지 않도록 혈액 순환을 촉진하는 파두틴

padutin 몇 알도 챙겼다. 또한 최악의 사태가 발생할 경우를 생각해서 베이스캠프에서부터 줄곧 휴대해온 각성제 몇 알도 가지고 가기로 했다.

내가 텐트에서 나올 때 이미 2시 30분이 넘었다. 켐터가 일어났다. 출발하려는 것일까? 잠시 말을 건넸다. 그도 가겠다고 한다. 나는 베이컨을 켐터의 륙색에 넣었다. "내 발자국을 찾아서 나를 따라오게. 내가 먼저 러셀 하고 있을 테니." 나는 텐트를 나섰다. 바람은 확실히 잠잠해졌다. 머리 위에는 별들이 반짝였다. 날씨는 매우 추웠다. 초승달이 실버 새들의 예리한 만년설에 덮인 능선을 어렴풋이 비친다.

검은 실버 새들의 두 봉우리 사이에 있는 얼음 대지가 마치 번쩍이는 혁대와 같이 활 모양을 그리며 뻗어 있었다. 피켈은 필요치 않아 륙색 뒤에 매달아두고 두 개의 스틱을 사용했다. 윈드 크러스트로 상태가 좋지 않아 전진하는 데 힘이 들었다. 언제까지나 이런 상태가 아니면 좋을 텐데. 나는 능선으로 올라가보았으나 여기도 똑같은 눈이었다. 마침내 큰 그림자가 나타났다. 앞에는 마치 거대한 건조물과도 같은 눈 벽이 우뚝 솟아 있었다. 이것이 바로 눈으로 만들어진 쇼무로레이다. 1934년에 이곳에 7캠프를 설치했었다. 당시 이곳에는 14명의 우수한 셰르파가 올라와 있었다. 그리고 그 위에 있는 실버 새들에는 셰르파를 동반한 11명의 원정대가 도착한 적이 있었다. 그러나 탁

월한 등산가들이 망라된 이 원정대는 비극적인 최후를 맞아 사람들을 몹시 놀라게 했다. 이 일을 생각하니 내 마음은 슬픔으로 가득했다. 그러나 죽는다는 것을 생각해서는 안 된다. 특히 단독으로 걷고 있을 때, 그런 번민은 좋은 일이 아니다.

험준한 린네Rinne를 지나 능선에 올라섰다. 여전히 눈이 깊었다. 이 눈은 차츰 나아졌으나, 반면에 사면은 더 급해졌다. 오른쪽에 깊은 낭떠러지가 있다는 것을 예감했다. 역시 그곳에는 검은 구멍이 보였다. 능선은 바람에 쓸려 단단해서 오히려 고마웠다. 아이젠을 사용할 정도로 굳어 있었다. 주위의 적막을 깨뜨리는 소리는 열 개의 아이젠 발톱이 빙설을 찌르는 소리뿐이었다. 잠시 후 또다시 거센 바람이 불어왔다. 이번에는 남벽에서 불어오는 바람이 살을 에는 듯 추웠다.

방향을 바꿔 북쪽으로 향했다. 차례차례 험준한 선을 그으며 고도를 높였다. 커다란 눈 언덕이 허물어져 떨어져 있는 남측을 돌았다. 이곳은 바람이 눈을 몰고 와 깊이 쌓여 있었다. 린네 좌우에는 검은 눈 언덕과 암봉의 실루엣이 즐비하게 서 있었다. 잘 보이지는 않았지만 여기서 한 발자국만 잘못 딛는 날이면 무서운 힘에 실려 수천 미터 밑바닥으로 추락해버린다는 것을 알 수 있었다.

이제 달그림자를 볼 수 없었다. 실버 새들 너머로 숨어버렸기 때문이다. 그래도 길은 잘 알아볼 수 있었다. 험준한 사면 북쪽을 트래버스 했다. 나는 이런 좋은 컨디션으로 걸을 수 있어 매우 만족했다.

한 발자국마다 두 번의 호흡이 필요했다. 이것은 놀라울 정도로 적은 횟수이다. 능선은 점점 험해졌다. 나는 차츰차츰 왼쪽에 있는 실버 새들의 바위와 가까워졌다. 북동쪽으로 한 가닥 빛이 번쩍였다. 카라코람산맥 저편에 새빨간 태양이 천천히 떠올랐다. 오늘은 참 좋은 날씨가 될 것 같았다. 멀고 먼 저편까지 하늘은 맑게 개어 있었으나, 계곡에는 아직 엷은 안개가 가시지 않았다. 저 밑에서는 틀림없이 사람들이 아직 잠자고 있을 것이다.

오전 5시, 나는 눈 위에 앉아서 한 조각 빵을 씹으며 밝기 시작하는 하늘의 변화를 바라보았다. 내 눈앞은 점점 풍부하고 신비로운 세계가 전개되고 있었다. 꿈에서 본 광대廣大한 전망이 지금 내 눈앞에 펼쳐진 것이다. 저쪽에는 웅장한 암봉이 보인다. 그곳이 바로 무즈타그 타워Muztagh Tower가 틀림없다. 바로 오른쪽에는 돌로미테Dolomites와 같은 무수한 검은 암봉이 높이 솟아 있다. 내 발자국을 돌아봤다. 그때 저 아래에 작은 점이 하나 보였다. 저건 분명 캠터일 거다. 약 1시간 정도 거리였다.

태양은 화력火力을 뿜었다. 나는 햇빛을 온몸으로 마음껏 받았다. 여기까지 와서 보니 부드러운 활 모양의 실버 새들이 가까이 보였다. 무엇인가 반짝반짝 빛나고 있었다. 푸른 얼음일까? 앞으로 30분 후면 저편 위에 올라서게 될 것이다. 머리 위에는 커다란 눈 언덕이 있었다.

다시 올라가기 시작했다. 아직 윈드 크러스트나 스카부라(찬바람이 설면을 가르면서 통과할 때 생기는 균열) 등 표면이 거칠게 딱딱해진 눈이 나타났다. 그러나 그 밑에 있을 견고한 눈에 안심이 되었다. 자! 이제 비로소 전부터 반짝이던 장소에 도착했다. 이것은 푸른 얼음이었다.

신중하게 한 발 한 발 디딜 자리를 깎아나갔다. 여기서부터 조심에 조심을 거듭하는 이유는 아주 작은 부주의라 할지라도 큰 사고로 이어질 수 있기 때문이다. 조금이라도 미끄러지면 2캠프 부근 2,000m 높이까지 떨어지게 될 것이다. 앞으로 30분이면 저 높이까지 올라갈 수 있을 것 같았다. 그러나 이미 1시간이나 올라왔는데도 불구하고 실버 새들은 여전히 이전과 같은 거리에 있었다. 공기가 희박한 탓으로 측정 능력이 떨어져 계산 능력에 이상이 생겼다. 2시간 만에 내 눈앞에 광대한 설원이 펼쳐졌다. 바람에 실려 높이 쌓인 눈, 그 사이에 낀 푸른 얼음, 여기가 실버 새들이다.

드디어 정상 문 앞에 이르렀다. 나는 긴장하며 등반했다. 사면은 아직 누그러지지 않고 험한 길이 계속된다. 저편에 어렴풋이 첨봉이 머리를 내밀었다. 내가 전진할수록 그것은 점점 커졌다. 전위봉前衛峰이었다. 차츰 대설원의 구석구석이 내려다보이는 곳에 이르렀다. 실로 웅대한 설원이었다. 나는 실버 새들의 가장 높은 곳에 선 것이다. 그곳은 대설원의 한 부분이었다. 높이는 7,450m였다. 나는 눈 위에 앉았다. 중요한 것은 써모스 보온병에 있는 한 모금의 물을 마시는 일이었다. 켐터는 이제야 트래버스가 시작되는 곳을 오르고 있었다.

좌우에는 실버 새들의 호쾌한 암석 지주가 높이 솟아 있었다. 서쪽 봉우리는 거의 날카로워 등반 의욕을 충동하기에 충분한 자태였다. 인더스강 건너편에 넓게 펼쳐진 힌스크슈와 카라코람Karakoram이 보였다. 멀리 보이는 것이 바로 파미르Pamir의 산들이 틀림없다. 그쪽은 러시아 영역이었다. 이제 오랫동안 있을 수 없었다. 목적지는 아직도 멀었고, 시간을 효율적으로 사용해야 했다. 켐터가 올 때까지 기다려야 할지 잠시 생각에 잠겼다. 켐터는 머지않아 나를 따라올 것이다.

어쨌든 이제부터 매우 험하고 힘든 길이다. 그야말로 오르막과 내리막이 끝이 없는 길이다. 마치 1m 높이 계단을 넘는 장애물 경기 같았다. 굳은 설면에 몸을 걸치고 스틱으로 받치면서 다음 구렁텅이를 뛰어넘었다. 휘감기는 물살이 순간적으로 엉키는 것 같았다. 저쪽까지 3km나 되었다. 처음에 나는 그렇게 긴 줄 몰랐다. 가도 가도 끝이 없었다. 나중에는 납과 같이 무거운 나른함이 온몸에 가득 찼다. 결국 나 자신도 모르게 다른 사람이 된 것만 같았다. 왜 이럴까? 이것이 '죽음의 지대'라는 것일까?

고도계의 지침은 7,500m를 가리키고 있었다. 나는 이 높은 곳에서도 활발한 행동 능력을 지닌 몇 사람의 등반가가 있었다는 것을 알고 있었다. 그들은 나의 경우와 똑같이 인공적인 산소를 사용하지 않

낭가파르바트의 위용

고 적절히 고소에 순응했다. 그래서 한 발자국 전진하는 데 5회씩 호흡이 필요했다. 이런 등정은 대단히 고통스러웠다.

태양 빛은 점차 따뜻해졌다. 따뜻하다기보다는 따가울 정도였다. 복사열 온도라고 해야 할까? 이상한 것을 느꼈다. 눈은 건조하고 공기는 찬데 무자비하게 내리쬐는 태양 빛에 온몸이 말라 점막이 일어날 정도다. 태양광선은 무거운 짐처럼 전신을 덮어 눌렀다. 나는 눈 위에 주저앉고 말았다. 휴식 중에 무언가 먹으려고 했으나 입에 맞는 음식이 없었다. 베이컨은 먹을 수 있을 것만 같았다. 그러나 그것은 캠터의 륙색에 있었다. 할 수 없이 일어섰다. 나는 고통을 느끼면서 온몸에 힘을 바싹 주었다. 점차 빈번하게 쉬어야만 했다. 나는 대설원의 끝까지 몸을 이끌고 갔다. 혹시 남벽에서 시원한 바람이 불어오지 않을까? 그런데 대기大氣는 의외로 미동도 하지 않았다. 몬순이 시작되기 직전 수일간은 언제나 이런 것일까? 영국 등반대도 모름지기 에베레스트에서 이런 날씨를 이용했을 것이다.

이런 높은 곳에서 바람이 없는 날은 1년에 며칠에 불과하다. 그러나 이 기간은 극히 위험하다. 돌발적으로 폭풍이 습격하기 때문이다. 나는 19년 전 이미 전위봉 밑까지 등정한 바 있던 아센브레너와 슈나이더Erwin Schneider의 말을 떠올렸다. 그들은 자신들이 피운 담배 연기가 일직선으로 상승하더라는 이야기를 들려주었다. 그러나 다음 날에 지옥과 같은 세계로 변했다.

사면은 험준한 선을 그은 듯 앞의 봉우리를 향해 높아 갔다. 이때가 오전 10시였고, 나는 눈 위에 누워 있었다. 륙색에 얼굴을 파묻고 고통에 신음했다. 어떻게 된 일인지 이제는 더 이상 이겨낼 수가 없을 것만 같았다. 저쪽 실버 새들에서 하나의 흑점이 보였다. 캠터였다. 캠터를 생각하자 아쉬움이 이루 말할 수 없이 컸다. 그가 지금 내 곁에 있어 주면 얼마나 좋을까? 나는 공복空腹이라 그런지 지쳐버렸다. 목이 말라서 더 그런가? 그렇지 않으면 실제로 고소의 고통을 느끼고 있는 것일까? 이제야 앞에 바즈힌 갭이 보였다. 거의 내가 있는 곳과 같은 높이였고 그리 멀지도 않았다. 그러나 바로 앞쪽에는 수직 암벽으로 연결된 남벽이 있다. 이 남벽을 통과한다는 것은 자살행위와 같다. 이 요철로 된 전위봉을 어떻게 하면 돌아갈 수 있을까? 나는 무척 골치를 앓았다. 혹시나 북측으로 통할 수 있지 않을까?

저녁까지는 되돌아올 수 있을 것이다. 그렇다면 나는 좀 몸을 쉬어야겠다. 륙색은 갈수록 무거워 어깨가 떨어지는 것 같았다. 그리 무거운 륙색은 아니나 이렇게 높은 곳에선 1g도 절절하게 무겁다. 식량은 이제 나에게 소용이 없다. 먹으려 해도 어떤 것도 목에 넘어가지 않았다. 여기까지 가져왔던 식량은 버려야 했다.

켐터가 오는 쪽을 돌아보았다. 그러나 검은 점은 조금도 움직이는 기색이 없어 더 이상 기다리고 있을 수는 없었다. 나는 륙색을 응달진 동굴 속으로 밀어 넣고 아노라크anorak을 허리에 감고 피켈을 옆구리에 찼다. 그리고 정상용 깃발을 아노라크 포켓에 깊이 넣었다. 카메라를 어깨에 메고 예비 필름을 챙겼다. 나는 스키 스틱에 의지해 전진했다. 그러다 두꺼운 내의를 륙색에 넣어둔 것이 생각났다. 그러나 몇 발자국을 되돌아갈 용기가 없었다. 나는 내가 입고 있는 엷은 재킷이면 충분하다고 자위해버렸다. 저녁까지는 반드시 이곳으로 되돌아올 거라고 생각했다. 처음에는 몸이 퍽 가벼워진 것 같더니 얼마 가지 않아서 잘 알려진 현상이 나타났다. 휴식한 후 일어나서 출발하려면 적지 않은 의지력이 필요했다. 아무 대책 없이 여기에서 그냥 누워서 잠자고 싶었다. 실버 새들의 배후에 나타난 인더스 계곡은 어슴푸레한 배경이 되어 내 눈을 즐겁게 해주었다.

　잠시나마 거추장스러운 고글을 벗어버리고 싶었으나 사진 찍을 때를 생각해 그냥 두었다. 햇빛은 매우 눈부셨다. 군데군데 누가 보아도 곧 알아볼 수 있는 작은 균열이 입을 벌리고 있어서 그것을 피해서 지나갔다. 나는 어느새 높이 7,800m의 전위봉 바로 아래에 이르렀다. 여기서부터 북쪽으로 트래버스 해 갈수록 끝이 없는 플라토를 지나 홀로 외로운 걸음을 재촉했다.

　뒤를 돌아보니 실버 새들 바로 밑에서 녹두 알만한 크기로 켐터가 보였다. 그는 아마 등정을 단념한 것 같았다. 그는 움직이지 않았다. 나는 어떻게든 단독으로라도 등정하려고 했다. 무슨 일이 있더라도 전위봉을 확실히 올라갈 수 있을 것 같았다. 그러나 7,910m의 미등봉은 굉장한 높이였다. 이곳까지 와서 전위봉 등정으로 그쳐서는 안 된다. 하나의 플라토에 도착하면, 또 하나의 플라토가 나타났다. 나는 전위봉 40m 밑 작은 기레트에 도달했다. 여기가 바로 고소 대설원 지대로서는 가장 높은 곳이다. 짧은 사면이 전위봉을 향해서 높아가고 있다. 그러나 전위봉에 올라가지 않기로 했다. 남아 있는 힘을 아끼기 위해서였다.

　내 발 밑에 디아미르Diamir 빙하가 보였다. 안전하고도 확실한 통로였지만 저쪽을 지나게 되면 불행하게도 고도를 떨어뜨린다. 여기서도 바즈헌 갭으로 내려가는 방법이 있을 것이다. 눈앞에는 험준한 바위의 급사면이 보였다. 처녀지處女地, 그야말로 사람의 발길이 닿지 않은 지대이다. 멀리 험준한 눈밭이 보인다. 건너편에는 칼날 같은 암릉과 몇 개의 린네가 뻗친 암벽이 하늘 높이 솟아 있었다.

지금 여기서 고도를 낮춘다는 것은 견딜 수 없이 뼈에 사무치는 일이 될 것이다. 맞은편 높은 곳으로 빨리 올라가고 싶었다. 린네를 지나 내려갔다. 좌측 암석 덩어리가 있는 바위를 지나 트래버스 하다 수직 암벽에 부딪히고 말았다. 이 암벽을 오른다는 것은 상상도 못 할 어려운 일이다. 나는 서 있을 힘조차 없어 몇 번이고 바위 위에 주저앉아버렸다. 그대로 잠들고만 싶었다. 기진맥진했다. 그러나 전진하지 않으면 안 되었다. 정상이 연거푸 나를 유혹했다. 눈에 보이지 않는 힘─마신魔神이 나를 불러일으켜 한 발자국씩 전진하게 해주었다. 나는 먼저 온 곳에 내려갔다가 다시 올라왔다. 이번에는 어떻게 해서든지 가능할 것만 같았다. 얼음에 묻힌 린네가 하나 있었다. 또다시 나는 불안한 의문이 일었다. 이곳을 통과해 저쪽에 보이는 암각을 돌아서 전진할 수는 있겠지만, 과연 돌아올 때 또다시 이곳을 지나갈 수 있는 힘이 남아 있을까?

나는 각성제를 생각했다. 나는 이 약의 효과와 또한 그 부작용도 알고 있었기 때문에 지금이야말로 자신과의 싸움뿐이었다. 신체는 각성제를 갈망하나 마음은 그것을 물리치고 있다. 아마 바즈힌 갭까지는 이대로 갈 수 있을 것이다.

　　오후 2시 나는 전위봉과 주봉 사이 7,800m 높이에서 깊이 갈라진 곳에 섰다. 피로에 지친 몸을 눈 속에 내던졌다. 허기로 생긴 고통과 갈증에 신음했다. 마지막에 먹을 음식물을 남겨놔야 했기에 애써 참으며 아끼려 했다. 지금 각성제를 먹으면, 이 고통이 순간 사라질지도 모른다. 두세 시간 있으면 고통이 다시 돌아오더라도 그때까지는 약효가 지속될 것으로 생각했다. 부작용을 주저하면서도 나는 두 알을 입에 넣었다. 효과가 있었는지 전진할 수 있었다. 아마 각성제가 없었더라면 더 이상 전진할 수 없었을 것이다. 그래서 나는 각성제의 부작용에 대해 뭐라 말하지는 못하겠다.

　　다시 몸에 힘을 주어 거대한 눈 언덕이 즐비한 곁을 따라 올라가니 비로소 내 눈앞에 암릉이 어깨와 나란히 높아갔다. 나는 가끔 4캠프와 무어스 헤드에서 이 암릉을 바라보았었지만 확실한 판단을 할 수 없었다. 나는 회의적이었다. 나의 비관주의적 태도가 나타난 것이다. 예리한 암릉이 높이 솟았다. 톱날과도 같은 험준한 암릉이 돌기 상태로 연속해 즐비하게 솟아 있지 않은가? 돌탑은 마치 사람의 접근을 허락하지 않는다는 자태로 나를 내려다보고 있었다. 그 주위는 깊은 눈을 뒤집어쓰고 결빙되어 있다. 저 아득한 절정에는 칼날같이 위협적인 암릉의 눈 언덕이 자리하고 있다.

우측에는 꾸불꾸불한 암벽이 수백 미터나 되는 디아미르 빙하까지 뻗치고 있다. 거기서부터 밑에는 어떻게 되었는지 보이지 않았다. 좌측에는 다만 거대한 남벽이 있다는 것만 알고 있었다. 습관에 따라 나는 우측 암벽을 가능한 수단을 써서 하산하려고 했다. 마침내 그 벽을 돌파할 수 있는 몇 개의 장소를 발견했다. 능선이 아니라면 이곳이 유일한 통로였다. 눈길을 통과하자 험준한 바위가 우툴두툴 솟아 있었다.

나는 칼날같이 예리한 만년설의 능선에 섰다. 암릉이 시작되는 바로 밑이었다. 발밑에서부터 연결된 루팔 계곡으로 떨어지는 사면을 바라보았다. 그것은 5,000m쯤 되는 것 같았다. 그러나 나는 이 경관에서 대단한 감동을 받기보다는 덤덤했다. 이런 경관에 감격하기에는 너무나 무뎌져 있었다.

바위 위를 지나는 것이 좋을까? 클라이밍을 해야 되는 것은 아닐까? 다행히 클라이밍을 하지 않아도 되었다. 그러나 좋은 것도 잠시뿐이었다. 매우 짧은 벽들이 있는 곳에서 상상 이상으로 피로에 지쳐버린 나는 아무 생각 없이 주저앉아버렸다. 한참 동안 숨을 쉬며 휴식을 취하고 나서야 비로소 나는 칼날과도 같은 뾰족한 능선에 다가섰다. 우측의 번들번들한 암석을 피하기 위해 눈 언덕 위를 걸었다. 할 수 있을까? 갈라진 곳에서 남측으로 빠지는 무서운 낭떠러지가 보였다. 그 맨 꼭대기 부분도 마찬가지였다. 마치 아이거 북벽과 같았다.

바위 꼭대기 일대의 우아한 눈 언덕이 무너져 떨어질 것 같은 교량처럼 걸쳐 있었다.

눈앞에 또 수직 계단이 나타났다. 나는 오르고 싶었다. 눈이 가득 쌓인 틈새를 더듬어 기어올랐다. 마지막 남은 힘으로 바위틈 위에 몸을 올려놓고 그때부터 긴 시간을 평탄한 바위에 엎드려 희박한 공기를 마시며 헐떡였다. 다시 몸을 일으켰다. 저 정상이 눈앞에 보이는 듯했지만, 실은 머나먼 거리였다. 나는 절망에 사로잡혔다. 그렇다고 체념할 수는 없었다. 여기서부터는 다시는 정상을 쳐다보지 않기로 했다. 쳐다본들 가까워지는 것도 아니다. 그러니 수백 미터 전방 가까운 지점만 보기로 했다.

나는 정상을 향해 그저 걷고 또 걷는다. 그저 올라갈 뿐이다. 이렇게 몇 시간을 걸었다. 나는 다만 계속 위로 올라갔다. 내가 보는 것은 눈앞 몇 미터 지점이었다. 눈앞에 보이는 꼭대기에 다다르면 다시 높은 곳이 없을 때까지 전진했다. 나는 이미 여러 차례 경험한 이전의 등산을 통해 목표를 눈앞에 두고 체념하지 않는 습관을 몸에 익혔다. 되돌아간다든가 체념한다든가 하는 것은 오직 의지부족 때문이다. 나는 지금까지 그런 일이 없었다. 하지만 여기서는 내 의지로 전진하는 것이 아니다. 피로에 기진맥진한 육체를 이끌고 가는 것은 내가 알 수 없는, 저항할 수도 없는 어떤 힘이다.

마침내 주봉 능선이 내 시야에 들어왔다. 능선은 전과 달리 평탄했다. 가장 힘든 곳을 모두 돌파했다고 생각을 했으나, 그렇게 생각하는 순간 눈앞에 예기치도 않은 험준한 돌탑이 또 나타났다. '장다름 gendarme'이 나타나 곧잘 길을 막곤 하는데, 이 놈은 너무 높고 험해 나에게 멈추라고 명령하는 것 같았다. 약 60m 높이에 대부분 수직으로 서 있는 이 암벽은 분명치는 않으나 능선이 갈라진 곳에 솟아 있을 것이다. 양쪽은 험하게 결빙된 눈에 덮여 있었다. 이제 정상이 멀지 않았는데 여기서 다시 물러나야 하는 것일까? 아무리 생각해도 그럴 수밖에 없을 것 같았다.

　수직으로 등반한다는 것은 불가능한 일이었다. 첫째 로프가 없었다. 클라이밍에 필요한 도구도 휴대하지 않았다. 또, 그러한 도구가 준비되어 있다고 한들, '어떻게 사용할 것인가! 나는 단독등반을 하고 있지 않은가!' 우선 남쪽은 제쳐놓고 유일한 가능성을 찾아서 돌탑 북쪽을 뚫기로 작정했다. 나는 경도가 약한 암반지대를 횡단했다. 계속해서 얼음이 나타났다. 이것을 넘으니 조그마한 수직 벽이 토막 토막 겹쳐 있었다. 이것도 마찬가지로 경도가 극히 약했다. 산 중턱에는 바위가 여기저기 흩어져 있었다. 바위 모서리를 돌아 30m쯤 오버행으로 전진하다 낭떠러지와 마주쳤다. 족히 5m는 될 것 같았다. 밑으로 한줄기 험준한 눈이 쌓인 린네가 맞은편까지 뻗어 있는 것이 보였다. 이 린네는 능선으로 올라가고 있었다. 그러나 어떻게 저 린네에 발을 붙일 수 있을지 알 수가 없었다. 아래나 위로 가려고 해도 오버행으로 된 낭떠러지가 장애물이었다. 나는 여기서 온 힘을 다하기로 각오했다. 되든 안 되든 부딪혀보는 것이다.

아이젠을 신은 채 점차 급해지는 암벽을 기어올랐다. 녹슨 것 같은 갈색 편마암이었다. 한 줄기 갈라진 틈이 유일하게 오를 수 있는 길이었다. 고향 산에서 흔히 그랬듯 장갑을 끼고 갈라진 바위틈 사이에 손을 쑥 집어넣는 주먹 재밍으로 몸을 지탱했다. 재빨리 올라가지 않으면 안 된다. 불과 10m이다. 그런데 좁게 금이 간 바위틈에 아이젠이 끼었다. 손끝이 끊어져나갈 것만 같이 저렸다. 이렇게 힘든 등반은 처음이었다. 아마 바쯔망 동벽의 자룻불그루트에서 볼 수 있는 악전고투의 장소와 비교할 수 있을 것이다.

나는 내 주위의 모든 것을 잊어버렸다. 내 자신이 낭가파르바트에 있다는 사실조차 염두에 두지 않았다. 단지 머리에는 한 가지 문제만 있었다. 그저 온 힘을 다 하는 것뿐이었다. 오로지 이 생각만 했다. 입을 악물고 2, 3m를 기어올랐다. 손에서 맥이 완전히 빠져버렸다. 때마침 손잡이를 찾아냈다. 이렇게 수직 암벽을 돌파했다.

지금 올라온 길은 낭떠러지 바로 옆이었다. 아직 린네 속에 들어가 있지 않지만 마지막 수단으로 린네를 지나야만 했다. 오버행 비슷한 바위에 손 크기의 말뚝이 뻗어 있었다. 그 위는 손잡이가 될 만한 단단한 암석이었다. 아이젠 발톱은 발 디딜 곳 없는 바위를 긁었다. 전신에 힘을 주었다. 참으로 묘한 일이다. 나는 낭떠러지 밑을 전혀 보지 않았다. 눈앞 불과 2, 3m 거리가 내가 갈 수 있는 세계였다. 이곳에서 나는 많은 시간을 썼다.

또 손가락에 통증이 왔다. 그러나 이겨내야 했다. 앞으로 겨우 몇 미터이다. 이제 능선까지의 길이 잘 보인다. 기어코 나는 린네 속에 들어섰다. 여기 오기까지 마음이 퍽 불안했다. 이제 돌탑이 내 뒤에 있었다. 계속해서 평탄한 바위를 넘자 이번에는 눈앞에 험준하고 단단한 눈밭이 펼쳐져 있었다. 긴장한 마음이 다소 풀렸다. 나는 다시 낭가파르바트에 있음을 느꼈다.

맹렬한 피로감이 엄습했다. 나는 녹초가 되어 쓰러지듯 주저앉았다. 공기를 찾아 신음하며 살기 위해 필요한 산소를 얻기 위한 투쟁을 계속했다. 고소에 따른 특이한 현상이 나타났다. 이것은 한층 더 강력했다. 아마 내 목이 말라서인가? 1m, 1m 전진하는 것은 오로지 나와의 싸움이다. 나는 자신에게 채찍을 가하면서 발을 옮겼다. 그리고 마침내 능선 끝에 섰다. 8,000m가 넘는 높이다. 저녁 6시였다. 이렇게 늦었다는 것을 알고 나는 놀랐다.

바즈힌 갭에서 여기까지 1시간이면 충분할 것으로 생각했지만 이제 더 이상 전진할 수 없었다. 정상이 내 눈앞에 있는 듯 손을 뻗으면 닿을 것같이 가까이 보였다. 그러나 정상까지 올라간다는 것은 생각지도 못했다. 내 컨디션으로는 정상은 아직도 무한無限히 먼 곳에 있었다. 정상 플라토에서 최후의 물 한 모금을 마셨다. 이제는 어떻게

든 될 것 같았다. 아마 각성제가 효력을 나타낸 것 같다. 나는 조금 기운을 회복했다. 특별히 필요치 않은 짐들은 전부 바위 위에 남겨두고 발을 옮겼다. 피켈과 정상에 꽂을 작은 깃발 그리고 카메라만이 나와 동행했다.

나는 수평 암릉을 따라서 말로 표현하지 못할 고통을 느끼며 전진을 계속했다. 이제 영혼만이 나를 지배했다. 이 영혼은 다만 높은 곳에 올라간다는 것 외에는 아무 생각도 없었다. 육체는 올라갈 수 없는 상태였다. 다만 영혼이 기계적으로 육체를 움직여 앞으로 나아가게 했다.

남쪽은 깎아 세운 눈과 얼음 사면이었다. 북쪽에는 뜻밖에도 바위와 거대한 암석 덩어리가 노출되어 있었다. 바위는 험준한 선을 그리며 높이 솟아 있었다. 나는 매우 놀랐다. 바위에 눈이 하나도 묻어 있지 않은 것은 무엇 때문일까? 바람이 바위 위의 눈을 날려 보낸 것일까? 나는 린네를 가로지르고 작은 눈밭을 넘어 고생하며 바위를 기어올랐다. 이제야 정상 바로 밑에 도달했다.

머리 위에 돌출된 바위가 하나 보였다. 이것은 제일 높은 곳에 보이는 지점이다. 이 바위 뒤가 정상임에 틀림없다. 앞으로 얼마나 걸릴까? 거기까지 갈 힘이 있으면 좋을 텐데. 이 불안감은 언제나 나를 따라다녔다. 더 이상 똑바로 서 있을 수가 없었다. 나는 다 늙어 빠진 인간 그대로였다. 다만 엎드려 네 발로 기어서 조금씩 전진했다. 점점 돌출된 바위가 가까워진다. 불안한 마음을 가슴에 품고 이 바위를 향해 가까이 갔다. 저 뒤에는 무엇이 있을까? 그러나 의외의 광경을 보자 마음이 놓였다. 단지 한 개의 구덩이와 약간의 눈 사면 그리고 수 미터의 사면이 있을 뿐이었다.

몸이 무척 편안해졌다. 나는 끝내 이 산의 최고 지점 8,125m 낭가파르바트의 정상에 섰다. 이제 어디를 보아도 더 높은 곳은 없었다. 정상은 좁고 평탄한 설면이었다. 벌써 오후 7시다. 나는 지금 궁극의 소망이었던 곳, 지구가 생긴 뒤 맨 처음 이곳에 오른 인간으로 서 있는 것이다. 그러나 도취할 만한 행복감을 느낄 수 없다. 환호성을 지를 만한 환희도 느낄 수 없다. 승리자가 간직하는 그 엄숙함도 느낄 수가 없다. 이 순간 어떤 생각도 떠오르지 않았다. 나는 완전히 기진해버린 것이다. 몸을 가누지 못하고 그대로 눈 위에 쓰러졌다. 마치 미리부터 연습이나 한 것처럼 나는 그저 자동적으로 피켈을 굳은 눈 속에 푹 꽂았다.

여기까지 17시간 동안 꾸준히 걸었다. 한 발 한 발이 투쟁이었다. 그것은 언어로써 표현할 수 없는 의지의 긴장과 노력이었다. 나는 이제 올라가지 않아서 좋았고 더 이상 앞길을 생각하지 않아서 좋았다. 그저 즐거웠다. 얼마나 더, 얼마나 더 남았을까 하며 불안한 마음으로 위를 쳐다볼 필요가 없어서 마음이 홀가분했다. 나는 아노락 속에서 티롤의 작은 깃발을 꺼내 피켈에 잡아매었다. 해는 이미 지평선에 가까웠다. 급히 서둘러야 했다. 나는 황급히 사진을 몇 장 더 찍을 셈이었다. 무릎을 꿇고 몸을 낮춰 구부렸다. 전경에는 작은 깃발이 달린 피켈이, 배후에는 마침 실버 새들과 대설원의 일부와 남벽의 낭떠러지가 내려다보였다. 저 밑은 벌써 저녁노을이 길게 짙어졌다. 그리고 실버 새들에는 분명한 스카브라가 보였다.

5캠프로 내려가는 능선의 광경도 셔터로 캐치했다. 피켈 너머로 아주 멀리 무수히 적고도 얇은 힌두쿠시Hindu Kush Mts.와 카라코람의 산들이 보였다. 찍은 필름을 감아서 조심히 빼놓았다. 나는 이 사진이 갖는 의의가 얼마나 중대한가를 잘 알고 있었다. 다시 새 아그파 컬러 필름을 장전했다. 극심한 피로에도 불구하고 나는 이러한 과정을 정확하게 실행했다. 그리고 인스부르크Innsbruck의 클럽 동료들과의 약속을 끝마쳤다. 티롤의 작은 깃발을 풀어서 집어넣었다. 그리고 약속대로 파키스탄 국기를 피켈에 잡아맸다. 재빨리 여러 번 셔터를 눌렀다. 광선이 너무 약해 노출계의 도움을 빌려야 했다. 전위봉을 향해 라키오트피크를 내려다보는 장면 한 장과 바로 밑에 보이는 루팔 계곡을 배경으로 해서 또 한 장을 찍었다.

이것으로 충분한 기록 사진이 되었기에 카메라를 챙겼다. 그제야 비로소 서서히 주위를 관망할 수 있었다. 이 좁은 정상의 평탄한 장소로부터 모든 방향으로 험준한 사면이 엄청나게 깊은 계곡으로 떨어지고 있었다. 사면은 곧 시야에서 사라져버렸다. 그리고 다시 여러 방향으로 깨진 돌에 덮인 빙하가 계곡 방면으로 뻗어 있었다. 그 모습을 보고 있자니 마치 모든 것 위에 떠 있는 듯 지면地面과 전혀 접촉하지 않고 이 세상 혹은 인간계人間界에서 동떨어져 있는 것 같다는 생각이 들었다.

나는 마치 육지에서 멀리 떨어져 있는 바다의 외로운 섬에 홀로 남아 있는 기분이었다. 북쪽으로 100km 이상 저 멀리 산줄기가 뻗어 있다. 동쪽에는 거의 같은 무수한 뫼 뿌리들이 바다 모양의 빙설에 덮여 있는데, 아직까지 올라가지도, 탐색한 적도 없는 곳, 바로 이곳이 히말라야이다. 내가 여기서 바로 내려다볼 수 있는 것은 이 광대한 산줄기의 극히 작은 부분에 불과하다. 눈이 닿는 서쪽 끝을 보면 거기에도 또한 산과 산이 파도치고 있다. 다만 남쪽만은 어둠에 어린 평지를 향해 깊이 떨어지고 있었다. 그곳이 바로 인도와 파키스탄이다. 바로 발밑은 마치 구릉지와 같이 5,000m 봉우리들이 솟아 있다. 또한 산정山頂에는 약간의 눈이 띠를 이루고 있어 대략 그 높이는 알 수 있다.

이러한 산과 산을 넘어서 내가 정상에 서 있는 낭가의 피라미드가 던지는 커다란 그림자가 아득한 저편 평야까지 뻗고 있었다. 하늘은 맑고 구름 한 점 없었다. 기분이 홀가분해졌다. 비로소 태양은 겹겹이 쌓인 산등성이 뒤로 넘어갔다. 잠깐 사이에 몹시 추워졌다. 벌써 30분은 경과한 것 같았다. 나는 내려가기로 하고 일어섰다. 등정한 증거로, 왜냐하면 아무도 내가 올라왔다는 것을 본 사람이 없으니까,

또한 상징으로 피켈에 녹색 바탕의 흰 반달과 별이 새겨진 파키스탄 국기를 잡아맨 채 남겨두고 가기로 했다.

그리고 제일 높은 바위 위에 몇 개의 돌을 쌓아 작은 돌탑을 만들었다. 그러나 이 일도 빨리 끝마쳐야 했다. 몹시 힘이 든다. "자. 이 정도면 괜찮겠지!" 이것으로 인간의 손으로 만들어진 것이 여기에 세워졌다. 또 한 번 정상을 돌아봤다. 그리고 정상을 뒤로했을 때 또 하나의 약속이 생각나서 다시 두세 발자국 뒤로 돌아가 최고점에 있던 작은 돌을 주머니에 넣었다. 이 돌은 집에서 불안한 마음으로 고대하고 있는 아내에게 가져다주기 위한 것이었다. 비로소 나는 능선을 타고 내려가기 시작했다. 그런데 이번엔 컨디션의 변화가 느껴졌다. 별안간 몸에 힘이 솟아올랐다. 무엇 때문일까? 목적을 달성한 데서 오는 충만감 때문일까? 올라갈 때는 네 발로 기어서 지나간 곳을 이제는 껑충껑충 바위에서 바위를 뛰어 내려왔다. 얼마 지나지 않아 짐을 놓아둔 장소에 다다랐다.

나는 여기서부터 급경사진 암릉을 내려가기 힘들다는 것을 알았다. 저 최후의 돌탑, 올라갈 때는 어찌어찌 해치웠는데 이번엔 도저히 어려울 것 같았다. 나는 로프가 없었다. 결국 다른 길을 찾아야 했다. 잘하면 이 눈밭을 지나 내려갈 수 있을 것 같았다. 밑으로 내려가면 린네가 있을 것이다. 실은 올라올 때 나는 우측 사면을 자세히 정찰해놓았는데 이때 여러 가지 통할 수 있는 길을 봐두었다. 그곳이라면 통과할 수 있을 것이다. 400m 가량 밑 바위 근처에서 아마도 쉽게 눈 사면을 지나 전위봉 밑까지 갈 수 있을 것이다. 저 아래는 58년 전 최고의 등반가인 머메리Albert Frederick Mummery가 등반했던 린네가 있다. 그러나 낭가파르바트와 빙하는 그 용감한 사나이의 숭고한 묘비가 되었다. 그 낭가파르바트의 정상에 내가 최초로 발자취를 남기게 되었다. 이 사실을 아직도 나는 확실히 실감할 수 없었다. 나는 다만 계곡으로 빨리 돌아가고 싶었다. 인간이 사는 곳으로, 생활이 있는 곳으로 돌아가고만 싶었다.

북쪽으로 방향을 잡고 얼음 사면을 계속 내려갔다. 사면의 눈 상태는 좋은 편이었으나 어디까지 갈 수 있을지 알 수 없었다. 아이젠은 나를 위해 훌륭하게 효력을 발휘했다. 두 개의 스키 스틱이 아이스 피켈의 대용이 될 수는 없으니까. 나중에 스키 스틱 없이 가는 것보다 차라리 지금 피켈 없이 참는 것이 더 좋다고 생각했다.

나는 또한 어두워지기 전에 바즈힌 갭에 도착했으면 했다. 야밤에 달그림자를 이용해 고도高度의 설원을 넘어 5캠프에 갈 수 있다면 이렇게 높은 곳에서 비박하지 않아도 된다. 이때 돌연 오른발에 무엇인가 흔들리는 것 같은 이상한 감각을 느꼈다. 무슨 일인가 살펴보니

---

* 1855-1895. 1895년 8월 24일 낭가파르바트 디아미르 벽 등반을 포기하고 가닐로피크에서 라키오트 계곡으로 등정을 시도하다가 구르카인 두 명과 함께 실종됐다. 저서로 『알프스에서 카프카스로』가 있다.

아이젠이 내 발에서 풀어져 벗겨져버렸다. 이 상황에 아이젠까지 없다면 진퇴양난에 빠지게 될 것이다. 나는 재빨리 손을 내밀어서 아차하는 순간에 벗겨진 아이젠을 손에 잡을 수가 있었다. 그러나 대신 아이젠 밴드는 잃어버렸다. 당시 나는 노끈 하나도 가지고 있지 않았다. 설사 있다고 해도 이렇게 위험한 위치에서 이 자세로 어떻게 아이젠을 신을 수가 있겠는가. 나는 한 발로 서 있다. 두 개의 스키 스틱이 유일한 구세주였다.

오른쪽도 왼쪽도, 위도 아래도 바람에 단단하게 굳은 험준한 눈과 얼음이다. 어떻게 하면 이곳을 돌파할 수 있을까? 스키 스틱 끝으로 조그마한 발디딤을 만들었다. 한쪽 아이젠이 있는 발을 한 발자국 나가서 아이젠 발톱으로 발붙일 곳을 찾을 때까지 잠시 아이젠 없는 신발을 유지하기 위해 설면을 긁었다. 실로 모험적인 코스였다. 이렇게 나는 우선 하나의 슈퍼린네에 매달렸다. 이대로 마냥 내려갈 수는 없었기에 될 수 있는 한 지름길로 이 사면을 탈출하고자 능선을 향해 트래버스 했다. 그리고 몇 개의 슈퍼린네를 넘어서 마침내 등산화 고무 밑창으로 바위를 굳게 디딜 수 있었다. 몽유병자와 같은 걸음걸이였지만 이렇게 나는 이 사면에서 빠져나왔다. 달리 설명할 도리가 없다.

다시 험한 돌탑 뒤에 있는 린네로 돌아왔다. 이곳은 급히 지나갈 수 있었으나 주의력을 총집중하지 않을 수 없었다. 어찌나 집중을 했던지 그 순간엔 내가 이렇게 높은 곳에 있다는 사실조차 잊을 뻔했다. 바위는 어느 정도 평탄했다. 나는 어렵게 손으로 잡을 곳 하나 없는 갈라진 곳을 따라 내려갔다. 그런데 별안간 캄캄해졌다. 벌써 밤이 됐나? 정신없이 내려왔기 때문에 시간을 잊고 있었다. 나는 당황해 더 안전한 장소를 찾았다. 지금 있는 곳은 서 있기도 힘든 곳이다. 놀라울 정도로 잠깐 사이에 사방이 어두워졌다. 아마 이곳은 황혼이 없는 것 같았다. 밤을 지낼 만한 장소가 있을까? 겨우 안전한 장소를 찾아낸 나는 그제야 안심할 수 있었다.

발 디딤은 그럭저럭 두 다리를 받쳐주었다. 앉자니 장소가 좁았다. 하는 수 없이 서 있을 수밖에 없었다. 산릉 쪽을 올려다보니 암벽에 검은 그림자가 보였다. 거대한 암석 덩어리였다. 저기까지 가면 혹시 앉을 곳이 있지 않을까? 또 모르지. 누울 곳이 있을지도. 그러나 번들번들하게 결빙된 얼음 위로 올라간다는 것은 너무나 위험한 행동이었다. 그러니 좋고 나쁜 것은 문제가 아니다. 좌우간 나는 지금 서 있는 장소에 만족해야 했다. 입을 것은 다 입고 털실로 짠 모자를 귀까지 덮어쓰고 윈드재킷의 후드까지 푹 눌러썼다. 장갑은 두 벌 다 꼈다. 준비는 끝났다. 나는 기다렸다. 등을 기댈 수 있는 것은 50~60도의 경사진 암벽뿐이었다. 두꺼운 털 재킷이 있었으면 얼마나 좋았을까? 그러나 그 재킷은 두고 온 륙색에 있었다. 이 재킷을 제외하면 장비는 과분할 정도였다.

개인적인 희망사항들을 완벽하게 반영해준 뮌헨Munchen의 한스 바그너Hans Wagner에게 감사했다. 그가 만들어준 아주 훌륭한 등산화 덕분에 지금의 나는 안전하다. 나는 한기를 막아줄 재킷도 없을 뿐 아니라 미끄러질 때 잡아줄 로프도 없었다. 그래도 불안하지 않았다. 지금부터 맞이할 밤을 앞에 두고 공포감도 없었다. 나는 놀라울 정도로 침착했다. 평범한 여느 날처럼 나는 8,000m 절정에서 밤을 맞이했다. 최초의 장소보다 더 위로 갔었더라면 여러 가지 점에서 더 유리했을 것이다. 장소에 따라서는 누울 수도 있었을 것이다.

그러나 나는 여기에 이렇게 서 있으니 어쩔 수 없는 일이다. 이때 마침 파두틴padutin이 있다는 것이 생각났다. 그 약은 혈액 순환을 촉진하고 동상을 예방해준다. 다섯 알을 입에 넣었으나 마치 목에 걸린 것 같았다. 왼손으로 스키 스틱을 안았다. 스키 스틱을 떨어뜨려서는 안 된다. 아직 더 쓸 일이 있을 것이다. 오른손으로 암벽의 돌 틈을 꽉 잡았다. 시계를 보았다. 밤 9시. 하늘이 변덕이나 부리지 않으면 좋으련만. 돌연 피로가 엄습해왔다. 나는 그대로 서 있을 수가 없었다. 고개는 숙여지고, 눈꺼풀은 무거웠다. 잠시 선잠이 들었다.

번쩍 눈을 떴다. 얼핏 머리를 쳐들었다. 어찌 된 일인가? 나는 어디에 있는가? 나는 낭가파르바트의 험준한 암벽 위에서 의지할 것 없이 떨고 서 있는 자신을 발견하고 놀라지 않을 수 없었다. 발밑은 커다랗게 입을 벌린 허공이다. 캄캄하게 깊은 못이다. 그런데 나는

8,000m나 되는 높은 곳에 있다는 기분이 들지 않았다. 호흡 곤란도 느끼지 않았다. 무리해서라도 눈을 뜨고 있자니 잠이 연거푸 나를 위협했다. 조는 듯 마는 듯 잠과 싸워가면서도 나는 몸의 균형을 잃지 않았다. 기적이 아닐 수 없었다. 그런데 스틱은 어디로 갔나? 아니 침착해라! 침착해야만 한다. 있다. 있어! 나는 스틱을 손아귀에 꼭 쥐었다. 추위에 등골은 점점 차가워졌으나 대수롭지 않았다. 이 밤이 고통스럽다는 것은 이미 알고 있었던 일이었다.

이렇게 의지로 육체를 지배하면 육체적인 고통쯤은 아무렇지도 않았다. 온도는 분명히 영하 20도는 되어 보인다. 빨리 달이 떴으면, 달은 한밤중에나 뜰 텐데! 그렇게 되면 이 밤도 그리 길지는 않을 것이다. 얼마쯤 또 반 졸음으로 보냈다. 깜박하고 눈을 떴을 때 고소의 대설원은 은색으로 빛났다. 멀리 내려다보이는 전위봉과 북봉, 모든 것이 이상하게 은색으로 빛나고 있었다. 내가 있는 곳과 나란히 검은 그림자가 비쳤다. 암벽도 컴컴하다. 달은 어디 있을까? 달은 주봉 뒤에 숨어 있을 것이다. 그런데 나는 한밤중을 여기서 보내야 한단 말인가? 이 좁고 괴로운 장소에서 아침을 맞이해야 한단 말인가?

나는 아무래도 이렇게 언제까지나 기다린다는 것은 불가능하다고 느꼈다. 저쪽 맞은편에서 무언가 번쩍였다. 눈이다. 능선이 갈라진 곳에 있는 눈 언덕이었다. 나는 몇 번이고 응달진 암벽을 바라보고 저 곳에 앉아 있을 수 있다면 얼마나 기분이 좋을까! 하고 상상해보았다.

사면 이곳저곳에서 미풍이 불어왔으나 금방 조용해졌다. 죽음과 같은 정적. 무한의 침묵. 그러나 몸만은 무감각할 수 없었다. 한기는 점점 참을 수 없이 몸에 스며든다. 손에는 장갑을 끼고 있었지만, 얼굴에는 한기가 느껴졌다. 양손은 그대로 굳어버릴 것만 같았다. 특히 더욱 고통스러운 것은 두 발이었다. 추위는 차츰 발밑에서부터 올라오기 시작했다. 발가락은 벌써 죽어버린 것 같았다. 이 좁은 곳에서 다리를 구부렸다 폈다 움직여보았으나, 내가 서 있는 곳이 너무 위험해서 조심조심해야 했다. 사실 나는 이런 것을 대수롭지 않다고 생각했다. 발이 얼어서 무감각하게 된 적이 몇 번 있었다. 그러나 아직 심한 동상에 걸린 적은 없었다.

또다시 이 밤의 위대함이 나를 삼킨다. 머리 위에는 장엄하고 화려한 별빛이 펼쳐져 있다. 나는 오랫동안 별을 바라보고 아득히 먼 지평선 가까이에서 큰곰자리와 북극성을 찾았다. 아주 멀리 인더스 계곡 쪽에서 등불이 반짝였다. 아마 자동차 불빛이었는지 또다시 어두워졌다. 몸이 자기의 권리를 주장하기 시작하자 공복과 갈증이 더욱 절실히 느껴졌다. 하지만 아무것도 없었다. 시간이 너무 느리다. 나는 날이 밝아진다는 것을 생각하지 않기로 했다. 그런데 아득한 저편 기복이 많은 산 배후에서 한 가닥 빛이 솟아 점점 밝아졌다.

아침이 왔다. 아침은 마치 구세주와 같았다. 아직도 하늘에는 별이 반짝인다. 아침을 고대하던 마음에 지친 나는 저 배후에서 태양이 비쳐오는 방향을 주시했다. 기어코 최후의 별빛도 약해지고 아침이 왔다. 나는 녹초가 되어 바위에 몸을 의지했다. 오른손은 여전히 바위 틈을 꽉 잡고, 왼손으로는 스키 스틱을 움켜쥐고 있었다. 두 발은 마치 장작개비와도 같았다. 등산화는 꽁꽁 얼었고, 고무 밑창에는 서리가 가득 붙어 있었다. 밝아 오는 햇빛을 전신에 받았을 때 무어라 말할 수 없는 기분이었다.

이제야 얼었던 몸이 풀어졌다. 나는 또 어제와 같이 바위 위를 계속해서 기어오르기 시작했다. 그리고 트래버스를 해서 균열 진 곳으로 돌아왔다. 그러나 이제부터 조심해야 한다. 이제까지보다 몇 배로 위험한 곳이었다. 여기저기 온통 심하다 싶을 정도로 반들반들했다. 나는 린네 속으로 마구 내려갔다. 마치 끝이 없는 것 같았다. 여전히 한쪽 발에만 아이젠을 한 채 걸었다. 또 하나의 아이젠은 아노락 속에 있었다. 최대의 긴장과 노력을 계속한 이 몇 시간 동안에 나는 어떤 기묘한 생각에 잠겼다. 이제 나는 혼자가 아니다. 저기에는 나를 위로하며 도와줄 동료들이 있지 않은가! 바보 같은 생각인 줄 알면서도 나는 감정이 사그라들지 않는다.

험준한 암벽으로 린네가 끝이 나버렸다. 암석은 잘게 갈라져 약해 보였다. 할 수 없이 장갑을 바지 뒷주머니에 꽂고 린네까지 가려고 했다. 그러나 어디를 잡아도 퍽 하고 부서져 떨어졌다. 아주 위험했다. 여기서 잘못 미끄러지든가 잠깐 발을 잘못 디디는 날이면 모든 것이 끝장이다. 틀림없이 동료도 같이 쓸려 떨어질 것이다. 물론 동료라고 해야 이곳에는 아무도 없다. 좌우간 1m, 1m 신중하게 발붙일 곳을 찾아서 내려가야 했다. 만일 이곳이 고향의 산이라면 나는 차라리 슈퍼린네 속으로 뛰어내렸을 거다.

　나는 다시 먼저 온 곳으로 되돌아 올라갔다. "야 너 장갑 못 보았니?" "네가 잃어버리지 않았니?" 이렇게 똑똑히 말하는 것이 들렸다. 나는 뒤를 돌아보았다. 내가 어떻게 된 모양이다. 도깨비가 나를 놀리는 건가? 나는 귀에 익은 소리로 똑똑히 말하는 것을 들었다. 누구의 소리였을까? 모르겠다. 다만 귀에 익은 소리였다. 장갑을 찾아보았으나 어디에도 없었다. 암벽 밑으로 떨어졌는지도 모를 일이다. 또다시 주머니 속을 뒤져보았다. 이때 내 머릿속에 안나푸르나의 비극이 무섭게 떠올랐다. 마침내 나는 예비 장갑을 찾아냈다. 그제서야 나는 이제 살았다는 생각이 들었다. 다시 내려가기 시작했다. 또 슈퍼린네를 건너 맞은편 암장에 도달했다. 오른쪽 거의 같은 높이에 바즈힌 갭이 보인다. 나는 바위지대를 벗어날 때까지 내려갔다. 그리고 이렇게 내려가는 사이에도 계속 동료들이 나와 같이 걷고 있다고 생각했다. 그 모습은 보이지 않으나 나는 친근감을 느낄 수 있었다. 특히 힘든 곳에 당면했을 때 이런 생각이 더 강하게 들었다. 나는 마음이 놓였다. 마치 자장가를 듣는 기분이었다. 이제 나는 추락하든가 미끄러져도 괜찮다. 동료가 로프를 꼭 잡고 있을 테니까.

그러나 지금 나에게 로프 같은 것은 없다. 다음 순간 정신이 번쩍 들면서 나는 지금 혼자이며 여기서는 어떤 사소한 부주의도 용서되지 않는다는 사실을 깨달았다. 잘려 나간 사면과 수직의 틈이 눈에 띄었다. 이 틈을 넘으려고 말할 수 없는 고생을 했다. 다행히 눈 위에 설 수 있었다. 바위가 주는 고통에서 내 몸이 자유로워졌다. 이제 암벽은 내 뒤에 있었다. 험준한 눈밭이 전위봉에서 떨어져 있는 바위지대까지 이어져 있었다. 이곳은 아이젠이 필요한 곳이다. 밴드를 잃어버려 넣어 두었던 아이젠을 다시 신기로 했다. 바지 끈으로 아이젠을 묶었다. 몇 발자국 안 가서 아이젠이 등산화에서 떨어져 나갔다. 나는 참을성 있게 끈으로 다시 꼭 묶었다. 그러나 또 떨어지고 만다. 10m나 20m 마다 나는 이 위험천만한 짓을 되풀이했다. 엎드리는 것만으로도 무척 힘이 든다. 이렇게 몸을 혹사하면서 내려가자니 몹시 피로했다. 나는 있지도 않은 동반자를 향해 왜 이런 몹쓸 아이젠을 주었느냐고 욕설을 퍼부었다. 그러고는 눈 위에 앉아 양손으로 목을 바치고 휴식하면서 숨이 차서 거칠게 헐떡였다.

아이젠을 몇 번이고 다시 고쳐 묶는 게 고통스러웠다. 걷는 것도 무척 힘에 겨웠다. 겨우 디아밀기레트 밑 바위에 도달했다. 나는 무르데와 같이 크게 응달진 공간으로 들어갔다. 벌써 정오다. 어디서 이렇게 시간이 걸렸을까? 갈증, 무섭게 파고드는 갈증이 나를 괴롭힌다. 마실 것이 하나도 없다. 태양은 내리쬔다. 참담하다. 바위 얼음에선 아직 물 한 방울 흐르지 않는다. 전부터 생각해오던 전위봉이 가까이 나타났다. 쉬고 싶은 욕구를 견디지 못하고 눈 위에 주저앉았다. 별안간 고통과 복잡한 생각이 연기처럼 다 사라져버렸다. 기분이 너무 좋았다. 나는 눈을 들어 주위를 돌아보았다. 지금까지 잠을 자고 있었나? 시계를 보니 어느새 1시간이 지났다. 도대체 나는 어디에 있는 걸까? 저 쪽에도 이 쪽에도 발자국이 보인다.

아! 저 맞은편에 케른cairn이 있다. 스키차 등반 중인가? 어렴풋이 의식이 돌아왔다. 그렇다. 나는 낭가파르바트의 8,000m 높이에 고립된 채 홀로 있었다. 발자국이라고 생각한 것은 폭풍으로 몰려온 흔적이었고, 맞은편에 보이는 케른은 자세히 보니 즐비하게 서 있는 암벽이었다. 전위봉 밑에 있는 암장에서 사람 목소리가 들렸다. 누가 부르고 있나? 그렇지 않으면 또 바람 소리인가? 혹시 동료들이 저 위에서 나를 기다려주는 건가? 나는 이를 악물고 일어섰다. 경사면의 암벽을 돌아서 올라갔다. 바윗돌이 많은 사면이 위로 뻗쳐 있다. 나는 겨우 스키 스틱에 의존해서 돌에서 돌로 몸을 옮겨가며 간신히 전진했다. 한 발자국을 옮길 때마다 돌 위에 그만 쓰러지고 말았다.

이제 체력이 다한 것 같았다. 그래도 나는 전진해야 했다. 나는 몇 번째 이와 같은 말을 되풀이하는가? 달리 어떻게 할 수 없다는 것을 잘 알고 있다. 인간이 있는 곳으로 갈 수밖에. 30m를 오르는 데 1시간이 필요했다. 기는 것처럼 걷다 보니 어제의 등반은 마치 거짓말

같이 느껴진다. 또다시 눈 사면이 나타났다. 무한히 반복되는 느낌이다. 나는 얼마 가지 않아 전위봉과 북봉 사이에 섰다. 마침내 제일 깊은 곳 디아밀기레트에 설 수 있었다.

눈앞에는 파도치는 광대한 설원이 여기저기 파헤쳐진 모양으로 넓게 퍼져 있다. 아주 멀리 실버 새들이 보였다. 내 시선은 지평선을 빈틈없이 찾아보았다. 실버 새들의 꼭대기를 넘고 대설원을 따라 차츰 위쪽으로 뻗어갔다. 혹시 누가 나를 마중 나올지 모를 일이다. 불행히 아무것도 보이지 않았다. 바랄 수 없는 일이지만 단 한 모금의 차라도 있었으면. 꼭 한 모금만 마실 수만 있다면 한 시간은 어떻게 해서라도 더 걸을 수 있겠는데. 내 머릿속은 오로지 무엇인가 마실 수 있는가, 없는가 하는 생각만으로 꽉 차 있었다.

지옥의 고통보다 더한 갈증이었다. 너무 목이 말라 나는 미칠 것 같았다. 최후의 한 모금은 어제 짧은 한 순간뿐이었다. 설상가상으로 불볕더위와 건조함이 극에 달해, 입속은 메말라 모래를 씹는 것 같았다. 혈액은 아주 진해졌을 것이다. 찐득찐득할 것이다. 계속 올라가면서도 나는 실버 새들만 바라봤다. 내 눈에 몇 개의 검은 점이 보였다. 착각일 거다. 아니 동료들이 분명하다. 그들을 부를까? 환성을 지를까? 그런데 소리가 나오지 않았다. 이때 마침 동료들이 올라온다. 올 때까지 여기서 기다릴까? 그러나 아직도 꽤 떨어져 있다. 아니 이쪽에서도 마주 걸어가자. 한 발 또 한 발 피로로 넘어지면서 나는 그저 기계적으로 걸었다. 다시 눈을 돌려 설원 맞은편을 바라보았다. 조금 전까지 보였던 흑점이 없어졌다. 더 없는 이 환멸. 앗! 저기 또 흑점이 보인다. 아니다. 또다시 설원 저쪽에는 아무것도 보이지 않는다. 놀림을 받는 건가? 이 끝없이 넓은 설원에, 이 절망적인 얼음의 황야 속에 나는 홀로 서 있었다.

공복도 갈증 못지않게 참을 수 없었다. 오보스폴트 한 포가 륙색에 들어 있는데, 륙색은 저쪽에 있다. 저쪽이라면 어느 쪽일까? 끝없는 급사면을 지났다. 멀리 돌아가지 않으면 안 되었다. 다만 한 덩어리의 음식을 얻기 위해서였다. 한입 먹고 힘이 났으면 했다. 하지만 지금은 신중에 신중을 다해 걸어야만 한다.

아이젠 때문에 다친 발꿈치를 다시 다치면 큰일이다. 다시 다치면 정말 모든 것이 끝이다. 다시 실버 새들 쪽을 바라보았다. 이번에는 다른 곳에서 흑점이 보였다. 그것은 바로 맞은편에 솟아 있는 암봉이었다. 사람 소리가 들렸다. 정말로 똑똑히 들렸다. 내 이름을 불렀다. "헤르만! 헤르만!" 그뿐이 아니다. 그들이 서로 말을 주고받는 소리까지 들렸다. 그런데 아무것도 보이지 않았다. 내 머리가 어떻게 된 것인가? 환각인가? 이제 정말 틀려버렸나? 그러면 이것이 최후가 되는 건가? 도대체 륙색은 어디에 있는가? 아직 보이지 않는다.

어제의 발자국이 보일 것이다. 거기서 내려와 다시 한 번 우측을 트래버스 한다. 마치 끝없이 우왕좌왕 올라갔다 내려갔다 되풀이만

하는 것 같다. 조금 더 있으면 걷지도 못할 정도였다. 무언가 먹어야 한다는 생각만이 나를 재촉했다. 그렇지만 찾는 걸 단념하기로 했다. 바로 그때 발자국을 똑똑히 발견할 수 있었다. 나의 발자국! 또 올라갈까? 내려갈까? 결국 나는 올라갔으나 심상치 않았다. 정말로 절망이었다. 그러나 보이지 않을 리가 없는데. 그때 륙색이 내 눈앞에 나타났다. 나는 넘어질 듯 주저앉았다. 누운 채로 륙색 속을 뒤졌다. 오보스폴트는 없었다. 그 대신 다른 것을 발견했다. 데키스트로에넬겡이 있었다. 나는 알약 같은 것을 그대로 먹었다. 그러자 마치 밀가루를 입에 넣은 것 같이 입안에 가득 붙었다.

　　방법은 하나밖에 없다. 나는 한 주먹 눈을 집었다. 눈을 먹으면 후에 큰 봉변을 당한다는 것을 잘 알고 있었다. 그러나 이것저것 가릴 때가 아니었다. 알약 같은 데키스트로에넬겡을 가루로 만들어서 눈을 섞어 같이 먹었다. 맛이 참 좋았다. 원기가 회복되었다. 그뿐이 아니다. 입안에 침마저 돌았다. 다시 출발했다. 그런데 얼마 안 되어 갈증이 전보다 더 심해졌다. 혀는 입천장에 붙어버리고, 목은 커다랗게 벌어져 칼칼하고, 입은 거품을 뿜었다. 나는 또 약을 꺼내 눈을 섞어서 죽을 만들어 먹었다. 이것은 순간적인 기력 회복일 뿐이다. 기력이 솟기도 전에 갈증이 전보다 심해졌다. 눈 위를 걸으면서 그나마 남아 있던 체력이 더 빨리 소모되었다.

　　이 고소의 대설원을 넘어가는 길은 예수가 걸었던 고난의 길을 방불케 했다. 나는 그저 달팽이 같은 속도로 천천히 걸어간다. 이제는 한 발을 옮기는 데 열 번의 호흡이 필요했다. 2, 3m 지날 때마다 나는 눈 위에 주저앉아버린다. 두 개의 스키 스틱 덕분에 그래도 그럭저럭 전진은 할 수 있었다. 스틱은 나에게 생명의 은인 같고 인정 많은 사마리아인Samaritans과도 같았다.

이제 나는 누워버렸고, 곧 잠들어버릴 것만 같았다. 눈을 뜨니 눈꺼풀은 납덩어리처럼 무거웠다. 일어나려고 했으나 힘없이 또 쓰러져버렸다. '아! 이젠 틀렸다. 그렇구나. 그러면 이것으로 끝인가?' 그래도 살겠다는 의지만은 남아 있었다. '아! 스키 스틱이 저기 하나 있다. 다른 하나는?' 나는 당황했다. 놀란 마음은 나의 육체를 자극했다. 조금 떨어진 곳에서 또 하나의 스틱을 발견했다. 나는 스틱이 있는 쪽으로 엎드려 기어갔다. 두 개의 스틱을 손에 넣을 수가 있었다. 나는 몸을 일으켜 보았다.

서야 한다. 또 걸어야 한다. 나는 다시 라키오트피크를 주시했다. 흑점이 하나 보였다. 텐트다. 저쪽 사면에 무엇인가 보인다. '바위인가? 아니면 동료들인가?' 너무 거리가 멀어서 분별할 수가 없었다. 그래도 한번 불러보고 싶었다. 그런데 소리가 나오지 않는다. 그러나 곧 나를 발견하겠지. 나는 스키 스틱을 높이 흔들어 보였다.

저녁노을이 닥쳐왔다. 태양은 서쪽으로 넘어가고 설원에는 긴 그림자가 드리워졌다. 나는 마지막 에너지를 쥐어짜내어 힘든 싸움을 계속하면서 전진했다. 빙설氷雪에서 이틀 밤이나 비박한다는 것은 견딜 수 없는 노릇이었다. 내 그림자에 끌리고 쫓기고 우롱당하면서 나는 앞으로 비틀거리며 전진했다. 나는 이제 평소의 내가 아니었다. 하나의 그림자에 불과했다. 그림자 뒤에 그림자가 걸어가는 것 같았다. 인정머리 없는 스카브라는 또 어떤가. 덕분에 내가 지나는 길은 더 엉망으로 고난의 길이 되어버렸다.

나는 대설원의 제일 낮은 곳에 도착했다. 아득히 보이는 실버 새들까지 불과 수백 미터 남았다. 여기는 분명 폭풍이 대소동을 일으켰을 것이다. 설면이 엄청나게 패어 있었다. 걷기 힘든 곳을 피하려고 애를 썼으나 어느 쪽으로 가나 1m 높이의 눈덩어리에 부딪친다. 이제 지쳐 버렸다. 마치 주정꾼같이 비틀거리며 구르고 엎어지고 기다가 또 서서 걷다가 또 엎어지고를 반복한다.

나는 각성제를 가지고 있었던 것을 생각해냈다. 만약 나에게 힘을 보태줄 것이 있다면 바로 이것이다. 이것을 먹으면 얼마 동안 체력을 회복할 수 있을 것이다. 그 효력이 있는 동안 반드시 텐트에 도착해야 하는데 할 수 있을지 모르겠다. 그런데 조금 남았던 체력을 다 써버렸는지, 나는 아주 힘이 다 빠진 것같이 느껴졌다. 입에서 피와 침이 흘러나온다. 입은 꼭 붙은 것과 다름이 없었다. 고통을 참으며 각성제 3알을 먹을 때는 대팻밥을 씹는 것 같았다. 그리고 몇 미터 더 전진했다. 설원의 끝이 점점 다가왔다.

설원을 떠나 저녁 5시 반 실버 새들에 도착했다. 라키오트 빙하와 캠프가 있는 쪽을 내려다보았다. 내 눈 밑으로 등반로가 아득하게 보였다. 눈 덮인 텐트가 사면에 찰싹 붙어 있는 것같이 보였다. 이러한 광경을 볼 때 내 마음은 한량없는 위안을 느낀다. 마침내 집에 돌아왔다는 생각이 든다. 그런데 웬일일까? 밑에서 누구 하나 움직이는 기색이 보이지 않는다. 캠프는 텅 비어 사람 하나 없는 끝없이 숭엄한 정적만 흐른다. 나는 맞은편 라키오트피크 쪽으로 눈을 돌렸다. 있다. 그리고 그 옆에는 또 2개의 흑점이 보였다. 저쪽 라키오트 빙벽을 트래버스 하는 곳에 누군가 있을 것이다. 필경 포터들이겠지? 이제는 착각이 아니고 틀림없는 사람인 것을 확인했다.

동료들이 가까이 있다는 것은 구원을 얻게 되었다는 것이다. 그 사실이 나를 안심시켜 주었다. 아직도 남아 있는 내 발자국을 따라 능선을 트래버스 했다. 기운이 생기는 것 같았다. 각성제 때문일까? 그렇지 않으면 정신적인 안도감에서인가? 호흡도 무척 편안해졌다. 그러나 잠깐이나마 이 상태로 주의를 소홀히 한다는 것은 용서할 수 없는 일이다. 또 한쪽 아이젠이 제멋대로 움직인다. 화가 치밀어 아이젠을 벗어 남쪽 바위 밑으로 던져버렸다.

바위가 튀어나온 능선을 따라 빨리 내려갔고, 쇼무로레를 지나 바람으로 크러스트 된 한 곳을 통과했다. 오후 7시에 출발해 41시간 만에 텐트 가까이 왔다. 이때 한스가 나를 향해 올라온다. 그는 이 감동을 어떻게 감추어야 할지 몰라서 제 얼굴을 사진기 뒤에다 숨겨버렸다.

우리는 힘차게 껴안았다. 서로 잠시 말이 없었다. 나는 전혀 소리가 안 나올 정도로 굳어버렸다. 한스는 내가 돌아왔다는 것에 뛸 듯이 기뻐했고, 우리는 함께 텐트 앞에 주저앉았다. 한스는 위쪽 무어스 헤드에서 우리 둘이 쉴 거처를 마련하려고 하산하는 발터를 불렀다. 밝은 표정의 발터의 눈에 눈물이 어렸다. 커다란 남자가 눈물을 흘리는 것이 부끄럽지 않을 때도 있다. 두 사람은 내가 어떻게 되었는지 몰라 최악의 사태까지 생각하고 몹시 걱정하고 있었다고 한다. 만일 내가 돌아오지 않았다면 두 사람은 베이스캠프로 내려가지 않았을 것이다. 오늘 저녁까지 기다려 보고 그래도 돌아오지 않으면 둘은 실버 새들을 넘어 정상을 향해 출발했을 것이다. 정상에 오르려는 게 아니라 나를 찾기 위해서. 이러한 친구를 갖는다는 것은 얼마나 행복한 일인가?

나는 지금까지 한 번도 이때보다 행복하다고 느껴본 순간은 없었다. 발터와 한스 두 사람 눈에는 기쁨과 감사가 깃들어 있었다. 그들은 마치 아버지와 같이 따뜻하게 나를 돌보아주었다. 한스는 차와 커피를 가득 따라 주었다. 이것으로 나의 피로하고 말라 빠진 몸에도 차츰 생기가 소생하게 되었다.

두 사람은 내가 정상까지 올랐는지를 묻지도 않는다. 그들에게 그것은 문제가 아니었다. 중요한 것은 내가 무사히 돌아왔다는 것이다. 이러한 동료와 같이 있다는 것은 원정 기간을 통틀어 나에게 가장 인상 깊은 체험이었다. 우리는 지금 단순한 원정대의 동료라기보다 막역한 친구가 되었다는 것을 느끼고 있다. 발터가 내 등산화를 벗겨주었는데 이때 나는 산이 대가代價를 요구한다는 것을 눈치챘다. 엄지발가락과 둘째발가락은 벌써 변색되고 감각이 없어졌다. 그런데 왜 하산할 때 알아차리지 못했을까? 발터는 곧 동상 치료를 시작했다.

우리 세 사람은 비좁은 소형 텐트 안으로 기어들어 갔다. 나는 이 답답하고 좁은 공간에서도 차근차근 쉴 새 없이 보고하고 이야기했다. 마치 태엽을 바싹 감아놓은 시계가 간단하게 서지 않는 것같이 그냥 이야기를 계속했다. 나는 이상하게 기운이 생겼다. 왜 그랬을까? 기분 탓이었을까? 나는 두 사람에게 고생했던 등반을 설명했다. 그들은 긴장한 모습으로 내 말에 귀를 기울였다. 그런데 주위가 점점 조용해짐을 깨닫고 보니 두 사람은 잠들어 있었다. 나도 잠을 청했으나 잠이 오지 않았다. 나는 뜬눈으로 누워 있었다. 기분이 매우 상쾌했다. 오늘 밤은 동료 곁에 있다. 나는 따뜻하게 보호를 받고 있다고 느꼈다. 그러나 생각은 아직도 높은 곳에 있었다. 그리고 실제로 내가 낭가파르바트 정상을 정복하였다는 사실이 아직도 확실히 믿어지지 않았다. 이 순간을 몇 번이나 꿈꾸었던가. 이젠 꿈이 아니라 현실이었다. 거기에서 비박을 할 수 있었던 건 어떤 강력한 힘이 만든 커다란 기적이었다.

1953년 7월 5일 우리는 일찍 일어났다. 여전히 한 점 구름도, 바람도 없었다. 빨리 하산해야만 했다. 나는 될 수 있는 한 빨리 의사에게 동상 치료를 받아야 했고, 오늘이라도 몬순이 습격할지 모를 일이었다. 몬순이 닥치기 전에 빨리 산을 떠나고 싶었다. 우리는 어쩌면 산이 우리에게 복수하지 않을까 하는 불길한 생각을 했다. 운명이라는 것은 최후의 순간에 덮치는 법. 성공한 만큼 희생 없이 무사히 귀국하고 싶었다.

마지막 시선을 정상으로 돌렸다. 피켈과 깃발이 전혀 보이지 않는다. 거리가 너무 멀었다. 우리에게 모든 것이었던 히말라야에 고별 인사를 했다. 우리는 제물로 텐트를 산에 바쳤다. 다른 것도 전부 이렇게 남겨놓았다. 내 컨디션은 놀랄 만큼 좋은 편이었다. 나는 동료의 발자국 뒤를 따랐다. 1934년 사망한 사람들을 위한 기념비가 세워진 무어스 헤드를 지나 라키오트 빙벽을 트래버스 해서 내려갔다. 이곳에서 5캠프에 남겨놓은 장비를 가지러 오는 켐터와 포터들과 마주쳤다. 나는 다시 불볕더위 속에서 3캠프를 향해 썩은 발을 옮겼다. 3캠프에 도착해서는 피로에 지쳐 텐트에 쓰러졌다.

오후 5시쯤인가 어느새 잠이 들어버렸다. 며칠 만에 처음으로 긴 잠에 빠졌다. 누구인가 나를 흔들어 깨웠다. 벌써 저녁밥이 됐는가? 아니 벌써 날이 샜구나! 사실이었다. 어젯밤은 마치 죽은 듯이 단번에 잠들어버렸다. 우리는 단단한 눈이 녹기 전에 내려가기 위해 될 수 있는 한 서둘러야 했다. 각자 장비를 등에 지고 출발했다. 나도 같이 짊어질 수밖에 없었다. 물론 내 오른발은 통증이 심했고, 피로감은 무겁게 내 몸을 억눌렀다. 도중에 한 무리의 포터들과 마주쳤다. 아우만과 쾰렌슈페르거가 인솔하는 철수반이었다. 15명이나 되었다. 이 산속에서 이렇게 많은 포터를 한꺼번에 보는 것은 처음이었다. 좌우간에 이 사람들은 집에 가게 되어 모두가 원기 왕성했다. 포터들은 환성을 지르며 기뻐했다. 우리는 또 각자 길을 걸었다.

빙하의 생김새가 엄청나게 변했다. 오래된 발자국은 없어지고 눈사태에 묻혀버렸다. 최근 일주일간 아무도 지나가지 않았다. 새로운 균열이 커다랗게 입을 열고, 빙탑은 무너져 떨어졌다. 이전의 모습을 전혀 찾을 수 없다. 2캠프 부근은 더 볼품없이 황량했다. 곳곳이 갈라졌고 스노 브리지 같은 것은 찾지도 못했다. 3주일 동안 움직인 빙하와 햇빛 때문이다. 우리는 더 이상 전진할 수 없어서 다 해진 텐트에서 찌는 듯한 더위를 피했다.

한스와 쾜터가 하산로를 정찰하러 나갔다. 발터가 내 시중을 든다. 몇 시간이 지나 정찰 나갔던 두 사람이 돌아왔다. 얼음이 녹아서 단단하지 않기 때문에 하산을 계속한다는 것은 위험한 것 같았다. 우리는 또다시 이 빙하 속에서 하룻밤을 지내게 되었다.

나는 거의 잠들 수 없었다. 동상 악화로 두 발이 부어올랐다. 내

일은 등산화 속에서 훼르트의 신발 받침을 꺼내고 제일 위에 신은 양말도 벗어버려야 한다. 나는 지금까지 딱딱한 것과 마른 것은 먹을 수가 없었다. 무엇을 먹어도 마치 가시를 삼키는 것만 같았다. 밤이 되어서야 추위로 얼음이 단단해져서 우리는 하산을 계속할 수 있었다. 부루달카르와 총라피크가 벌써 우리 머리 위에 솟아 있다. 실버 새들은 멀리 상공에 떠 있었고, 정상은 어느새 그 배후에 숨어버렸다.

우리는 위험을 느낄 만큼 북벽에 가까운 길을 지났다. 한스는 그 긴 다리로 껑충껑충 도망가듯 전진했다. 나는 뒤를 따라 절룩거리며 몸을 끌다시피 전진했다. 한 시간 내내 나는 이 위험에서 벗어나지 못했다. 몇 번이고 불안에 싸여 위를 쳐다보곤 했다. 그러나 끝에 가서는 될 대로 되라는 마음에서 자신에게 이렇게 말했다. '어차피 여기까지 와서 조난되어도 할 수 없는 일이 아닌가? 역시 운이 나빴던 거야.'라고 할밖에.

1캠프 주위에는 눈이 없다. 눈은 모두 사라졌다. 나는 여기서 처음 물이 가만히 소리를 내며 흘러가는 것을 보았다. 이곳은 음식이 풍부했다. 게다가 맛있는 것들이다. 이제 컨디션도 어느 정도 좋아져 목에 넘길 수 있는 것은 무엇이든지 먹고 마셨다. 맥주, 사과사탕, 소시지, 아마레토, 꿀, 우유, 고기 그 외에 여러 가지가 있었다. 마치 지난 며칠 동안 먹지 못했던 것을 벌충하는 느낌이었다.

그러나 몸은 한없이 노곤했다. 고산과 달리 진한 공기를 들이마시는 것이 어색했기 때문일지도 모른다. 점차 식물이 내 눈으로 들어왔다. 이제부터 한 자 높이의 풀을 밟으며 한가로이 걸을 수 있었다. 다양한 색의 꽃을 보고 달콤한 향내를 맡으면서도 곧바로 무엇인지 알아낼 수 없었지만. 2캠프에서 처음으로 파리와 나비를 본 우리는 얼마나 감동했는지 모른다. 파리와 나비는 나에게 있어서 별세계의 안내자이며 여름의 첫 신호였다. 마치 새로 탄생한 것 같은 기분이었다. 무리가 아니다. 우리는 수 주일 동안 눈과 얼음 속에서 지내왔으니까 말이다. 나는 푸른 풀밭에 누워서 상쾌한 마음으로 손발을 뻗었다. 꿈속 같았다. 몹시 고되고 연속된 긴장도 이제는 모두 잊을 수 있었다. 우리의 턱수염 사이로 따뜻한 바람이 스친다. 만발한 흰 알펜로제Alpenrose 꽃이 우리에게 인사를 한다. 나는 진심으로 감사하며 모든 것을 받아들였다. 저녁에 우리는 베이스캠프로 갔다. 그런데 무슨 일이 생겼나? 이렇게 많은 사람이 모여 있는 것은 오랜만이다.

모두가 열중해서 굉장한 환영 준비를 하고 있었다. 우리가 성공을 거두고 돌아온 것을 모두들 기뻐했다. 우리의 불굴의 정신은 헛되지 않았다. 우리는 베이스캠프로 돌아왔다. 그런데 마중 나온 사람들의 반응이 의외로 차디찼다. 다만 포터들만 등정의 승리를 진심으로 기뻐해주었다. 포터들은 당당하게 그들의 아내에게 돌아갈 수 있었다. 그들은 화환을 만들어 우리 목에 걸어주었다. "어떻게 됐어? 컨디션은 어때?" 이렇게 묻던 대장에게 나는 우선 등정 경위를 상세하게 보고했다. 보고가 끝나자 그는 내 발 상태를 물었다.

포터들이 우왕좌왕하고 있다. 화물을 이미 길기트로 보냈다는 것이다. 모두 내일 이곳을 떠날 예정이기 때문이었다. 헤를리히코퍼와 비터링은 7월 중순에 출항하는 배편으로 출발할 예정이었다. 막 산에서 내려온 우리는 특히, 나는 이 일은 그리 반가운 일이 아니었다. 우리는 짧은 시간이나마 반드시 휴양이 필요하다고 생각했다. 우리는 베이스캠프에서 수일간의 휴양을 얼마나 갈망했던가? 그러나 비터링은 식량과 장비를 정리해서 짐을 꾸리고 있었다. 내년 원정을 위해 간직해 두어야겠다고 한다. 다른 것은 이미 발송했다.

나는 몇 번이고 'K2'라는 이름이 여러 사람의 입에 오르내리는 것을 들었다. 도대체 어떻게 된 것인가? 세계 제2의 이 고봉에는 현재 미국 원정대가 도전하고 있지 않은가? 베이스캠프에는 형용하기 어려운 이상한 분위기가 감돌고 있었다. 이날 밤 우리는 모두 취사용 텐트에 모였다. 아직 내려보내지 않은 남은 식량을 내놓았다. 국수였다. 우리는 베이스캠프에 가면 여러 가지 맛있는 것을 먹을 수 있다고 얼마나 기대했었던가? 아센브레너는 어디에 있을까? 그는 승리를 보고 받은 후 귀국했다고 한다.

비터링이 일어나 이 위대한 승리를 얻은 것에 대해 원정대장에게 치사를 했다. 형식적 인사가 끝나자 무거운 침묵이 계속되었다. 이때 길기트에서 의외의 소식이 전해졌다. 우리는 수일간 이곳에 머물러야 했다. 나는 조그만 텐트에 들어갈 수 있었다.

한스와 발터가 내 시중을 맡아서 성의껏 돌보아주었다. 그저 감동일 뿐이다. 나는 이제 전혀 걷지 못했다. 상처가 터져버렸기 때문이다. 동상에 걸린 발가락은 이미 새까맣게 변했다. 원정대장이 세차게 독촉하는 바람에 나는 타이프라이터로 등정기를 집필하기 시작했다. 쓰면서도 나는 몇 번이고 텐트 입구를 넘어 밖으로 눈을 돌려 호장豪壯한 북벽의 고소와 대설원을 올려다보았다. 설원은 흰 선을 만들고 푸른 하늘이 한층 선명하게 대비되었다. 아득한 저 위쪽을 쳐다보고 있자니 생각이 끊임없는 고생과 운명을 걸었던 등반으로 치달았다. 불과 2, 3일밖에 지나지 않았는데 정상에 오른다는 것이 불가능한 일처럼 생각되었다. 마치 이해할 수 없는 꿈과 같았다. 그러나 종국에는 그 불가능한 일을 해낸 기억이 또 선명하게 내 마음속에 되살아나고 있었다.

다울라기리 산군의 정찰

다울라기리 산군의 정찰

1959년, 일본 게이오대학慶應大學 산악부는 창립 100주년을 맞이해 O.B 단체를 총망라한 등반대를 조직하였다. 1960년 봄 네팔 히말라야 다울라기리 2봉(7,751m) 등반을 위한 사전 준비 목적의 정찰을 계획한 것이다. 산악부가 창립된 이후 히말라야 등반은 그들의 오랜 꿈이었으며 원정 계획도 여러 차례 수립하였다. 그러나 많은 난관이 있어 좀처럼 실행에 옮기지 못해왔다.

1957년 겨울, 야마다 지로山田二郎를 중심으로 '히말라야 등산 실행위원회'의 첫 모임이 있었다. 회원 대다수는 전후戰後에 졸업한 동문들이었다. 네팔 히말라야 안나푸르나 2봉(7,937m)을 등반지로 선정하고 1959년 봄에 실행할 계획이었다. 그러나 같은 해 봄 외화 쿼터 quota가 일본산악회 히말출리Himalchuli 원정대에 배정되면서 부득이 이듬해로 계획을 미룰 수밖에 없었다. 또 다른 문제도 생겼다. 1959년 외무성을 거쳐 네팔 정부에 입산 신청서를 제출했지만, 영국의 로버츠J.O.M. Roberts 등반대에 먼저 허가된 것이다. 부득이 다른 산을 선택해야 했고, 결국 네팔 중서부 다울라기리Dhaulagiri 산군 중 빼어난 다울라기리 2봉(7,751m)으로 목표를 변경했다.

다울라기리 2봉은 아직 사람의 발길이 닿지 않은 곳으로 각국의 등반가들이 주목해온 봉우리다. 하지만 지금까지도 충분한 답사가 안 된 서부 네팔의 오지娛地였다. 과거 오스트리아 원정대(1953년), 영국 원정대(1954년), 교토대학京都大學 서북 네팔 학술탐험대(1958년) 등 3개 원정대가 그 산록을 통과했을 뿐, 그 산에 관해 알려진 내용이 거의 없다. 이런 이유로 1959년 가을 서둘러 정찰대를 파견하기로 했다.

8월 하순에 출발하여 인도를 경유해서 카트만두에 도착했다. 행정적 절차를 끝낸 뒤 항공편으로 포카라로 향했다. 그곳에서 카라반대隊를 편성하고, 최종 도착지인 다울라기리 산군 북쪽 무코트가온 마을에 도착해 다울라기리 2봉의 정찰을 시작할 계획이었다. 포카라에서 칼리간다키강을 따라 투쿠체로, 투쿠체에서 다시 서진西進을 해야 무코트가온 마을이다. 로버츠와 교토대학의 사진을 종합해서 살펴본 결과, 험한 지형의 동북면東北面 도전은 무리라고 봤다. 반면 북쪽에서 빙하를 거슬러 플라토에 도달하는 루트는 등정 성공 가능성이 높아 보였다. 이런 이유로 우리는 이곳 정찰偵察에 주력하기로 했다.

다울라기리 정찰은 1개월 정도 진행할 예정이었다. 이후 되돌아갈 때는 왔던 곳과는 다른 곳을 거쳐 포카라로 갈 계획이었다. 투쿠체를 거쳐 칼리간다키강을 건넌 뒤에는 방향을 틀어 힌두의 성지 묵티

* 교토대학 생물지연구회와 민족학협회가 후원한 탐험으로 보고서 〈다울라기리 북쪽〉이 1980년 명문당에서 번역 출간되었다.

나트Muktinath를 경유하기로 했다. 이후 트운돔라를 넘어 마샹디 원류를 따라 마낭보트Manang Bhot, 톤제를 거쳐 포카라로 돌아오는 여정이다. 모든 일정은 약 3개월이 소요된다. 가토 키이치로加藤喜一朗, 미야시타 히데키宮下秀樹, 이시지마 죠오지石島襄二, 간토 츠네오神戸常雄 등 네 명을 선발했다. 이들이 나리타공항을 출발한 것은 8월 21일이고, 카트만두에 닿은 것은 8월 30일이었다.

그해 5월 셰르파 고용에 관한 등산 규칙이 개정되었기 때문에 현지에서 크게 애를 먹었다. 히말라얀 소사이어티(HS)를 상대로 겪은 구구절절한 이야기는 지면 제한으로 생략하기로 한다. 가장 큰 문제는 오늘 이후 네팔 히말라야 원정대가 셰르파를 고용하려면 반드시 HS를 통해야만 한다는 등산 규칙 제15조였다. 문제는 HS에 등록된 셰르파 중에 유능한 셰르파가 드물다는 점이다.

경제적으로 인도에 의존하고 있는 네팔은 외교적으로도 인도의 제약을 받는 일이 많았다. 또한 국가 의식에 관한 문제도 있어 여러 이유로 인도에 대한 반감이 커 보였다. 특히 텐징은 에베레스트를 등정한 후 자신의 국적이 인도라는 성명을 발표하면서 양국의 문제가 더 예민해졌다. 이후 텐징을 향한 악감정은 그가 조직한 다르질링 셰르파의 셰르파 클라이머스 어소시에이션에도 좋지 않은 영향을 미쳤다. 물론 커미션을 독점하려는 HS의 의도도 작용했다. HS는 현재 단 하나의 공인된 네팔 정부의 셰르파 고용 알선 기관이다.

우리가 고용하고 싶은 셰르파는 다르질링 지역 출신이다. 이들은 셰르파 클라이머스 어소시에이션에 속해 있었다. 우리는 외무성 등산계外務省 登山係의 N.M싱에게 다르질링 셰르파를 쓸 수 있도록 청하고, HS의 허락이 떨어지길 기다렸다. 하지만 이해가 상반되는 HS에서 승낙할 리가 없었다. 우리는 HS와 교섭을 거듭하면서 코이라라 총리대신과 텐징 등 믿을 만한 관계자들에게 협조를 구했다. 결국 다르질링 셰르파인 락파 텐징과 군디 두 명을 HS의 임시 회원으로 등록하고 고용할 수 있었다.

또 하나 유감스러운 일이 있었다. 7,751m 높이에 불과한 다울라기리 2봉에 대해 다울라기리 산군에 속해 있다는 이유로 1급 입산료 3,000루피 지불을 요구한 것이다.(주1) 등산계 N.M싱은 HS에서 무시할 수 없는 존재이다.(카트만두 HS 지배인 대리 나루신만 푸라단은 그의 조카이다. HS가 어용기관으로 위세를 떨치는 것도 하나하나 그의 지령으로 움직이기 때문이다.)

HS를 상대로 장기간의 교섭을 겨우 끝냈는데, 이번에는 인도 자본의 RNAC(왕립 네팔 항공회사)가 세금 문제로 정부와 알력이 생겨 비행 정지를 당한 상황이 발생했다. 복잡하게 얽힌 문제를 해결하고 다시 비행기에 오르게 된 것은 9월 19일이었다. 카트만두에 도착하고 무려 20일이나 지난 후였다.

9월 19일 포카라에 도착, 현지에서 36명의 포터를 고용했다. 투쿠체까지 하루에 5루피에 계약했다. 그런데 이 포터들은 HS의 지령으로 우리가 올 것을 미리 알고 카트만두에서 포카라까지 도보로 와서 기다리고 있었다. 놀라지 않을 수 없었다. 9월 21일 말라리아 연구를 위해 우리와 투쿠체까지 동행할 WHO(세계보건기구)의 쇼우가키正 씨가 포카라에 도착했다. 우리 일행은 드디어 출발할 수 있었다.

몬순 직후에 낀 구름 때문에 히말라야를 볼 수는 없었지만, 일행의 마음은 매우 유쾌했다. 우리 일행은 대원 4명, 셰르파 2명, 쇼우가키 씨 외에 HS에 알리지 않고 다르질링에서 몰래 데리고 온 핀조와 칼마 2명, 연락관인 푸라다한 등 모두 10명이다. 우리 일행은 카라반 신발에 반바지 차림의 가벼운 복장으로 떠났다. 몬순 루트(몬순 중에는 계곡을 거닐 수가 없어 산 중턱으로 간다)로 이동하는데 갑자기 급경사를 만나면 잠시 쉬기도 했다. 도중에 안나푸르나 연봉이며, 마차푸차레, 다울라기리 주봉 등 경관을 감상하면서 5일째 되는 날 칼리간다키강을 거슬러 북진했다.

28일 티베트의 입구라 할 수 있는 투쿠체에 도착했다. 이틀간 체류하면서 포터의 노임을 지불하고, 뮬(노새)과 쌀을 구입하고, 환전하는 따위의 일로 매우 바쁘게 시간을 보냈다. 가와기타川喜田 원정대 시절 사귄 습파 전걸만 셀찬 덕분에 모든 일이 순조롭게 처리되었다.

* 1958년 가와기타 원정대에도 많은 도움을 주었다. 습파는 부족의 족장을 뜻하고, 셀찬은 다울라기리 계곡 투쿠체 마을 일대의 소수민족 타카리족 중 하나의 씨족이다.

3, 4일 전부터 급성 복통으로 고생하던 이시지마石島도 회복했다. 마을 의사에게 잭나이프 하나를 주고 작은 개와 교환했다.

10월 1일, 카트만두로 돌아가야 하는 쇼우가키 씨와 헤어졌다. 변발辮髮을 한 티베트인이 모는 야크(주2) 떼들이 식염食鹽을 운반해왔다. 중공군中共軍 몇 명을 죽이고 도망해 왔다는 티베트 청년은 부드러운 질감의 모자에 곧은 칼을 휴대하고 말을 타고 황야荒野로 질주해 갔다. 그 뒤를 따라 우리 일행도 북진을 시작했다. 이틀 후에 칼리강을 떠나 산길을 오를 때였다. 때때로 카란코란(백조) 떼가 울면서 히말라야를 스쳐 남쪽으로 내려가곤 했다. 오른쪽 저 멀리 적갈색의 티베트 고원이 끝이 없이 아득했다. 이 부근부터는 구부러진 관목灌木뿐으로 녹색 수목은 좀처럼 볼 수 없었다.

10월 4일, 상구다 마을에 도착해서 뮬(노새)을 야크yak로 교체했다. 걸인들이 와서 노래와 춤을 춘다. 셰르파에게 영문을 물으니 우리를 위해 베푸는 찬가라고 한다. 고마움에 1루피를 주었더니 감격하여 예禮(혀를 보인다)를 하였다. 이것은 최고 존경의 표시이다. 이 계절에는 오후에 반드시 비가 내린다. 고무보트까지 준비했는데, 케하룬파는 생각보다 수량이 적었으며 나무다리까지 걸쳐 있어 쉬 건널 수 있었다.

10월 6일, 눈 덮인 고구라를 넘기가 무척 힘들었다. 뼛속까지 추위가 스며드는 듯해 모두 비명을 질렀다. 다음 날은 맑게 개어 티제라

⑸₃₀₀ₘ에서 멀리 마나슬루가 보였고, 대원들 모두 감개무량한 표정을 지었다. 몬순이 지나서인지 무우라까지는 햇볕이 너무 강했다. 랍체샬마 플라토는 어제와는 다르게 한증막처럼 뜨겁다. 히말라야 등반이 네 번째인 대원조차 카라반 도중에 고산병에 걸렸다. 놀라운 일이 벌어졌다며 그가 한숨을 쉰다.

10월 8일, 5,400m 지점에 오르니 눈앞에 다울라기리 2봉이 보였다. 숨을 멈추게 할 정도로 자태가 빼어나다. 압도적 모습의 동북면과 빙벽이 펼쳐진 히말라야의 벽, 모두들 시간 가는 줄도 모르고 눈길을 사로잡는 산의 모습에 도취했다. 동북면은 다가설 수 없는 대빙벽이었다. 무우라 아래에서 락파는 설인雪人의 발자국을 발견했다. 발자국이 저 멀리 무코트 히말까지 한 줄로 계속 이어져 있었다. 설인을 탐험하러 온 것은 아니기에 사진 촬영만 하고 미련 없이 다시 출발했다. 어쩌면 설인은 평화로운 대자연의 상징일지 모른다.

10월 9일, 어젯밤에는 다울라기리가 정면으로 보이는 쾌적한 초원에 캠프를 쳤다. 오늘은 종일 싫증이 날 정도로 내리막길을 걸었다. 초원, 모레인, 강 등이 이어지는 길은 끊임없이 다울라기리를 우러러보게 하는 산책 코스였다.

얼마 지나지 않아 앞에 계곡이 크게 트이더니 밝은 남사면에 무코트가온의 계단식 밭이 보인다. 마을의 마늘 창고 옥상에 텐트를 쳤다. 옆에는 네팔기와 일본 국기, 게이오대학 교기인 삼색기를 세웠다. 앞으로 한 달 동안 여기가 우리의 베이스캠프다. 이 마을 청년 족장들은 우리 일행인 셰르파 락파 텐징과 의형제 사이여서 더 없이 편안했다. 수확이 끝날 때였기 때문에 각 가정에는 보릿단이 산같이 쌓여 있었다. 이 풍요로운 마을의 기막히게 맛있는 감자와 창이 우리의 피로를 풀어주었다.

무코트가온(3,850m)을 근거지로 다울라기리 2봉(7,751m) 등정 루트 정찰을 시작했다. 다울라기리 북쪽에 있는 베이스캠프에서 보면 전위봉이 무크티콜라Muktikhola의 좌측으로 날카롭게 솟아 있어 달라붙기 무척 힘들어 보인다. 그렇지만 무크티콜라 원류 동북쪽 상부 빙하를 타고 오르면 전위봉에 가려진 다울라기리 북쪽 플라토에 진입할 수 있는 루트가 보일지도 모른다. 결국 주봉에서 북쪽으로 떨어지는 면도날 같은 말단末端에서 전위봉의 동단東端이 교차하는 모습에 따라 결론이 날 것이다. 만약 그곳이 완만한 경사의 콜이면 그 넘어 플라토에 도달할 수 있을 것이다. 문제는 그 상부 빙하와 하부 빙하를 분리하고 있는 낙차 300m의 아이스폴을 돌파할 수 있느냐는 것이다.(이후 이 빙하를 무코트 빙하라 부른다.)

베이스캠프에서 망원렌즈로 보면 좀처럼 등반이 가능할 것 같지 않다. 그러나 이 루트를 통해 플라토에 진입할 수 있다면 성공 가능성이 높아지고, 이번 정찰 등반의 성과라 할 수도 있을 것이다. 두 그룹

* 곡주. 우리나라 막걸리와 비슷하다. 증류주인 네팔식 소주는 락시Rakshi라 한다.

으로 나누어 주변 지형을 정찰하기로 했다. 미야시타, 이시지마, 군디는 베이스캠프의 북쪽 상부에 솟은 강구레와(5,600m)를 시범 등반할 것이다. 이어서 전위봉 너머에 있는 플라토의 상태와 무코트 빙하에서 진입할 수 있는지를 확인할 것이다. 진입이 가능하다면 베이스캠프로 돌아오는 즉시 무코트 빙하로 들어가 아이스폴 부근 정찰과 시범 등반을 한 뒤 베이스캠프로 되돌아와야 한다. 한편 가토, 간토, 락파 텐징, 핀조는 무코트콜라와 바루붕콜라의 합류점까지 내려가 플라토에서 바루붕콜라로 흐르는 추렌콜라Churenkhola와 동추렌콜라 두 강을 거슬러 올라 플라토에 달하는 루트를 조사하기로 했다.

이 루트는 어프로치는 길지만 두 콜라의 근원根源을 따라 플라토 빙하에 도달할 수 있다. 이제 갈수기에 들어가기 때문에 동북쪽만큼의 위험은 없을 것이다. 일본을 출발할 때부터 이곳을 개척하는 것이 기본 임무였다. 두 그룹이 다 같이 5일간 일정으로 베이스캠프로 되돌아올 것을 약속했다. 연락관인 프라다한과 칼마는 베이스캠프에 남았다.

10월 12일, 비로소 정찰대는 본격적으로 임무를 수행하기 시작했다. 미야시타, 이시지마는 무코트가온 뒷산을 오르면서 바루붕콜라로 향하는 가토와 간토를 바래다주었다. 그 후 급사면 등반에 땀을 빼면서 능선 바로 아래까지 가서 캠프를 쳤다.

다음 날 약 3시간 만에 정상(5,600m)에 도달했다. 정상 직전 마지막 구간은 급한 나이프에지로 우측은 트알카 쪽으로 뚝 떨어져 있었다. 돌아보니 다울라기리 주봉의 웅장한 모습이 보이기 시작했다. 2봉(7,751m), 3봉(7,715m), 4봉(7,661m), 5봉(7,618m), 추렌히말Churen Himal(7,385m)이 플라토를 에워싸고 있었다. 하지만 가장 중요한 2봉은 전위봉에 가려 잘 보이지 않았다. 플라토(약 5,000m 이상) 위에는 몇 군데에 데브리débris와 브롱코bronco가 보인다. 바람도 없고 날씨가 맑아 약 3시간 동안 정찰할 수 있었다.

10월 14일, 베이스캠프로 돌아온 후 무코트 빙하를 올라 아이스폴 바로 아래까지 정찰했다. 고도차高度差가 300m를 넘고, 양쪽 기슭은 돌출된 협곡 모양이다. 폭은 100m 남짓이며 상부 빙하의 압력을 받아 정면은 블루아이스blue ice로 세락이 당장이라도 떨어질 듯이 기울어져 있었다. 그 모습을 보고 있는데 갑자기 세락이 우르르 하고 소리를 내며 무너져 떨어졌다. 양쪽 기슭에서 30분 간격을 두고 눈사태가 일어나 큰 얼음덩어리가 우리 발밑까지 흩어져 내려왔다. 점차 추위를 느껴 서둘러 돌아왔다.

10월 15일과 16일은 아이스폴에 도전해 최악의 하단부 100m 지점을 돌파하고 아이스하켄을 박아서 고정 로프를 설치했다. 17일에는 바라사부에게서 지연 이유에 대한 전보電報가 왔다. 빙하 끝단에

* 눈사태 흔적
** 낙석을 유발할 수 있는 거친 지대

328

1캠프를 설치했다. 18일에는 아이스폴 돌파에 성공하면서 드디어 상부 빙하로 갈 수 있었다. 그러나 아이스하켄 25개와 고정 로프 400m를 다 써 버렸다(이것은 정찰대의 장비 전부이다). 빙질이 너무 단단해서 일본산 피켈의 피크는 구부러지고, 아이스바일도 부러졌다. 아이스하켄 한 개를 박는 데도 최소 10분이 걸렸다.

스텝 커팅도 마찬가지다. 군디는 수직 빙벽을 등반하다 얼음 조각에 맞아 다음 날부터 도하渡河용으로 쓰는 안전모를 써야 했다. 언제나 명랑한 군디이지만 아이스폴에서는 시종 침묵했다. 때로는 에베레스트의 쿰부 빙하가 더 편하다고 하면서 이렇게 험한 곳에서는 특별수당을 받아야 한다고 투덜거렸다.

어렵게 돌파했지만, 아이스폴은 얼음 사태의 위험이 크다. 결국 우측 언덕 리지에서 상부 빙하로 내려가는 루트도 정찰해야 했다. 아이스폴을 종일 살피던 푸라다한은 머리를 설레설레 흔들며 소름끼치는 광경이었다고 말했다. 19일은 1캠프에 온 티베트인을 통해 가토와 간토가 무코트가온에 도착했다는 소식을 듣고 일단 베이스캠프로 돌아왔다.

베이스캠프에서 두 정찰대의 보고를 비교 검토했지만 모두 비관적이었다. 무코트 빙하 쪽 정찰대는 고정 로프를 사용하고, 바가지 정도 크기의 스텝을 만들어서 대원 모두를 아이스폴 위 2캠프로 전진시킨 뒤, 가토와 미야시타가 2캠프로 이동해서 상부 빙하를 3일간 정찰할 예정이었다.

10월 20일, 전원이 베이스캠프를 출발, 오전 7시 1캠프를 거쳐 아이스폴 바로 아래 지점에 아이스하켄을 박고 로프 고정 작업을 했다. 10시에 미야시타와 군디가 먼저 등반을 시작하는데 갑자기 '쿵' 하는 폭음과 함께 오른쪽 위에서 세락이 붕괴했다. 등반하던 두 명이 좌측으로 피했지만, 식은땀이 흘렀다. 큰 얼음덩어리가 떨어지면서 순간 바람이 일며 눈안개로 주변이 뒤덮였다.

큰 눈덩어리가 얼굴을 때리는데 아픔을 느낄 정도였다. 눈안개가 사라지자 두 사람은 마음 놓고 오르기 시작했다. 배낭 무게로 땀을 흘리면서 올랐지만, 14시가 되기 전에 가장 높은 지점에 도달했다. 곧바로 2캠프를 설치했다. 간토는 컨디션이 좋지 않아 2캠프에 남고, 이시지마와 셰르파 2명은 좀 더 전진했다. 정상 능선 바로 아래 큰 빙벽이 머리 위 가까이 걸쳐 있어 공포감이 들었다. 이시지마와 셰르파 2명은 서둘러 돌아서서 내려오는데 세락이 붕괴됐다. 뿌드득 하는 기분 나쁜 소리와 함께 세락이 산산조각 났다. 아래에 있던 3명은 순간 너무 놀라서 그저 멍하니 서로 쳐다보기만 했다. 2캠프로 돌아온 것은 18시였다. 기다리고 있던 푸라다한에게서 '코간Claude Kogan 부인

---

* 1919~1959. 프랑스의 선구적인 여성 산악인. 1959년 초오유 국제여성원정대 대장으로 프랑스 샤모니와 도파네, 인도, 남미 등지에서 활발한 등반 활동을 했다. 초오유에서 눈사태로 사망했다.

婦人이 초오유에서 서거했다'는 비보悲報를 들었다. 출발할 때 본 화려한 모습의 그녀가 떠올라 더 마음 아팠다.

10월 21일, 전날 밤부터 기온이 내려가 2인용 텐트에 머문 2캠프의 세 사람은 매우 힘들게 밤을 보냈다. 상부 빙하는 크레바스와 빙벽이 엉클어져 있다. 악조건에 러셀까지 하면서 힘들게 루트를 찾았다. 오후가 되면서 내리는 눈으로 앞이 보이지 않아 체념하고 텐트로 돌아와야 했다. 1캠프의 크라파는 무코트리지를 돌아 1캠프와 같은 고도高度까지 갔다가 돌아왔다.

다음 날인 22일에도 아침부터 눈이 내려 1m나 쌓였다. 보기 드문 눈으로 침낭까지 젖었다. 오늘도 정찰이 어려웠다. 결국 무코트 빙하 상부의 형태와 아이스폴은 봄철에는 눈사태의 위험성이 더욱 커진다. 내년 봄 장비 운반 루트 개척이 곤란하다고 결론을 내렸다. 이날 이시지마는 셰르파 두 명과 아이스폴 바로 위까지 올랐지만 새로 내린 눈 때문에 고통을 맛보았다. 이시지마는 눈이 붕괴되면서 자신이 확보한 로프에 간신히 매달려야 했다. 무코트의 급한 경사에 위협을 느끼고 자신감을 잃었다.

23일은 날씨가 맑았지만, 2캠프의 지난밤 기온은 제일 낮았다. 2인용 텐트에서 3인이 몸도 움직이지 못하고 빈 깡통에다 소변을 봐야 했다. 바라사부의 제안에 다들 동의한 것이었다. 아침 9시 30분 해가 비칠 때까지도 몸을 움직이기 싫을 정도로 추웠다. 저 멀리 머리

위 능선에서 눈 연기가 하늘 높이 일고 '욱, 욱' 하는 요란한 소리를 내고 있었다. 2캠프를 철수하는데 쉬지 않고 러셀을 해야 했다. 붉은 표식기가 파묻히면서 루트가 잘 보이지 않았다. 때때로 가슴까지 크레바스에 빠져 고생했다. 13시에 1캠프에서 부르는 소리가 들려왔다. 얼마 뒤 반갑게 다시 만났다. 짐을 나누어 지고 하강을 시작했는데 19시 30분이 되어서야 전원全員이 1캠프로 돌아왔다.

칼마가 주는 시원한 창으로 목을 축였다. 이렇게 무코트 빙하의 정찰은 끝나고 나머지는 추렌Churen 루트에 마지막 희망을 걸어야 했다. 잠시 11일 전으로 되돌아가서 가토와 간토 일행이 정찰한 바루붕 방면의 보고를 기술해보자. 10월 12일 가토와 간토 및 셰르파 2명은 무코트가온을 출발했다. 바루붕콜라까지 3시간이 걸렸는데, 동북쪽의 전위봉은 깎아 세운 듯한 암벽이어서 도저히 붙을 수가 없을 것 같았다.

무코트콜라와 바루붕콜라의 합류점에서 무릎까지 차는 곳을 건너고 가을의 역광逆光이 비치는 갈대밭을 헤쳐 플라토를 올라 '샨' 마을 아래에서 막영을 했다. 트이릉에서 2, 3백 년 전에 동추렌콜라 내원에 마을이 있었다는 소문을 들은 적이 있어서 망원경으로 보니 건너편 기슭 동추렌콜라 바로 우측 기슭 끝 피크(약 700m) 위에서 몇 개의 초르텐Chorten 같은 것을 찾을 수가 있었다. 다음 날 또 높은 곳에서 망원경으로 정찰을 했다. 동추렌의 우측 능선은 일본을 출발하기 전부터 가능성이 가장 높다고 생각했는데, 끝단은 거의 암벽으로 높이가 약 1,000m 정도였다. 초르텐 역시 등반이 가능해 보이지 않았다. 동추렌콜라는 양쪽 기슭 모두 절벽으로 중첩되어서 계곡 밑이 잘 보이지 않았으며, 이곳에서 보아도 절망적인 감이 들었다.

추렌콜라의 계곡 줄기는 좁아졌지만, 어느 정도 열려 있어 계류가 계속 흐른다. 그러나 그 안쪽에서 플라토에 올라붙을 수 있는 부분은 어느 쪽이건 벽 모양의 아이스폴이어서 등반이 매우 어려울 것 같다. 그래도 4봉에서 북으로 뻗친 리지 말단 삼각봉의 동서쪽을 등반할 수 있는 루트를 발견할 수 있다면, 4봉 북쪽 콜에서 플라토로 들어가 동쪽으로 비교적 완만한 경사인 플라토 상부를 횡단해 손쉽게 2봉으로 들어갈 수가 있을 것 같았다. 그래서 (1) 추렌콜라 물줄기를 거슬러 올라가기, (2) 동추렌콜라의 물줄기를 거슬러 올라가기, (3) 초르텐 끝단 정찰 등반의 순서로 계획을 세워 정찰을 개시했다.

큰 기대를 했지만 정찰 결과는 다소 실망스러웠다. 망원경으로 살펴봐도 다울라기리 산군의 북면은 대부분이 암봉과 빙벽으로 장식한 성채城砦와도 같았다. 가능성 있는 루트를 찾을 수가 없었다. 특히 플라토까지 직선인 동추렌콜라는 마치 긴 행랑과 같이 계속되고 또 플라토 빙하 말단은 경사가 급한 아이스폴이기 때문에 절망적이었다. 또 추렌히말까지 가능성을 살폈지만 북쪽에서도 길을 발견할 수 없었다. 어쩌면 카야콜라 상류에 들어가 보면 무엇인가 해답을 얻을 것 같기도 했다.

14일에 다시 바루붕콜라를 건너 추렌콜라가 보이는 지점에 천막을 설치하고 가토, 간토, 락파는 추렌콜라 정찰에 나섰다. 양쪽 기슭은 모두 달라붙을 수 없는 암벽이고, 군데군데 모래 위에는 큰 구멍이 뚫려 있었는데, 돌이 떨어진 자국이었다. 여러 차례 물을 건너갔지만 4m 폭의 계곡이 연이어졌다. 수심水深이 가슴까지 차는 급류에 휩쓸려 넘어질 듯 간신히 고정한 로프에 몇 번이나 도움을 받으며 결국 그곳을 건넜다. 협곡은 깊은 바닷속처럼 어두침침했다. 그곳을 지나오면서 온몸이 눈 녹은 물에 얼어 감각이 없었다. 스무 번 정도 강을 건너야 했다. 프리 몬순기에 계곡을 거슬러 오르는 일은 정말 힘들었다.

10월 15일 동추렌콜라에 들어섰다. 초입부터 계곡의 폭이 좁고, 수량은 추렌콜라보다 적었으며 어두침침했다. 암석에는 이끼가 끼어 미끄러지기 쉬웠다. 파인 바위에는 오랜 세월 티끌이 퇴적되어 옆을 지나면 흙먼지가 연기같이 일어난다. 계곡 입구에서 10분도 못 가 기다란 행랑과 같은 협곡을 만났다. 수심은 무릎 정도이지만, 30분간 거슬러 올라가면 발에 감각이 없어진다. 얼마 뒤 폭포가 정면에 나타났다. 소沼의 깊이는 알 수 없었다. 깊은 계곡 안에 더 큰 폭포가 있는 듯 물소리가 속으로부터 들려왔다. 이 지점에서 미련을 남긴 채 단념하고 돌아서야 했다.

10월 16일, 또다시 추렌콜라에 들어갔다. 전날 셰르파에게 시켰던 도하용渡河用 다리를 어깨에 걸머지고 갔다. 그저께 되돌아선 지점을 통과해 행랑을 지나가니 돌연 폭포가 앞을 가로막는다. 빙하까지는 얼마 안 되는 거리라고 생각했는데 말이다. 양쪽 기슭은 높은 절벽으로 등반이 불가능하고, 폭포는 급해 가슴까지 찰 정도였다. 이곳도 하는 수 없이 포기하고 돌아서야 했다.

10월 17일, 가토와 핀조 두 사람은 바루붕콜라를 내려가 추렌콜라 서쪽 계곡과 그 끝을 탐색하기 위해 아침 일찍 출발했다. 그러나 합류 지점인 카코트가온까지 가는 데 반나절을 소비하고 성과 없이 돌아왔다. 다울라기리 북면 말단에도 루트가 될 만한 지점은 없었다. 카야콜라에 들어가서 추렌히말까지의 루트를 조사하려고 해도 시간적인 여유가 없었다.

한편 간토와 락파는 초르텐 근처의 암봉 정찰을 위해 위험한 슬레이트 모양의 바위를 두 시간 동안 올라가 '샨' 마을에서 보이는 초르텐에 도착했다. 이곳은 초원으로, 정면 계곡 너머 4봉과 삼각봉이 보인다. 또한 방목하던 집 자리와 말라붙은 야크 똥도 발견할 수 있었다. 내려다보이는 동추렌콜라는 연속된 폭포로 한눈에 보아도 거슬러 올라가기가 불가능할 것 같았다. 대지 정면의 암봉 북면을 횡단할 기세로 올라가 오후 2시에 암봉 위 초원에 이르렀다. 이대로 북면 전위봉의 끝단을 따라가면 혹시나 동추렌콜라 내원에 이르는 루트를 발견할지도 모르겠다. 그러나 앞에는 크고 작은 암봉이 난립해 있어 예단할 수 없었다. 암석도 슬레이트 모양으로 불안정했다. 어쩌면 다른 루트를 찾지 못할 때 이 초르텐 루트에 캠프를 쳐야 할지도 모른다. 간토는 이곳에 작은 희망을 남기고 바루붕콜라 쪽의 정찰을 완료했다.

10월 18일 바루붕 쪽으로 간 정찰대는 무코트가온으로 돌아가 무코트 빙하 정찰대와 합류했다.

무코트 빙하에서 베이스캠프로 돌아온 우리는 젖은 장비를 말리고 또 볕에 탄 얼굴을 손질하며 이틀을 보냈다. 베이스캠프에서 서늘한 바람을 맞으며 창을 한 잔씩 나누니 아이스폴에서의 고통스럽던 일이 마치 꿈만 같이 느껴졌다. 때마침 보리타작으로 바쁜 티베트인들의 흥겨운 노랫소리가 맑은 히말라야의 창공에 울려 퍼졌다. 오후에 미국 등산대가 무코트 히말에서 내려왔다. 그들도 우리와 같은 4명인데 이들 모두 수염이 덥수룩했다. 나이를 물었는데 너무 젊어 놀랐다.

우리는 그들과 같이 다울라기리를 배경으로 파티를 열었다. 그들이 가져온 치즈와 우리의 백도白桃 통조림 캔을 함께 먹었다. 장비는 보잘것없었지만 폴라로이드 카메라와 소형 고도계가 눈길을 끌었다. 미국 원정대는 26일 야크에 짐을 싣고 출발했다. 27일 우리는 야크 7마리를 끌고 바루붕콜라로 내려가 지난번 지나쳤던 캠프 지점에 베이스캠프를 설치했다. 이곳은 냇가이고 땔나무도 많아서 캠프지로 매우 적합한 장소였다.

10월 28일 전원이 초르텐 루트 정찰에 나섰다. 1캠프 설치 예정지는 쌓인 눈이 없어서 연료탱크에 물을 길어 와야 했다. 결국 우리는 4,300m 암봉 바로 아래 초원에다 텐트를 설치하고 베이스캠프로 돌아왔다. 29일 가토, 미야시다, 이시지마, 군디 4명은 1캠프로 이동했다. 나머지 사람들은 지원조로 남았다. 1캠프 정면에는 세 개의 피크가 아름답게 솟아 있었다.

30일, 미야시다, 이시지마는 가토, 군디의 서포트를 받아 4,800m 능선에 2캠프를 설치했다. 이날은 매우 가까운 거리에서 산양 떼를 만났는데, 순식간에 달아나는 양 떼의 묘기에 감탄했다. 수직에 가까운 암벽 능선을 점프하면서 쉽게 뛰어넘는 모양이 마치 시튼 Ernest Thompson Seton의『동물기』를 보는 듯한 꿈같은 광경이었다.

31일, 미야시다와 이시지마는 들뜬 바위와 눈이 덮인 바위를 등반하느라 애를 쓰면서 초르텐 루트 암릉을 올랐다. 오후 3시 마지막 암봉을 넘으니 돌연 초르텐 리지의 전모가 드러났다. 지금까지 암릉은 얼음으로 된 칼날능선으로 동북 방향으로 뻗어 최고점은 상부 무코트 빙하와 동초르텐콜라 내원을 분할하는 안부 위에 위치한다. 내원內原 빙하까지 내려가는 길이 없으면 더 이상 초르텐 리지를 오르는 것은 무의미하다. 결국 초르텐 루트도 절벽으로 끝났다.

이 위치에서 바라보는 안쪽의 전망은 훌륭했다. 동서로 2, 3, 4,

5봉의 각 피크가 뻗어 있고, 설원은 마치 대원형극장과 흡사했다. 플라토에서 흘러 떨어지는 아이스폴은 낙차가 2,000m나 되어 보였다. 그 웅대한 경관은 그저 아연할 뿐이었다. 두 번 다시 찾을 리 없는 이 지점에 케른을 쌓았다.(고도 5,300m)

11월 1일, 2캠프와 1캠프를 철수하고 지원조의 도움을 받으며 베이스캠프로 돌아왔다. 2일은 쉴 사이도 없이 2차로 추렌콜라에 다가섰지만, 폭포 앞에서 또 돌아서야 했다. 조금만 더 힘을 쓰면 목적지까지 도달할 것 같은 곳까지 왔는데 아쉬움이 무척 컸다. 이런 상황에서 쏟아지는 폭포를 앞에 보고 있으려니 누구도 말이 없었다.

그날 밤 베이스캠프에서 모닥불 둘레에 모여 앉아 성대한 중국 원나라 태조의 요리를 화제로 이야기꽃을 피우면서 이후에 할 일을 협의했다. 약 1개월에 걸친 다울라기리 정찰에도 결국 등반 루트를 찾을 수 없었다. 남서면을 빼고 각 방면의 정찰 등반을 했지만 성과를 내지 못했다. 이제는 자금과 식량이 부족하다.

결국 다울라기리에 대한 미련을 버리고 계획대로 카라반을 시작하기로 했다. 마샹디를 내려가서 히말출리 서면을 정찰하기로 한 것이다. 서면은 우리 동지들이 예전부터 연구해 그 가능성이 높았던 지역이다. 마샹디의 지류 무시콜라 방향으로 2, 3일간 거슬러 오르면 꽤 가능성이 있어 보였다. 그러나 벌써 겨울이 시작되었다. 카트만두에서 오래 머물렀던 것이 아쉽다. 무우라 고개를 넘을 때 귀로를 방해

하는 눈에 막힐 우려가 있어 마음이 조급했다. 우리는 무코트가온으로 돌아와 출발 준비를 서둘렀다.

11월 5일, 갑자기 불어 닥친 겨울바람 탓인지 잿빛 구름이 끼기 시작했다. 무끼야와 창을 나누면서 작별했다. 임무를 완수하지 못하고 돌아가는 우리는 마음 편히 작별의 정을 나눌 수도 없었다. 다시 올 기약도 없이 무코트가온을 뒤로 했다. 예상한 것처럼 내리는 눈으로 힘들게 돌아가는 길에서 인도 뉴스를 들었다. 후쿠오카대학福岡大學 원정대가 행방불명됐다는 보도에 매우 놀랐다. 마담 코간이 조난된 직후여서 기분이 더 가라앉았다. 그 후 VOJ(주3)와 기타 뉴스로 더 자세한 보도를 들을 수 있었다. 대원 일동은 밤새 협의한 끝에 히말출리 등반을 포기하고 후쿠오카 원정대를 구조하기로 했다. 그런데 다음 날 후쿠오카 원정대가 무사하다는 소식을 들었다. 다행이었다.

11월 11일, 또다시 칼리간다키강의 탁류濁流가 내려다보이는 화칸 마을에 도착했다. 여기서부터 길은 칼리간다키강을 건너 힌두의 성지인 묵티나트를 거쳐 트운돔라(5,000m)를 넘어 안나푸르나 연봉의 북쪽 마낭보트로 나간다. 그 후 마샹디로 내려가 히말출리 서면에서 마샹디에 닿는 무시콜라의 상봉 지점까지 무려 2주일간의 노정이다.

11월 12일, 야크를 타고 칼리간다키강을 건넜다(이때 바라사부가 야크 등에 오르다 실수해 거꾸로 떨어지는 진풍경도 있었다). 고르지 못한 강변을 따라 묵티나트로 들어갔다. 이곳에는 붉은색과 흰색 기와를 올린 큰 건물들이 언덕 위에 즐비했다. 힌두의 성지답게 활기찬 마을이었다. 때마침 세금 징수차 여행 중인 산갈맨 셀찬과 다시 만났다. 어딘지 모르게 큰아버지를 대하는 기분이었다. 산갈맨의 위세는 굉장해 야크 교체나 지폐와 금속화폐 교환 등 모든 일에 편의를 봐주었다.

묵티나트는 힌두교의 메카라고 할 성지聖地로 5월에는 인도에서 수만 명의 순례자들이 온다. 사원은 포플러나무가 서 있는 사이에 있었다. 유명한 성화聖火가 바위 속에서 푸른 불을 내뿜고 용머리에서 성수聖水가 흘러나온다. 여러 명소를 낙엽을 밟으며 오랜만에 한가로이 경치를 즐겼다. 카트만두에 있는 시끄러운 사원에 비하면, 이곳은 제법 조용하고 진짜 사원다웠다. 그러나 하늘 높이 눈 연기가 이는 우뚝 솟은 다울라기리 주봉을 보면 신앙심 같은 것은 어느새 잊어버리게 된다.

11월 14일, 산갈맨의 송별을 받으며 열두 필의 들소에 짐을 싣고 출발했다. 야크와 같이 하루에 6루피로 마낭보트까지 계약했지만, 실제 야크보다 느린 편이다. 야크를 이끌고 무코트가온으로 가는 트이룽구 후레바가 눈물을 흘리면서 석별했다. 우리도 같이 이별을 아쉬워했다.

15일에는 한풍이 몰아치는 트운돔라 위에 섰다. 오른쪽에는 안나푸르나 3, 4, 5봉이, 왼쪽에는 페리 히말Peri Himal, 다모다르 히말Damodar Himal이 바라다 보인다. 하지만 대경관도 삭풍朔風에 몸이 떨려 감상하기 어려웠다. 자진콜라를 따라 내려가 안나푸르나 3봉 아래 마낭보트 가까이 갔다. 이 근처는 푸른 침엽수림대로 서북 네팔의 건조한 지대를 거쳐 온 우리에게는 매우 신선한 경치였다. 마낭보트는 2봉 바로 아래에 있는 넓은 하천의 수원水原에서 산 밑까지 뻗친 큰 마을이다. 3년에 한 번 축제일로 정해 불꽃을 터트린다. 이때 티베트인은 소동이 난 것처럼 흥겹게 춤을 춘다. 그러나 5일간의 축제 중에는 '네 발 달린 동물은 들이지 않는다. 위반하면 1,000루피의 벌금이다.'라고 술에 취한 사람이 와서 일러주었다. 하는 수 없이 마을 앞에다 텐트를 쳤다. 밤에는 락파와 푸라다한을 습파에게 교섭하러 보냈지만, 산갈맨의 소개장도 전통적인 예식禮式 앞에서는 전혀 효과를 보지 못했다. 하는 수 없이 18일에 끝나는 제사 마지막 날을 기다렸다. 이 마을은 금연하는 마을로(벌금 200루피) 골초인 이시지마가 텐트 속에서 담배를 필 때는 입구에 개를 매어 놓고 보초를 세웠다.

18일 축제가 끝나 포터를 모으려고 하니 여자가 6명, 남자 노인이 2명 등 합해 겨우 8명이었다. 나머지는 피상Pisang에서 고용하기로 했다. 마낭보트의 티베트인들은 인도까지 일하러 간다. 그들은 금이빨을 하고 구두를 신는다. 또 쉬운 영어로 대화를 할 수 있는데 그만큼 사람들이 약아서 부리는 데 마음이 더욱 쓰인다. 그들은 마을을 통과하는 우리에게 지껄이거나 혹은 돌을 던지기도 했다. 이곳부터 길은 평탄한 물길이다. 도중에 부라카의 곤파가 좌측에 보였다. 서유기에 나올 듯한 바위산이 중턱에 있는데 멀리 바라보면 책에 나오는 이야기와 다름이 없는 듯했다. 피상에서 포터를 고용해 하루에 6루피를 주기로 했다. 이곳부터 교토대학 안나푸르나 원정대의 기록에 나오는 계곡들이었다.

얼마 지나지 않아 P29, 마나슬루가 정면에 나타나면서 대장의 추억담이 한창 쏟아질 무렵 톤제 가까이 이르렀다. 완연한 아열대의 기후로 전원이 반바지 차림으로 걸었다. 꼬리 긴 원숭이가 강변에서 벼룩을 잡고 있었다. '슨다라(오렌지)'도 먹을 수 있었다. 화목을 짊어진 예쁜 소녀들이 지나간다. 우리는 서둘러서 처녀 포터를 고용하기로 했다. 톤제에 이르렀다. 오랜만에 네팔풍의 집들이 보여 반가웠다. 여기서 우리는 또 하나의 작은 문제를 처리해야 했다. 무시콜라를 거슬러 올라 히말출리를 정찰하려면 최소한 3일이 필요했다. 3일이 길다고 할 수는 없지만 우리의 허가는 다울라기리에 국한되어 있는 것이 아닌가?

만약 그 사실이 후에라도 발각되면 3,000루피 벌금을 물어야 한다고 푸라다한이 말했다. 우리는 그런 내용을 모른 척했지만 여러 가지로 이 문제 해결에 머리를 쓰고 있는 실정이었다. 그러나 다행인지 불행인지 이시지마가 도중에 복통이 재발했다. 몸과 마음을 안정시킨다는 명목으로 무시콜라가 보이는 바로 앞 캠프지에서 3일간 머물기로 했다. 푸라다한도 이해하고 포터들에게 그간 1일분의 급료와 트안파를 하루 분 더 주었다.

11월 25일, 가토, 미야시다, 간토는 셰르파 3명을 데리고 출발했다. 무시콜라를 떠나 우측 산등성이에 오르고 트루배시를 지나 다하레가온 마을 근처에 있는 칼카에 캠프를 쳤다. 26일에는 다하레가온에서 식량 조달 가능성을 조사하고 쾌청한 날씨 덕분에 숨어 있는 빙하 하단부까지 루트를 확인했다.

일본에서 출발하기 전부터 관심이 있던 히말출리의 정면을 망원경으로 살펴본 결과 결정적인 장애는 없어 보였다. 앞산을 넘어 베이스캠프 건설 예정지가 될 만한 빙하 상단부까지 포터를 고용하기로 했다. 눈 쌓인 굴곡을 오르고 흰 돔을 넘어 상부의 험한 빙벽을 오르면 눈 덮인 서봉西峯(7,541m)까지 트래버스 해 정상에 도달할 수가 있을 것 같았다. 이렇게 해서 최후의 정찰에서 어느 정도 성과를 올릴수가 있었다. 돌아오는 길에는 철쭉꽃이 연속해서 피어 있었다. 다음해 봄쯤 본대가 다시 올 때는 활짝 꽃이 피어 있을 것이다. 아름다운경관을 상상하니 몹시 즐거웠다. 캠프로 돌아와서 마지막으로 알파미와 고소용 통조림을 마음껏 먹었다.

11월 28일, 날이 흐려서 히말출리도 보이지 않고 정찰을 마치고 난 안도감을 만끽하며 길을 걸었다. 포인세티아Poinsettia가 붉게 물들었다. 날씨는 찌는 듯이 더웠다. 쿠지와 날마에 묵으면서 내려갔다. 미딤콜라에서 낚시로 한 번에 물고기 200마리를 잡았던 일, 고기잡이에 열중한 포터와 셰르파 그리고 리에존이 연못에 빠져 생명을 구조한 일, 루파타루의 고요한 호수에 고무보트를 띄워서 여로旅路의 마지막을 즐겁게 지낸 일 등은 잊을 수 없는 추억이었다.

　12월 2일, 무사히 포카라 비행장에 돌아와 오늘이 마지막이라는 기분으로 셰르파 댄스를 추며 흥겹게 놀았다. 평상시에는 춤추는 것을 그리 좋아하지 않던 친구들까지도 합세해 추는 바람에 좌중座中은 더 없는 유쾌한 분위기에 휩싸였다. 그들은 제각기 '소-소-소'라는 소리를 내면서 우리 머리에 트안파를 부어서 축복해주었다. 전신이 거의 분가루로 덮였지만 재미있는 추억 중 하나였다.

　다음 날 아침 톤제로 돌아가는 포터들의 모습이 유달리 초라해 보였다. "단네밧(고맙습니다!)"이라고 하면서 손을 흔들었더니 돌아보면서 같이 손을 흔드는 것이 아닌가! 남자들과 여자들의 얼굴에 눈물이 고여 있었다. 나도 모르게 눈시울이 뜨거워졌다. 비행장 저쪽으로 그들의 모습이 사라질 때까지 서로 손을 흔들며 작별했다.

―（주1）―

등산 규칙 제 12조는 에베레스트, 로체, 칸첸중가, 초오유, 마나슬루, 마칼루, 안나푸르나, 다울라기리의 등산료가 3,000루피로 인도 루피를 정부에 지불해야 한다는 조항이다.

야크. 소의 잡종으로 남체바자르 지방에서 많이 기른다.

VOJ(Voice of Japan). 그 밖에 Voice of America, BBC, Voice of Australia 등이 있다.

네팔의 역사

네팔의 역사

기원전 500년 전 지금의 네팔 남부 지역에는 작은 왕국들이 생겨났다. 이후 이 지역은 마우리야, 굽타 등 인도 북부에 기반을 둔 왕조의 통치를 오랜 세월 받았다. 8세기 무렵부터 네팔 지역은 티베트인들을 중심으로 네와리 시대가 열렸지만, 11세기 경 인도 찰루키야 왕조의 영향으로 네팔 일대는 20여 개의 크고 작은 왕국들이 나타났다 사라지기를 반복했다. 네팔 일대가 다시 통일된 것은 14세기 말 자야스티티Jayasthiti 시대였다. 하지만 1482년 카트만두, 파탄, 박타푸르 세 왕국으로 분열되었고, 세 왕국은 18세기 중반 고르카Gorkha족의 정복 전쟁을 거치며 현재 네팔의 모습으로 바뀌게 된다.

침략을 막기 위해 네팔 왕후들은 1765년 영국에 청원을 해 킨록 대사가 수 개 중대 세포이sepoy를 이끌고 테라이Terai에 진주토록 했다. 그러나 고르카군에게 곧 격퇴당했다. 고르카의 침공으로 네팔과 영국의 접촉이 시작된 셈이다.

1791년, 고르카 왕조는 영국과 통상조약을 맺었다. 그리고

---

* 구르카 용병으로 유명한 고르카족의 왕 프리트비 나라얀Prithvi Narayan이 인도에서 무기를 들여와 정복전에 나섰다. 1769년 키르티푸르Kirtipur 전투와 같은 몇 차례의 전쟁을 거치면서 고르카 왕국은 히말라야 북쪽까지 영토를 확장했다.

** 영국 군대에 속한 인도 용병

이 해 고르카는 중국(청나라)과 사이가 나빠져 영국 콘월리스 경Lord Cornwallis에게 원조를 청했다. 그 결과 커크패트릭William Kirkpatrick 대위가 인솔하는 영국 사절단이 1792년 초 누와콧Nuwakot에 도착했다. 영국 정부가 네팔에 정식으로 들어오게 된 것이 이때부터이다. 영국 사절단은 네팔 방문을 계기로 1792년 3월 1일 통상조약을 새로 맺었다.

1801년, 영국과 네팔은 신통상 조약을 체결하고 녹스William O. Knox 대사를 네팔 왕국의 변리공사에 임명하였다. 녹스 대사가 네팔 국내에 진주할 즈음 많은 반대 소동이 일어났다. 그러나 그는 어려움을 무릅쓰고 1802년 4월 수도 카트만두에 입성했다. 그가 네팔에 주

* 1754-1812. 인도 식민 기간 중 동인도회사의 임원. 외교관, 동양학자. 벵골의 총사령 관이었던 콘월리스 경의 페르시아어 통역 참모였다.
** 영국의 커크패트릭이 첫 영국 특사로 왔을 때 전쟁은 이미 끝난 상태였고, 패트릭은 네팔인들이 요구한 무기와 탄약을 가져오지 않았다. 이때 맺은 조약으로 네팔에서 영국 상품을 팔 수 있는 권리를 영국에게 주고 네팔은 인도 항구를 통해 들어오는 모든 상품에 2%의 관세를 내야 했다.
*** 당시 라나 바하두르 샤 국왕이 퇴위하고 바라나시로 피신했을 때 네팔 통치자들은 폐위된 국왕이 카트만두로 돌아가지 않도록 확실히 하고 영국에게 협조를 구했다. 그 대가로, 영국은 카트만두에 영국인 거주지를 다시 만들어줄 것을 요구했다. 이러한 요구가 불만족스러웠지만 네팔은 녹스 선장을 카트만두의 첫 영국 거주자로 받아들일 수밖에 없었다. 네팔의 정치적 변화와 불안정으로 인해, 녹스 선장의 임무는 영국의 계획만큼 잘 진행되지 않았고 결국 1803년 3월 19일 그는 카트만두를 떠났다.
**** 1732-1810. 미국 조지아주 판사(1757-1762), 미국 국무차관(1770-1782)을 지낸 영국의 식민 정책 이론가, 제국주의자

재해 있는 동안 그의 주재로 인한 이익은 하나도 없었다. 녹스 대사는 엄숙히 약정된 조항이라도 헌신짝처럼 내버리고 제멋대로 하는 사람들과는 도저히 같이 일할 수 없다는 것을 곧 깨달았다. 결국 그는 1803년 3월 네팔에서 철수했다.

1804년 1월 네팔과의 조약은 영국 리처드 웰즐리Richard Wellesley에 의해 파기되었다. 그리고 1810년 5월 양국 간의 우호 협상이 있었지만, 관계는 점점 악화되었다. 네팔 정부가 영국 영토까지 내놓지 않으려 했기 때문에 1814년 11월 1일 드디어 영국은 네팔에 선전포고를 했다.

영국은 베넷 말리Bennet Marley, 설리번 우드Sullivan Wood, 롤로 길레스피Rollo Gillespie, 데이비드 오치터로니David Ochterlony 등 장군의 지휘하에 군대를 현지에 파견했다. 처음 참전한 우드, 말리 장군 휘하의 영국군은 네팔의 지세에 익숙하지 못한 데다 적병들에게 빈번히 발각되어 막대한 피해를 입었다. 길레스피 장군은 '날라파니Nalapani'라고 부르는 자그마한 보루를 공격하다가 전사했다. 오치터로니 장군 휘하의 부대만이 다행히 성공해서 고르카군을 칼리강 너머로 격퇴해 비로소 평화협상이 제기되었다. 그러나 네팔 측은 짧은 기간이기는 하지만 일시적인 작전 성공으로 영국군의 능력을 경시했기 때문에 협상은 쉽사리 진척되지 않았다. 그래서 다시 전투가 재연되었다.

오치터로니 장군이 다시 원정대 사령관이 되어 영국군을 이끌고 진군해 네팔 분지 남쪽에 주둔하였다. 이후 수도에서 35마일 떨어져 있는 테라이 지역의 작은 도시 마칸푸르Makawanpur를 점령하였다. 고르카 왕국은 전세가 매우 불리할 뿐 아니라 오치터로니 장군으로부터 권고를 받고 1816년 3월 휴전 조약에 서명했다.

이 조약으로 네팔은 새로 확보했던 광대한 국토를 영국에게 양도하지 않으면 안 되었다. 이후 테라이 지역의 많은 땅은 오랫동안 네팔에 다시 돌아오지 않았다. 조약을 준수하기 위해 영국은 변리공사를 네팔에 상주시키기로 하고 에드워드 가드너Edward Gardner를 임명하였으나 사정으로 인해 부임하지 못하고, 대신 존 보일로John Peter Boileau 중위가 일시적으로 카트만두에서 근무했으나 곧 가드너가 부임하여 1816년부터 1827년까지 근무했다.

이때 네팔 국왕의 나이가 어려서 빔센 타파Bhimsen Thapa 장군

---

* 1816년 3월 4일 동인도회사와 네팔의 구루 가자라스미스라Guru Gajaraj Mishra와 체결한 스가울리 조약Treaty of Sugowlee. 이 조약으로 네팔의 경계가 확정되었다.

** 스가울리 조약에 서명한 오치터로니 장군의 부관이었다.

*** 5대 라젠드라 빅람 사Rajendra Bikram Shah 국왕(1816.11.20~1847.5.12). 세 살 때 왕이 되었다. 유약 무능한 통치자로서 통치 활동을 하지 않기로 함에 따라 1839~1841까지는 첫째 부인 삼라지아Samrajya Lakshmi Devi 여왕이, 삼라지아 여왕이 사망한 1841부터는 둘째 부인 라지야 락슈미Rajya Lakshmi Devi 여왕이 섭정했다. 이 외에도 3대 국왕 라나 바하두르Rana Bahadur의 다섯째 부인인 계모 랄리타 트리푸라 순다리 데비Lalita Tripura Sundari Devi와 총리 빔센 타파의 섭정이 있었다. 1846년 융 바하두르 라나Jung Bahadur Kunwar Rana가 권력의 실세가 되면서 라나 가문이 부상했고, 다음 해 라젠드라는 아들 수

352

이 섭정으로 나라를 다스렸다. 영국 관리가 네팔에 들어온 후 천연두가 유행해 많은 사람이 희생되었다. 국왕도 천연두에 걸려 1816년 11월 10일 병사했다. 이때 왕비 중 한 명과 6명의 여자 노비가 왕의 죽음을 따라 순국했다. 이해 12월 8일 어린 왕자 라나 바하두르 샤Rana Bahadur Shah가 왕위에 올랐다. 왕의 나이 겨우 세 살이었기 때문에 국사國事는 여전히 라젠드라Rajendra Rajya Lakshmi Devi 여왕이 섭정을 했다. 당시 네팔은 중국과 결탁해서 영국 주재관을 네팔 국내에서 쫓아내려는 음모를 꾀하였으나, 그들의 계획은 모두 실패하고 말았다.

1817년 말에 영국의 와릭 박사Dr. Warwick가 네팔을 방문해 근 1년간 식물을 연구했다. 당시 네팔 국내에서 타파tapa파派와 판데pande파派의 권력 다툼과 영국 세력을 배척하기 위한 반영 연합단체가 힌두스탄에서 무모하게 준동했다는 것 외에 특기할 만한 것은 없었다. 1824년, 젊은 국왕이 결혼해 1829년 10월 5일 왕세자를 낳았다.

1833년, 왕은 야심이 있는 한 왕비의 교사를 받고 섭정을 하던 총리 빔센 타파를 해임하려고 하였으나 실패했다. 그러나 이 계획은 1836년에 이르러 다시 시도되었다. 1837년 7월, 빔센 타파는 어린 왕자를 독살하려고 했다는 혐의로 섭정에서 해임되고 투옥되었다. 몇 달 동안 감금 끝에 1838년 3월 빔센 타파는 특사로 석방되었으나

렌드라에게 왕위를 물려주었다.

다시는 이전과 같은 권력을 잡지 못했다. 1839년 5월, 빔센 타파는 예전의 혐의로 다시 투옥되었다. 그의 처와 여자 친척들은 많은 사람 앞에서 공공연한 치욕과 박해를 받았다. 빔센 타파는 살아서 이런 굴욕을 당하느니 차라리 죽음 택하고 감옥에서 자살했다. 빔센 타파의 죽음에 대해서 정부에서는 자살이라고 발표했으나, 그의 죽음이 암살이라는 풍문이 돌았다. 그 사인은 아직 불분명하다. 그의 시체는 카트만두 거리를 끌려 다녔고, 나중에는 다리 밑 한구석의 쓰레기더미 위에 버려졌다. 25년간 네팔을 다스렸던 충실한 늙은 총리는 이렇게 비참하게 생을 마쳤다.

이때부터 1843년까지 빔센 타파의 적수인 판데파가 간신히 권력을 장악했다. 한때는 반란파 때문에 판데파가 관직에서 쫓겨나기도 했다. 음모는 국내와 힌두스탄에서 그칠 새 없이 일어났다. 영국 정부와 논쟁도 빈번해 몇 번 무력 충돌이 발생할 뻔했다. 다행히 당시 네팔 주재 영국 변리공사 호튼 호지슨Brian Houghton Hodgson의 노련한 조정으로 전쟁은 일어나지 않았다.

1843년, 빔센 타파의 조카인 용감한 군인 마사바르 싱Mathabar Singh Thapa이 외국에서 돌아왔다. 그는 1836년 캘커타 네팔 대사관

---

* 1801−1894. 영국인. 인도와 네팔에서 일했던 선구적인 박물학자이자 민족학자. 히말라야산맥에서 수많은 새와 포유류에 대해 연구했다. 1833년에 카트만두의 영국 공사가 되었다.

** 빔센 타파가 처형되자 심라로 도망을 갔다가 라젠드라의 두 번째 부인 락슈미 여왕이

에 배치되었다. 그곳에서 그는 음모 혐의를 받아 귀국하지 못하고 한 달에 1천 루피의 수당을 받으면서 영국의 감시하에 억류되어 있었다. 마사바르 싱은 곧 궁정과 군의 신임을 받고 그의 정적 판데파를 숙청하는 데 큰 공을 세웠다. 칼라 판데스Kala Pandes는 1843년 처형되었다.

이 당시 장 바하두르Jang Bahadur***라는 젊은 군인이 혜성처럼 나타나 그의 이름이 관보官報에 가끔 등장하기 시작했다. 그는 네팔 정부 관리의 아들 7형제 중 하나로 젊어서 군에 들어갔다. 그는 한동안 어린 왕자의 시종무관이었다. 이때 그의 계급은 대령이었다. 1844년에는 그의 숙부 마사바르 싱도 궁정과 군에 그의 영향력이 더욱 커지는 것을 보고 경고를 한 일까지 있었다.

당시 네팔 주재 영국 변리공사辨理公使 헨리 로렌스 경Sir. Henry Montgomery Lawrence****(당시 소령)은 이 청년 장교를 보고 대단히 지적인 청년으로, 군사 문제에 탁월하고 더구나 나이에 비해 권모술책도 유

다시 불러들여 총리로 임명했으나 여왕의 아들을 왕으로 만드는 일을 거부함으로써 조카인 융 바하두르 라나에 의해 살해되었다.
*** 1817–1877. 융 바하두르 쿤와르Jung Bahadur Kunwar. 8대 총리(1846–1856). 외삼촌 마사바르 싱이 지어준 이름인 장 바하두르 라나Jang Bahadur Rana로 널리 알려져 있었다.
**** 1806–1857. 영국의 군 장교, 측량사, 행정가, 정치가. 1843년 11월부터 1846년까지 네팔의 영국 변리공사로 근무했다. 영국군 장교 자녀들을 위한 군대식 기숙학교(Lawrence Military Asylums)의 창시자이다. 인디언 반란 중 러크나우Lucknow 전투에서 사망(1857년 7월)한 것으로 알려져 있다.

달리 뛰어나다고 평했다. 장 바하두르는 당시 왕궁에서 주도권을 쥐고 있던 한 왕비에게 접근해 잘 보이기 시작했다. 그리고 자기의 위치가 확고해진 후 야심 찬 계획을 추진해나갔다.

1845년 5월 16일, 궁정에서 인기가 줄어들고 있었던 당시 수상 마사바르 싱은 국왕 알현의 명을 받았다. 그가 왕을 알현하려고 지정된 방에 들어서자, 방 끝머리의 긴 복도 쪽에서 난데없이 소총탄이 발사되었고 그는 즉사했다. 그의 시체는 창문 밖으로 내던져졌고, 코끼리에게 끌려서 파슈파티나트Pashupatinath에 있는 바그마티강 Baghmati River에 버려졌다. 다음 날 아침 장 바하두르는 이 사건을 영국 변리공사에게 보고했다. 이 사건은 한동안 왕의 소행으로 알려졌고 왕 역시 그것을 인정하고 자랑으로 여겼다. 하지만 얼마 지나지 않아 장 바하두르의 소행으로 밝혀졌다. 당시 보통 사람보다 두뇌가 약간 모자랐던 왕은 멋도 모르고 이용당한 것으로 알려졌다. 이후 장 바하두르는 정부에서도 비상한 지위에 오르게 되었으나 각료에는 아직끼지 못했다. 당시 내각 수반은 가간 싱Gagan Singh Bhandari이었다. 각료들은 당파별로 선임되어 연립내각을 이루고 있었다.

1846년, 변리공사 헨리 로렌스가 공사를 그만두고 네팔을 떠나자 콜빈John Russell Colvin이 뒤를 이었으나 건강이 좋지 않아 역시 공사를 그만두고 토레스비Charles Thoresby 소령이 다시 뒤를 이었다. 1846년 9월 15일 야밤에 별안간 왕의 사자가 영국 공사관을 찾아와 지금 무서운 비극이 수도에서 벌어지고 있다고 전했다. 이것이 소위 코트 대학살Kot massacre 사건으로 네팔 역사에 있어서 중요한 일면을 차지하고 있다. 그 개요는 다음과 같다.

당시 라젠드라 왕은 꼭두각시 인형에 불과했다. 마사바르 싱이 죽은 후 실권은 왕비의 손아귀에 쥐어졌다. 왕비는 연립내각 수반인 가간 싱과 불륜관계였는데, 9월 14일 밤 그의 사저에서 밤 기도를 올리다 사살되었다. 그 후에 수상을 살해했다는 혐의로 랄자Lal Jha라는 사람이 처형되었으나 진실은 영원히 만족스럽게 밝혀지지 못했다.

수상 피습 급보를 들은 왕비는 곧 정적들을 비난하고 왕에게 사인 규명을 위해 전 각료 및 고관들을 소집하도록 했다. 장 바하두르와 각료들은 갑작스러운 소집에 놀라 궁전 옆에 서구식으로 커다랗게 지어진 코트Kot로 허둥지둥 모여들었다. 잠시 후 왕비와 장 바하두르를 비롯해서 그의 형제들과 소총으로 무장한 충직한 경호대도 모여들었다. 이 자리에 모인 각료와 고관들은 밤중에 갑자기 소집령을 받아 허리에 차고 있던 칼 이외에는 별다른 무기가 없었다. 왕비 측은 완전무장을 갖추고 있었다. 모든 것이 사전에 계획된 것이 틀림없었다.

집합이 완료되자 왕비가 미리 준비한 종이쪽지를 장 바하두르에

---

* 1846년 9월 14일 카지 장 바하두르와 그의 형제들이 네팔의 총리, 국왕의 친척인 차우타리야 파테Chautariya Fateh Jung Shah와 다른 대부분의 국왕의 고위 관리들을 포함한 네팔 궁정의 문관, 군관, 궁정 경비대 30~40명을 살해한 사건이다. 이 사건으로 네팔에 라나 독재 정권이 수립되었다.

게 전했다. 이때 장내는 매우 험악한 분위기가 감돌기 시작했고 욕설이 마구 오고 갔다. 그러다 격노한 장 바하두르가 칼자루에 손을 대자 이것이 신호라도 된 듯 경호대원들이 일제히 사격을 개시했다. 삽시간에 132명의 정부 고관 및 백여 명의 시종들이 학살되었다. 요란한 총성에 놀란 왕은 말을 타고 영국 변리공사관으로 피신했다. 한 시간 후에 궁정으로 돌아온 왕은 피바다가 된 궁정을 보았다. 이때부터 왕의 권한은 영원히 사라지고 말았다.

장 바하두르는 그의 형제들과 군의 지지를 받아 네팔의 제1인자가 되었다. 몇몇 정적들이 반란을 꾀하였으나 모두 실패했다. 11월 2일 13명의 정적이 체포되어 사형에 처해졌다. 12월에는 라젠드라 국왕이 바라나시Varanasi로 도망갔다. 장 바하두르를 이용해 자신과 권력을 지키고 자기 친자식에게 왕위를 계승하려고 꾀했던 락슈미 데비 왕비도 후에 모든 것이 뜻대로 되지 않은 것에 크게 실망하고 곧 나라를 등지고 바라나시로 망명하지 않을 수 없었다.

1847년, 왕은 빼앗긴 권력을 되찾기 위해 군대를 만들고 장 바하두르를 암살하기 위한 음모도 몇 번 시도하였으나 실패했다. 그 결과 오히려 공작원들이 붙잡혀 사형당하고, 왕 자신도 왕위에서 물러날 것을 선언했다. 5월 12일, 왕은 퇴위하고 아들인 수렌드라 빅람 샤 Surendra Bikram Shah가 왕위에 올랐다. 퇴위에 앞서 왕은 다시 한번 싸울 것을 결의하고 많지 않은 군대를 이끌고 테라이Terai까지 쳐들어

갔으나 도리어 역습을 받고 포로가 되었다.

장 바하두르는 누구도 부인하지 못할 제1인자가 되었다. 전왕은 포로가 되었고, 현왕은 엄중한 감시하에 있었으며 국정에는 아무런 손도 대지 못했다. 왕위 계승자 또한 공무나 영국 변리공사와의 접촉이 금지되어 세상 움직임에 대해서 전혀 알 수 없었다. 네팔 국민은 왕이 있는지 없는지 전혀 보지도 듣지도 못하고 사는 형편이었다.

1849년 4월, 라홀의 왕비인 뚜리푸씽의 어머니가 네팔로 망명했다. 장 바하두르는 국내의 모든 정적을 제거하고 세력가의 모든 인사와 그 가족들을 결혼시켜 자신의 지위를 강화함으로써 안전을 도모했다. 그는 1850년 1월 15일 많은 수행원을 거느리고 영국을 방문했다. 그는 외유 중 형제 가운데 한 명을 수상에 앉혀놓았다. 이 외유를 수행한 사람들은 영국의 경제력과 막강한 자원을 직접 보고 느낄 기회를 가져 큰 성과를 거두었다. 당시 영국을 방문했던 인사들은 그들이 영국에서 받은 환영에 자못 감사했고 아직도 그때의 감동을 최고의 수사로 형용하고 있다.

1851년 2월 6일, 영국에서 돌아온 장 바하두르는 첫 사업으로 네팔의 형법을 개혁하였다. 많은 범죄자에게 적용되던 수족 절단죄를 폐지하고, 사형은 살인죄와 국가반역죄에만 제한하였다. 순국에 대해서도 여러 제한과 명령을 덧붙이고 기타 각 방면에 개혁을 단행했다. 장 바하두르가 권력을 잡기 위해 어떤 수단을 썼든 항상 국가 안정을 위했다는 점에 이의는 없다. 장 바하두르야말로 네팔이 일찍이 가져본 적 없는 위대한 은인이라 할 수 있다.

그가 귀국한 지 얼마 지나지 않아 그의 정적들은 또다시 장 바하두르를 배척하려는 음모를 꾀했다. 이번에는 가장 보수적인 국수파 고관들도 이 음모를 지지했다. 그들은 장 바하두르가 영국 방문으로 신분을 상실했기 때문에 내각 수반으로 적절치 않다고 주장하였다. 음모에 가담한 자 중에는 왕의 형, 장 바하두르의 형 그리고 그의 조카도 있었다. 이들은 모두 체포되었으나, 영국 정부의 만류로 겨우 참수와 수족 절단을 면했다. 그 대신 알라하바드Alahabad에 수년 동안 감금되었다.

기타 군소 음모 사건은 모두 신분 박탈에 그쳤다. 이후 1852년 12월과 1853년 6월 장 바하두르 제거 음모 사건을 제외하고는 1854년까지 비교적 평온했다. 1853년 영국 정부는 네팔로 도망한 범인 인도 조약을 제기했으나 1855년 2월 23일까지 비준되지 않았다.

1853년, 알라하바드에 감금되었던 음모 가담자들은 네팔 정부의 요청으로 그들의 나라로 돌아가도록 허용했다. 장 바하두르의 형은 수도 서쪽 테라이 지역에 있는 팔파와 뿌왈 지구의 지사에 임명되었다. 그는 1873년에 죽었다. 선천적으로 약간 정신이상의 기미가 있던 왕의 형은 행자가 되어 여러 성지를 찾아다니며 방랑 생활을 했

* 힌두교의 성지인 인도의 고도古都

다. 1855년 3월 영국으로부터 과학조사단을 네팔에 입국시켜 달라는 요청이 있었으나 장 바하두르는 완곡히 거부했다.

1854년에는 5년마다 있는 중국 황제에게 공물을 바치기 위해 네팔 사절단이 티베트를 거쳐 중국으로 향했다. 네팔 사절단이 티베트를 지나갈 때마다 티베트 국민의 대우가 아주 나빠 네팔 측은 티베트 정부에 항의했다. 티베트 국민들은 나중에는 티베트를 통과하는 네팔 사절단의 상품과 공물을 박탈하고 관리들을 피살하기까지 했다. 이 때문에 네팔은 티베트와의 전쟁을 결의하고 1년 동안 준비했다. 드디어 전쟁이 일어났다.

처음 2년 동안 전세는 아주 유리했다. 네팔군은 무기와 보급물자를 험한 산 위까지 나르고 혹한과 식량 부족을 이겨내야 하는 큰 고통을 받았다. 장 바하두르는 식량부족을 타개하는 묘안을 짜내었다. 그는 공적으로 라지구루를 동원하여 그들에게 야크(플라토 지대에 사는 소) 고기를 먹도록 합법화하였다. 일설에 따르면 그들은 이때부터 소고기를 먹기 시작했다고 한다.

보티야족과 티베트족이 전쟁에서 네팔군을 이겨내지 못했지만 네팔군 역시 중가, 케롱Kerong, 쿠티Kuti 지역의 도로를 기준으로 그 이상은 진격하지 못했다. 네팔군은 진격하면 할수록 직면하게 되는 난관이 더욱 컸기 때문에 티베트 국내에 쳐들어갈 가능성마저 의심할 형편이었다.

1855년 11월 전세가 역전되어 쿠티시가 기습을 받아 보티야족에게 다시 점령되었다. 종카Dzongka와 케롱 양 도시도 적군에게 포위되었다는 뉴스가 카트만두에 전해졌다. 곧 원군이 증파되어 쿠티를 재탈환하고 격전 끝에 종카와 케롱도 탈환했다. 종카의 구원군은 한때 29일간이나 포위되었고, 병사들은 추위와 식량 부족으로 모진 고생을 겪었다.

티베트군은 네팔군과 계속해서 싸워도 전세가 유리해질 것 같지 않자 평화협상을 제의했다. 협상은 근 한 달이나 계속되었다. 이 기간 동안 네팔 국내에서는 새로운 전쟁 준비가 진행되었다. 카트만두에서 6개 연대가 신설되고, 쟈마다알 이상 계급 관리들에게는 그들의 토지 소득의 1/3에 해당하는 전시세가 부과되었다. 평화협상이 결렬될 경우를 대비해 만반의 전쟁 준비 태세를 갖추었다. 그러나 다행히 협상이 순조롭게 진행되어, 1856년 3월 25일 평화조약이 체결되었다.

평화조약의 개요는 다음과 같다. 티베트는 네팔이 점령한 티베트의 영토에서 철수하는 조건으로 매년 1만 루피(1천 파운드)를 네팔에 지불할 것, 티베트는 네팔로부터 유입되는 상품에 대한 유입세를 경감할 것 등이다. 이 외에 포로 교환, 전쟁 중 네팔을 도운 티베트인을 용서할 것 등 몇몇 사소한 조항도 포함되었다.

1856년 8월 1일 장 바하두르는 수상직을 그의 형 밤바하둘에게 넘겨주고 자신은 국왕과 수상의 고문이 되었다. 이 해 말에 유럽인에게 네팔 입국이 허용되어 슈라긴투와이트는 제한된 범위 내에서 시찰했다. 1857년 초에 네팔 군부에 동요가 일어나 크게 확대될 기세였으나 다행히 유혈 참극 없이 진압되었다. 6월 힌두스탄에서 토착민이 반란을 일으킨다는 정보가 들어왔다. 왕실에서는 곧 영국에게 청원했다. 6월 15일 2개 연대가 출동하고 곧 3개 연대가 다시 출동 태세를 갖추었다. 그러나 변리공사 조지 램지George Ramsay 장군이 취한 이 조치는 불행하게도 영국 총독의 승인을 받지 못해 철수하게 되었다. 이때 파병이 중지되지 않았다면 카운포의 학살은 일어나지 않았을 것이다.

6월 20일, 영국 변리공사 앞으로 파병 요청을 접수하라는 총독의 지시가 전보로 하달되었다. 7월 20일 3천 명의 원군이 출동하고, 8월 13일과 14일에 다시 천 명이 증파되었다. 7월 말에 장 바하두르가 다시 내각 수반과 총사령관을 맡았다. 그리고 다시 증파 요청을 했다. 장 바하두르는 12월 10일 8천 명의 병력을 이끌고 출동했다. 이 병력은 공사관 무관 맥그리그 대령 지휘하의 부대와 합류해 1857년과 1858년에 걸쳐 반란군 토벌에 종사했다.

1858년 초 많은 반란군 탈영병들이 네팔령 테라이로 피란해 왔다. 이때 테라이 지방에는 소수의 수비병이 있었으나 별 사고는 없었다. 피란민들 중에는 주크나우의 왕비, 그녀의 아들 바리지스카들,

평판이 좋지 않은 나나사이비, 바라자오, 마무칸, 베니마드호 등 50명에 이르는 반란군 지도자들이 있었다.

피란민들은 질병과 식량 결핍으로 어려운 환경에 처해 있었다. 1857년, 1858년 전투에 동원된 네팔 증원 병력은 전투원 8천 명, 포병 500명, 포 24문 기타 많은 노무자로 구성되었다. 반란 초기에 동원된 4천 명의 병력을 합해 모든 비용과 보급은 전부 영국이 부담했다. 이와 같은 경비 외에 전쟁에 동원된 병사들은 영국으로부터 봉급을 받았다. 테라이의 많은 지역이 네팔령이 되었다. 이 지역은 귀중한 사라쌍수림이 많아 연 10만 루피의 수입을 올린다. 이 외에 장 바하두르 장군의 위세가 내외에 널리 떨치게 된 것은 말할 것도 없었다.

네팔군이 있는 힘을 다해 싸운 것은 전적으로 장 바하두르의 개인적 영향에 기인한다. 그가 없다면 네팔군이 반란군에 동화되지 않고 전쟁을 계속할 수 있을지 의문시된다. 국가에 끼친 공적으로 장 바하두르의 지위는 더욱 확고부동하게 되었다.

그의 지위는 반란군 소탕 종료 이후 최근에 이르기까지 역사적으로 특이할 만한 것은 별로 없다. 변화가 있다면 범죄자 인도 조약이 약간 수정되었을 뿐 외국인 입국에 대한 배타성은 100년 전의 킴크파트릭 대령의 네팔 방문 당시와 큰 차이가 없다. 1873년, 1874년 티베트와 분쟁이 있었으나 전쟁 발발 없이 해결되었다. 오늘날 티베트와의 분쟁은 거의 볼 수 없다.

1873년 장 바하두르는 GCSI 훈장을 받았다. 1874년 장 바하두르는 영국을 재방문하겠다는 계획을 세우고, 그의 형제, 자식, 조카들을 데리고 출발해 봄베이까지 갔으나 사고가 나서 여행을 중단했다. 1875년 8월 8일 왕세자가 탄생했다. 왕후는 장 바하두르의 딸 중 하나였다. 이보다 4년 앞서 왕자가 하나 출생하였으나 병으로 인해 한 달 만에 죽었다.

네팔의 미래

장 바하두르가 국내에서 절대적인 권력을 쥐고 있는 한 영국과 네팔의 관계에 변화가 있을 수 없다. 그의 말은 법이고, 그의 권력은 무한하다. 그의 많은 일가친척과 모든 상류계급 사이의 혼인으로 위로는 왕으로부터 아래로는 말단 관리에 이르기까지 모두가 장 바하두르의 친척들이다. 왕세자는 장 바하두르의 세 명의 딸과 결혼했다. 왕의 둘째 아들은 장 바하두르의 다른 딸 그리고 조카딸과 결혼해 열 살 아들을 두고 있다. 왕의 조카는 장 바하두르의 다른 딸과 결혼했다. 이런 식으로 모든 상류계급과 장 바하두르 집안이 거미줄처럼 혼인 관계를 맺고 있다. 장 바하두르의 자식이 모두 합해 100명이 넘기 때문에 더

* 인도의 1등급 훈장. 이 외에도 KSCI(2등급 훈장), CB(3등급 훈장)가 있다.

티베트인

욱 크게 번져 갈 가능성이 있다. 그 자신의 자식 외에 그의 조카딸까지 포함하면 그 수를 거의 헤아릴 수 없을 만큼 많다.

비록 장 바하두르의 권력이 절대적이라 하더라도 그는 국민의 관습과 사상까지 자기 지배하에 두려고 하지 않는다. 그래서 그는 사티 Sati(남편을 따라 죽음)*를 제한하고는 있으나, 승려들의 맹렬한 반대로

---

* 남편이 죽어 시체를 화장할 때 아내가 불속에 뛰어들어 남편의 시체와 함께 불타 죽는 악습이다. 1829년 인도 동인도회사 총독 벤틱 경Lord William Bentinck이 법으로 금지했으나 현재 몇몇 힌두교 단체에서는 사티제도 폐지를 철회할 것을 요구하고 있다.

완전히 철폐하지 못하고 있다. 그리고 나라를 외국인에게 완전히 개방하는 문제도 전 국민이 반대하고 장 바하두르 자신도 찬성하지는 않고 있다. 가령 그가 개방을 주장하더라도 국민의 반대 여론에 봉착해 그의 운명이 언제 어떻게 될지 알 수 없기 때문에 감히 실행하지 못할 것이다. 그 좋은 예로 최고 권력을 쥐고 있던 빔센 타파가 유럽의 변리공사를 국내에 두었다가 불행한 운명을 맞이한 바 있다.

장 바하두르는 60세로(1877년 현재) 노쇠하거나 급사하는 경우 사태가 어떻게 될지 예측하기 어렵다. 그러나 그의 사후 집안의 권력 다툼으로 싸움이 벌어져 유혈 참극이 일어날 수 있다. 한집안에서도 어떤 사람은 백발이 될 때까지 진급하지 못하지만, 혈통이 가까운 집안 자제는 새파란 젊은이가 상당한 지위에 오른다. 따라서 장 바하두르가 없으면 불평불만이 금방 터져 나올 형편이다.

상업 면으로 볼 때, 네팔은 외국 투자자들에게 많은 기회를 주고 있다. 국민은 극도로 가난하다. 그들은 자국에서 생산되지 않는 것에 대해서는 조금도 관심이 없다. 네팔의 수출은 지극히 부진하다. 나라 자체가 빈곤한 데다 국토가 험난한 산악으로 이루어져 겨우 자국민自國民이 자급할 수 있을 정도이다. 수입품으로는 주로 직물과 소량의 유럽 물품이 있다. 이것은 주로 상류계급을 위한 것이다. 하류계급은 자기들이 손수 만든 면포 및 모직물들을 즐겨 쓴다. 장 바하두르의 가정교사로 임명된 유럽인 한두 명이 무역을 증진하려고 해보았으나,

티베트인의 가옥

상류계급용의 모피류와 소량의 모슬린muslin 같은 것만 몇 번 수출하고 실패했다.

앞에서 말한 바와 같이 네팔 국민은 지극히 가난하고, 수도 외곽에는 집들이 밀집해 매우 비좁다. 또한 국토가 대부분 산악지대로 가옥이 협소하고 보건상 아주 불량하다. 이러한 곳에서 사람들은 가장 빈약한 방법으로 겨우 의식을 해결하고 있다. 국민 생활은 빈곤하나 대부분 그것으로 만족하고 있다.

법은 공평히 집행된다. 네팔에는 어떠한 소송기관도 없고, 도서관도 없다. 교육세도 없을뿐더러 모두가 구태의연하다. 각 가정은 자그마한 토지를 소유하고 있으며 생산물의 절반을 옛날부터 내려오는 지대로 지불하고 있다. 그들은 이 땅을 경작해 먹을 식량과 입을 옷 그리고 1년에 1/3을 차지하는 수많은 축제에 쓸 돈을 장만한다. 그들에게는 그 이상 욕망이 없고, 이것에 만족하며 스스로 인생을 즐기고 있다. 현대의 상공업과 문명을 바라지 않는 그들에게 이런 것을 강요할 수 있을까? 국민이 참다운 복지를 누리는 것은 장차 정치·경제학자들이 결정할 문제이다.

구르카인들이 어떻게 살며 시간을 즐기는가는 알기 어렵다. 그들은 군대에 종사하는 것 외에 다른 직업은 거의 없고 야외 스포츠라는 것도 없다. 그들은 테라이 지역 외에서는 절대로 총을 쏘지 않고

---

* 면사를 촘촘하게 짜서 표백하지 않은 흰색 직물

집에서 책을 보는 일도 없다. 요약해서 말하면, 그들은 여가를 즐길 아무런 것도 가지고 있지 않다. 오로지 잡담과 도박으로 시간을 보낸다.

그들의 가정에 고용된 외국인 가정교사들이 어린이들에게 야외 스포츠를 가르치려고 몇 번 시도했으나, 그러한 행동은 위엄을 잃게 하는 것이라 해서 실패로 돌아갔다. 걸어 다닌다는 것조차도 위신 문제라 여겨 외출할 때는 반드시 노예나 시종들이 메는 가마를 타고 다닌다. 어린아이들이 가마를 타고 가정교사의 집으로 아침저녁 통학하는 것을 흔히 볼 수 있다. 네팔의 아름다운 자연 경관은 감히 글로 표현하기 힘들 정도이다. 테라이 및 누와콧 계곡에 이르는 길가! 그리고 맑은 날 분지에서 바라보는 눈 덮인 산봉우리의 장관은 다른 나라에서는 도저히 찾아볼 수 없을 정도로 아름답다. 기후도 온건해 겨울에는 춥지 않고 여름에는 서늘하다.

네팔의 종족과 문화

네팔의 종족과 문화

네팔 국민은 여러 종족으로 구성되어 있다. 대표적인 종족으로 구르카Gurkha족, 네와르Newar족, 마가르Magar족, 구룽Gurung족, 림부Limbu족, 키라티Kirati족, 렙차Lepcha족, 보티아Bhotiya족, 라이Rai족 등이 있다. 이들 중 구르카족이 가장 도드라진다. '구르카'라는 말은 그들의 옛 수도 이름에서 유래한 명칭이다. 그들은 카트만두에서 서쪽으로 약 40마일 떨어진 구르카를 에워싼 지역에서 살고 있었다. 라지프트의 후예인 그들은 무슬만의 침략을 받아 라지푸타나에서 추방되었다. 그들은 처음 쿠마온산을 넘어 팔파 지방에 거주하다가 점차 영토를 구르카 지방까지 확장했다. 그리고 지금으로부터 백여 년 전 네팔 동쪽으로 세력을 뻗치면서 지배 종족으로 위세를 떨치기 시작했다.

구르카족은 일반적으로 외모가 단정하다. 상류계급은 군부 요직에 많으며, 키가 크고 후리후리한 몸매에 체격이 다부지고 힌두스탄인처럼 고결한 용모를 하고 있다. 그러나 종족 간 결혼으로 혼혈이 많다. 구르카족은 본래 호전적인 종족으로 군대의 핵심을 이루고 있다. 그들은 절도가 있고 용감해 군인으로서는 제법이지만 반면에 부지런하지 못하다. 농업과 공업노동에 종사하는 구르카족은 거의 없다. 구르카족은 주로 카트만두에 많이 살고 있으며 지방 여러 소도시에 산재해 있다.

네와르족은 대부분 분지에 산다. 구르카족이 침입하기 전에는 이들이 국토를 점유하고 있었으나, 구르카족의 침입으로 분지로 쫓겨나게 되었다. 파탄Patan, 바트가온Bhatgaon 등 많은 소도시에는 이들이 아직도 많이 있다. 이들은 일반적으로 구르카족에 비해 체격이 작고, 용모는 몽골인과 비슷하다. 이들 대부분은 농공업에 종사하며 우수한 목수, 석공, 금속공, 화가, 자수가들이 많다. 네와르족은 자신을 위해서 일을 할 때는 근면하지만, 유럽인에게 고용되어 일할 때는 말할 수 없이 게으르고 태만하다. 그러므로 이들에게 일을 시킬 때 세포이(인도 군인)로 하여금 이들을 감시하게 한다. 반라스교 또는 불교 승려 대부분은 네와르족 출신이다. 이들은 일주일에 4일간 축제를 연다. 국내외 상업도 대부분 네와르족의 수중에서 움직이고, 그들 중 몇몇은 대부호이다.

마가르족과 구룽족은 주로 네팔 분지 서쪽에 모여 산다. 이들은 키는 작으나 힘이 세고 몽골인의 용모를 닮았다. 림부족과 키라티족은 분지 동쪽 산악지대에 산다. 특히 림부족은 군대에 많이 고용되어 있으며 키라티족과 같이 수렵에 능하다. 이 두 종족은 모두 몽골인과 닮았으며, 단신에 얼굴이 둥글넓적하다.

렙차족은 시킴 근처 산악지대에 거주하고 대체적으로 보티야족과 닮았다. 보티야족은 분지를 둘러싼 산악과 티베트 사이의 플라토에 사는 산악 종족이다. 이들의 체격은 다부지지만, 용모는 거칠다. 주로 무거운 짐을 나르는 일을 하는데, 짐의 무게는 놀랄 만하다. 보통 한 사람이 나르는 짐이 80파운드인 것에 비해 이들은 160파운드나 되는 짐을 걸머지고 길도 찾기 어려운 수천 피트 높이의 산을 오르내린다. 보티야족은 짐을 옮기는 모습이 독특하다. 바구니를 등짐으로 지면서도 거기에 달린 끈을 앞이마에 대고 걷는다. 이에 반해 네와르족은 장대를 어깨에 걸머지고 장대 양 끝머리에 광주리를 매달아 그 속에 짐을 담아 나른다. 분지에 사는 이들 외에 보탄Bhotan, 티베트 주민들이 겨울철에 이곳 분지를 찾아와서 보드나드, 심부우나드 근처에서 산다. 카트만두에는 카슈미르, 아리키 지방의 상인들로 구성된 소수의 무슬림족도 살고 있다. 이들은 모두 합쳐 천 명이 넘지 않는다.

이들 종족은 여러 면에서 서로 다르다. 구르카족의 언어는 파바티아어인데 오늘날의 산스크리트의 방언으로 문자는 같다. 네와르족의 언어는 전혀 다르다. 다른 종족들도 그들 자신의 언어와 방언이 있다. 림부족과 북부 보티야족은 티베트어를 사용한다.

구르카족은 여러 종족 중 옷을 가장 잘 입는다. 여름에는 얇은 바지와 윗옷 또는 채색된 긴 겉옷을 걸친다. 그리고 윗옷 위에 허리띠를 매고 '쿠쿠리'라고 하는 날이 굽은 무겁고 큰 칼을 찬다. 겨울철에는 솜옷이나 모피를 댄 두꺼운 옷을 입는다. 머리에는 보통 검은 천으로 타방을 감고 있으나 대개는 광택이 나는 금속 또는 모전으로 장식한 테두리 없는 둥근 모자를 쓴다.

네와르의 빈민들은 천으로 허리를 감고 계절에 따라 무명이나 털로 짠 조잡한 윗옷을 걸친다. 티베트에 다녀온 부유한 상인들은 짧은 양복바지에 털실이 달린 긴 겉옷을 걸친 멋진 옷차림을 하고 있다. 더구나 할시디히의 주민들은 발목까지 닿는 여자 가운 같은 긴 옷을 입는다. 네와르족은 흑색 또는 흰색의 천으로 만든 테두리 없는 둥근 모자를 쓴다. 다른 종족들의 의복도 위에서 말한 네와르족의 옷과 약간 다를 뿐이다.

모든 종족의 여인들은 거의 다 긴치마 같은 것을 입는다. 앞은 주름이 가득하고 치맛자락이 거의 땅에 끌릴 정도로 길다. 그러나 뒤쪽은 치맛자락이 겨우 무릎에 대일만큼 짧다. 부유한 계급의 숙녀들은 길이가 6야드(1야드는 91.4cm) 내지 8야드의 긴 옥양목 치마를 걸치고 다닌다. 물론 그녀들은 이렇게 거창한 천을 몸에 감고는 많이 걷지 못한다. 이 외의 여자들은 윗옷을 입거나 사리saree라고 부르는 천을 인도 여자들처럼 몸에 걸치기도 하고 몸 전체에 푹 뒤집어쓰기도 한다. 여자들은 모자를 쓰지 않는다. 네와르족 여자들은 머리카락을 둘둘 말아 머리 위에 얹어 놓는다. 다른 종족의 여자들은 머리카락을 길게 두 갈래로 따서 어깨 위에 늘어뜨리고 머리끝에는 빨간 무명 또는 비단 조각으로 장식한다.

여자들은 대부분 풍부한 장신구를 가지고 있다. 머리에는 보석, 금, 구리 조각 등을 꽂고, 목에는 산호나 금으로 된 목걸이, 반지, 여러 형태의 귀걸이, 코걸이를 한다. 이들 중에서도 가장 멋있게 치장하는 것은 보티야족 여자들이다. 그녀들은 석영, 산호 기타 보석으로 만든 목걸이, 은으로 만든 거대한 호신護身 부적, 그 외에 조개껍질로 만든 팔찌 등으로 몸을 꾸민다.

네팔인들은 계급을 막론하고 모두 꽃을 매우 좋아한다. 그들은 꽃으로 머리를 장식한다. 더구나 축제 같은 때는 더 야단이다. 남녀 모두 머리나 귀 뒤에 꽃을 꽂는다. 네팔 사람들 중 브라만계급은 인도 평원에 살며 그들의 형제들과 같은 생활을 한다. 이들 대부분은 인도 힌두스탄에서보다 육식을 많이 한다.

구르카족은 테라이Terai나 북부 산지에서 유입된 카시Khasi족들과 함께 거세한 양고기를 많이 먹는다. 부유한 계급은 노루, 산돼지, 꿩 같은 산짐승을 먹기도 하는데, 어린 산돼지를 잡으면 집에서 기르기도 한다. 집에서 기르는 산돼지들은 길이 잘 들어 개처럼 주인을 따라다니기도 한다. 네와르족은 물소, 양, 물오리, 닭 등을 잘 먹는데, 이들이 먹는 양은 북부나 서부의 산악지대에서 사들인 것이다. 인도 평야에 있는 꼬리가 긴 양은 먹지 않는다.

* 모계사회를 이루고 있는 가장 큰 공동체

마가르족과 구룽족은 힌두교도이지만 모두 낮은 계급이다. 마가르족은 돼지고기는 먹지만 물소는 먹지 않는다. 반면에 구룽족은 물소는 먹고 돼지고기는 먹지 않는다. 림부족, 키라티족, 렙차족은 불교도지만 네와르족과 같은 방식으로 생활한다.

가난한 계급 사람들은 육류를 마음대로 먹지 못하고 거의 쌀과 채소만 먹는다. 그들은 특히 생마늘과 무를 좋아한다. 그들은 무를 발효하거나 썩혀서 '씬키'라고 부르는 음식들 만들어 먹는데, 외국인이 네와르족 군중 속에 섞이거나 좁은 길에서 그들과 만나게 되면 냄새 때문에 상을 찌푸리기 마련이다.

네와르족을 비롯해 대부분의 하층 계급은 락시Raksi*라고 부르는 증류주를 좋아하는데, 상당히 많은 양의 쌀과 밀이 소모된다. 상류계급 사람들은 이러한 술을 마시면 신분이 박탈되기 때문에 절대로 마시지 않는다. 하지만, 이상하게도 네팔에서 브랜디나 샴페인 수입처럼 수지가 맞는 장사는 없다고 한다. 락시와 창은 가정에서 흔히 만드는데, 가정용은 과세가 되지 않고 판매용으로 만들 때에 한해서 주류제조 면허가 필요하다. 네와르족은 보통 술을 많이 먹지만 주정꾼은 거의 없다. 그러나 축제 때나 모내기 철에는 곳곳에서 술 취한 사람들을 흔히 볼 수 있다.

* 기장, 쌀, 보리, 밀로 만든다. 우리나라 막걸리와 비슷한 창Chhyang과 함께 네팔의 대표 주류이다.

상류계급은, 하류계급도 그렇지만, 차를 많이 마신다. 이 차는 티베트에서 유입된 것이다. 차는 두 가지가 있는데 향료를 섞어 연한 '니가스주(포도주, 온수, 설탕, 향료 등을 섞어 만든 음료수)'와 같은 맛을 내는 것과 '기'라고 부르는 인도의 버터기름에 우유를 섞어 끓여 부드러운 초콜릿 맛을 내는 것이 있다. 그러나 네팔인들이 가장 좋아하는 차는 덩어리차(전차, Brick-tea)이다. 영국인들이 마시는 보통 차는 그리 환영받지 못한다. 이 덩어리차는 캘커타에서 생산되며, 상류계급에서도 그곳에 다녀온 몇몇 고관들만 마신다.

종교도 종족마다 다양하다. 카슈미르족은 무슬림교이고, 구르카족, 마가르족, 구룽족은 힌두교이다. 이들의 종교 및 관습은 힌두스탄의 주민들과 많은 점에 있어서 같다. 신분이나 음식물에 대해서도 동일한 규칙을 따르고 있다.

사회제도에 있어서는 일부다처제가 널리 보급되어 있다. 이 풍조는 부유한 계급일수록 더 심하다. 이전에는 과부의 재혼은 금지되고 남편을 따라 죽는 '순사殉死'가 일반적이었다. 최근에 이르러 장 바하두르 경이 영국을 다녀오고 난 후부터 이 관습에도 여러 가지 제한을 두는 등 큰 변화가 일어났다. 많은 어린아이를 가진 여자는 남편을 따라 죽는 것이 허용되지 않을뿐더러 죽은 사람을 화장할 때 장작더미 앞에서도 마음을 바꿀 수 있게 되었다.

또한 이전에는 여자가 마음이 변해 도망가면 붙잡아서 돌로 쳐

죽였다. 그러나 최근에는 여러 가지 제도가 많이 개혁되었다. 이는 모두 장 바하두르의 개혁 정책으로 승려계급이나 바라문의 맹렬한 반대에도 불구하고 과감하게 수행되었다. 구르카족은 결혼 의무를 다하지 않는 것을 가장 엄중하게 다스린다. 상간相姦한 여자에 대한 형벌은 보통 여자를 집안에 가두고 심한 채찍질로 가혹하게 벌을 주거나 종신형에 처한다. 상간녀相姦女의 남편은 간통한 남자를 만나는 순간, 쿠쿠리칼로 찔러 죽인다.

장 바하두르는 이러한 관습이 좋지 않다는 것을 깨닫고 많은 제한을 가했다. 이후 간통한 남자는 체포하고 죄가 사실로 드러나면 피해자인 남편이 군중 앞에서 간통한 남자를 처단한다. 이때 범인은 최후의 수단으로 도망가는 것이 허용된다. 그러나 범인이 채 몇 미터 도망가기 전에 그의 시도는 좌절되기 마련이다. 군중들이 가만있지 않고 달음질치는 범인의 발을 걸어 넘어뜨리고 만다.

이렇게 간통한 남자는 결국 본 남편에 의해 처단되고 만다. 다만 간통한 남자가 본 남편의 바짓가랑이 밑을 기어 나가면 신분은 박탈되지만, 목숨은 구할 수 있다. 그러나 너무나 굴욕적이라 간통한 남자들은 보통 죽음을 택한다. 이때 여자 측에서 자기가 간통한 남자가 이 사내가 처음이 아니라는 것을 거듭 주장하면 간통한 남자를 살릴 수도 있다. 간통 사건은 상류계급에서 흔히 일어난다. 옛날에는 이런 간통 사건이나 신분 범죄에 관한 법이 가장 엄하고 가혹했다. 그러나 이러한 처벌도 지금은 모두 과거지사이며, 현재는 이런 일은 볼 수 없다.

네와르족, 림부족, 키라티족과 보티야족은 모두 불교도이지만, 이들의 종교예식은 기이하게도 힌두교와 혼합되어 있다. 또한 그들 사이에는 비록 약간의 신분의 분파가 있기는 하나 관습은 많은 점에서 공통적이다. 이들은 종교예식에서 흔히 꽃과 과일을 제단에 바친다. 어떤 종파는 물소, 양, 닭, 물오리 등을 바치기도 한다. 이때 동물의 피는 사원에 뿌리고, 살은 예배자들이 먹는다. 이전에는 이들 제물에 대해서 여러 가지 야만적인 행사가 행해졌으나, 최근에는 장 바하두르에 의해 오직 제물의 목을 자르고 피를 뿌리는 것으로 제한되었다.

네와르족의 혼인 관계는 구르카족처럼 그리 엄격하지 않다. 네와르족의 모든 처녀는 어린아이 때 뻴후르트라는 식물과 결혼한다. 결혼식이 끝나면 이 식물을 성스러운 빙하에 버린다. 처녀가 혼기에 이르면 남편을 물색해 진짜 결혼을 한다. 그러나 처녀가 이 결혼에 이의가 있으면 남편의 베개 밑에 빈랑수 열매를 놓고 살그머니 나가는 것으로 간단히 이혼을 할 수 있다.

그러나 최근에 와서는 이혼 절차에도 제한을 두어 이혼이 쉽게 이루어지지 않는다. 과부는 재혼이 허용된다. 네와르족 여자들은 어릴 때 말린 사과와 결혼하고, 이때 말린 사과는 영생한다고 생각하기 때문에 네와르 여인치고 과부란 있을 수 없다. 네와르족에게는 간통도 지극히 가볍게 다스려진다. 여자는 이혼당하고, 정을 통한 남자는 본 남편에게 결혼할 때 소비한 금액을 배상해주면 된다. 만일 이때 배상을 하지 못하면 투옥된다.

네와르족은 죽은 사람을 화장한다. 그리고 과부는 자기가 원한다면 죽을 수 있지만, 이런 경우는 거의 볼 수 없다. 상속법은 힌두스탄과 동일하다. 사망한 가구주의 재산 대부분은 장남이 상속받는다. 그러나 장남 이외의 어린 자식들과 과부에 대한 대책도 법령으로 제정되어 있다.

네팔에는 크게 세 개의 기원이 있다. 첫째, 기원전 57년에 비크라마디트Vikramaditya의 비크람 삼바트Vikram Samvat 시대를 시작했다. 둘째, 사타바하나Satavahana의 사카Saka 기원으로 서력 기원후 78년에 시작한다. 셋째, 네팔 기원으로 서기 880년 10월부터 시작한다. 때때로 카리가트 기원도 사용하는데, 이것은 서력 전 3,101년부터 시작한다. 또한 삼바트와 사카 연대는 바이사크바디의 첫날부터 시작한다. 힌두스탄에서도 챠이트수디의 첫날부터 시작하고, 네팔의 연대는 카르티크바디부터 시작한다.

네팔에는 사원이 약 2,733개나 되며, 종교 축제일도 헤아릴 수 없이 많다. 축제일에는 모두 일을 하지 않고 논다. 이 숱한 축제일 속에서 그래도 주민이 생계를 이어가는 것이 기적이라면 기적이다. 축

네와르족의 축제일

제일을 일일이 열거하는 것은 번잡하다. 다음에 그 주요한 몇 가지만 들어보기로 한다.

1 세토 마첸드라나트 자트라 Seto Machhendranath Jatra

세토 마첸드라나트는 힌두교와 불교 신자들이 숭배하는 신으로 자나바하 됴Janabaha Dyo, 관세음보살Avalokiteśvara, 카루나마야 Karunamaya, 관음보살Guanyin로도 알려져 있다. 세토 마힌드라나트 사원은 야나 바할Jana Bahal에 위치해 있다. 카트만두 중심부의 아손 Ason과 인드라 초크Indra Chok 사이 켈톨레Keltole에 위치한 이 사원은 10세기경에 세워진 것으로 추정된다. 매년 3월, 이 신의 이미지를 라트rath(마차)에 싣고 3일 동안 카트만두 주변을 행진한다. 이 신은, 일생의 변화를 상징하는 의식으로서, 매년 목욕을 하고 다시 칠해진다.

2 바즈라요기니 자트라Bajrayogini Jatra

카트만두에서 약 17km 떨어진 산쿠Sankhu(Ehsms Sakwa)는 네와르족
이 주거하는 고대 마을로, 풍부한 문화유산과 전통 건축물 및 조각으
로 유명하다. 오랜 역사를 자랑하는 바즈라요기니Bajrayogini 사원, 마
하데프Mahadev 사원이 있다. 이 사원들은 16세기에 프라탑 말라 국
왕에 의해 지어진 일종의 사원 단지이다. 바즈라요기니는 고대 불교
의 여신이다.

　매년 4월(차이트라/바이사카)에 8일간 계속되며, 바즈라요기니 사
원에서 나온 신들의 우상이 마을로 내려와 마을 전체를 돌아다닌다.
승려들은 두 개의 큰 우상인 마수카마주Mhasukhwamaju, 치바디야
Chibadya와 동행하고, 그들의 자녀인 싱리Singli와 비앙리Byangli의 두
작은 우상은 공동체의 아이들이 작은 병거에 실어 나른다. 바즈라요
기니 자트라는 네와르족 사회에서 매우 유명하기 때문에 다른 지역에
서 사람들이 이 축제를 보기 위해 모인다.

3 라키 푸르니마Rakhi Purnima

락샤 반단Raksha Bandhan은 인기 있는 힌두 축제로 형제, 남매, 자매
간 또는 친한 친구 사이에 우정팔찌를 주는 축제이다. 락샤 반단의 날

짜는 힌두 달력의 다섯 번째 달인 슈라바나Shravana(7월 중순에서 8월 중순)의 푸르니마Purnima(보름달이 뜨는 날)이다. 락샤 반단은 오누이의 축제로 여자 형제가 남자 형제에게 신성한 끈을 팔에 매준다. 예전 인도에서 출가외인이 된 딸이 락샤 반단 축제를 위해 친정집을 방문할 수 있었다. 오빠 또는 남동생이 다른 마을로 시집간 여자 형제가 무사히 집으로 올 수 있도록 여동생/누나의 시댁으로 가서 여동생/누나를 집으로 데려왔다고 한다. 현대에 들어서 락샤 반단은 종교나 카스트를 초월해서 혈연지간이 아닌 친구 사이에 우정팔찌(라키)를 주고받고 우애를 나누는 축제가 되었다.

4 나가 판차미Naga Panchami

인도, 네팔 등지에서 힌두교, 자이나교, 불교 신자들에 의해 지켜지는 나가 뱀Nagas snakes에 대한 전통적인 숭배의 날이다. 힌두력에 따르면, 이 예배는 슈라바나Shravana(7월 중순에서 8월 중순) 다섯째 날에 거행된다. 카르나타카, 라자스탄, 구자라트와 같은 인도의 일부 주에서는 같은 달의 어두운 밤에 나가 판차미를 기념한다. 축제의 일환으로은, 돌, 나무 또는 뱀 그림으로 만든 나가 또는 뱀의 신에게 가족의 행복과 함께 그들의 축복을 구한다. 살아 있는 뱀, 특히 코브라를 숭배한다.

5 크리슈나 잔마슈타미Krishna Janmashtami

비슈누Vishnu의 8번째 화신化神인 크리슈나Krishna의 탄생을 기념하는 축제이다. 바드라(8월 중순에서 9월 중순) 여덟 번째 날에 열린다. 축제 기간에는 24시간 금식을 하고 아기 크리슈나에게 우유로 만든 과자를 바치며, 자정이 되면 촛불 심지에 불을 붙이는 의식을 진행한다. 거리의 각 상점과 가정에서는 크리슈나를 그린 그림 같은 것으로 집을 장식한다.

6 가이 자트라Gai Jatra

네팔어로 '가이'는 소를, '자트라'는 축제를 의미한다. 가이 자트라는 네와르족의 축제이다. 이 축제는 바드라(8월 중순에서 9월 중순) 첫날에 행해진다. 이 해에 가족을 사별한 모든 네와르인들은 소를 흉내 내며 왕궁 주위에 모여 춤을 춘다. 오늘날 이 의식은 소수의 대표자에 의해 행해지며 노래에 맞추어 가면댄스를 추는 것에 그친다.

7 바그 자트라Bagh Jatra

이 축제는 바드라(8월 중순에서 9월 중순) 둘째 날에 행한다. 이날은 호랑이 가면을 쓰고 춤을 춘다. 가이 자트라의 특이한 형태다.

8 인드라 자트라Indra Jatra

카트만두에서 열리는 가장 큰 거리 축제이다. 천둥과 비를 주관하는 신 인드라Indra를 찬양하는 축제로, 몬순 기간이 끝나고 수확기로 접어들 무렵(8월 중순에서 9월 중순) 8일 동안 진행된다. 축제는 인드라 자트라와 쿠마리 자트라Kumari Jatra의 두 가지 행사로 구성된다. 인드라 자트라는 신과 악마의 가면을 쓴 춤으로 하늘의 왕인 인드라 신을 기리기 위한 신성한 이미지와 표상으로 특징지어진다. 쿠마리 자트라는 살아 있는 여신 쿠마리의 마차 행렬이다. 축제 장소는 더르바르Durbar 광장이다. 축제 첫날에는 왕궁 앞에 높은 나무 작대기를 세운다. 그리고 전국에서 많은 직업 댄서들이 모여들어 기괴망측한 가면을 쓰고 왕궁 주위를 춤을 추며 돌아다닌다. 만일 축제 기간에 지진이 일어나면 흉조로 보고 지진이 일어난 첫날을 택해 새로 축제를 한다.

9 디왈리Dewali

빛의 축제로 중요한 축제 중 하나이다. 힌두교도, 불교도, 자이나교도, 시크교도가 함께 이 축제를 기념한다. 5일 동안 계속되며 카르티카(10월 중순에서 11월 중순)에 열린다. 이 축제는 번영의 여신 락슈미Lakshmi에 예배하고 집을 장식한다. 일부 지역에서는 라마Rama가 랑카Lanka에서 라바나Ravana를 무찌르고 14년 동안 망명생활을 한 후 아내 시타Sita, 동생 락슈마나Lakshmana와 함께 아요디아Ayodhya 왕국으로 돌아온 날을 기념하기도 한다.

10 키차 푸자Khicha Puja

5일간의 축제 중 첫날은 까마귀 집 지붕에 과자와 요리를 바치는 의식인데 까마귀 울음소리는 힌두교 신화에서 슬픔과 죽음을 상징하기에 신도들은 집에서 슬픔과 죽음을 피하기 위해 까마귀에게 음식을 바친다. 둘째 날은 네와르인들이 키차 푸자(개 숭배)나 또는 쿠쿠르 푸자Kukur Puja라며 1년에 한 번 야마라지Yamaraj 신의 사자로 여겨지는 개를 숭배하는 의식을 치르는데, 개에게 화환과 맛있는 음식을 제공한다. 셋째 날은 가이 푸자로 소에게 화환을 바치고 좋은 풀을 먹여 고마움을 표하는 의식을 치른다. 소는 번영과 부의 상징으로 고대로부터 사람들은 소에게서 우유를 얻었고 소똥조차 유익하게 사용했기 때문이다. 넷째 날에는 문화적 배경에 따라 카우등(밤의 빛) 아래서 자기 숭배의 시간을 갖고 청소년 및 어린이는 각 가정을 방문하여 노래를 부르면 집주인은 돈과 과일, 쌀을 준다. 다섯째 날은 바이 티카Bhai Tika로 자매들이 형제의 이마에 티카tika를 붙여 장수를 기원하고 그들의 보호에 감사하는 날이다.

11 바이 푸자Bhai Puja

빛이 어둠을 이기고 선이 악을 이긴 것을 기념하는 빛의 축제로 매년 가을 카르티카(10월 중순에서 11월 중순 사이)에 열린다. 꽃과 티카tika를 친형제와 배다른 형제의 이마에 붙이면 그 형제는 답례로 돈과 포목, 장신구를 준다.

12 발라 차투르다시Bala Chaturdasi

매년 11월 말이나 12월 초에 작은 심지 램프의 불빛으로 밤을 지새우며 축제를 시작한다. 죽은 사람(친척)을 추모하기 위해 바그마티강에서 목욕을 하고 파슈파티나트 사원에서 의식을 치른다. 죽은 친척에게는 더 좋은 천국으로 인도하기 위해, 화장 시 제대로 타지 않은 영혼에게는 영혼을 진정시키기 위해 기도한다.

13 카르티크 푸르니마Kartik Purnima

매년 음력 11월 15일(11월~12월)에 여는 축제이다. 카르티카는 힌두력으로 10월 중순에서 11월 중순까지를 뜻하고, 푸르니마는 보름달이라는 뜻이다. 트리푸리 푸르니마Tripuri Purnima와 트리푸라리 푸르니마Tripurari Purnima로도 알려져 있고, 때때로 신들의 빛의 축제인 데바 디왈리Deva Diwali 또는 데바 디파왈리Deva Deepawali로도 불린다. 카르티카 디팜은 남인도와 스리랑카에서 다른 날에 기념하는 관련 축제이다. 카르티카에 3년 연속으로 기도를 하면 남자아이를 가질 수 있다고 믿는다. 브라만Brahman이 목욕한 물만 마시면서 한 달 동안 단식을 한다. 간혹 죽는 사람이 생기지만 그래도 그들은 한 달 단식을 이겨낸다. 단식 마지막 날에 사원은 환희와 장식으로 가득 차고, 그날 밤은 노래와 춤으로 지샌다. 다음 날 아침 카일라스Kailash산에서 승려의 접견을 받고, 단식에 참가한 여자들은 집으로 돌아와 다시 가족과 친지들의 환영을 받는다.

14 가네시 차투르티Ganesh Chaturthi

카일라스 여신과 함께 시바 신의 아들이자 지혜와 행운의 신인 가네시의 도착을 축하하는 힌두교의 축제이다. 이 축제는 1893년에 시작되었고, 푸네Pune에서 록마냐 틸락Lokmanaya Tilak으로 통칭되는 슈리 발 강가다르 틸락Shri Bal Gangadhar Tilak이 점토로 정교하게 빚은 신의 조각상을 집에 설치하는 것이 특이하다. 축제는 시작 후 열흘째에 끝나는데, 이때 정교하게 만들어진 조각상이 음악과 단체 구호를 외치는 군중들에 의해 비사르잔visrjan이라고 불리는 강이나 바다와 같은 가까운 물속에 던져지게 된다. 뭄바이에서만 연간 약 15만 개의 조각상이 물에 잠긴다. 그 후 점토 조각상이 풀어 해체되면서 가네시는 카일라스산으로 돌아와 파르바티Parvati와 시바Shiva로 돌아온다고 믿어진다. 매년 8월 22일에서 9월 20일 사이에 축제가 있다.

15 바산트Basant 또는 바산트 판차미Basant panchami

펀자브에서 열리는 바산트 판차미 축제 중 봄철 연날리기 행사이다. 펀자비Punjabi 달력에 의하면 음력 1월 말이나 2월 초에 행해진다. 날짜는 힌두 전통 달력에 정해져 있지만 파키스탄 같은 경우에는 2월 말이나 3월 초의 일요일로 정해져 있는데 이마저도 여러 가지 안전상의 이유로 2007년도부터 연날리기 행사가 금지되었다.

16 홀리Holi

봄의 축제, 색깔의 축제 또는 사랑의 축제로도 알려진 인기 있는 고대 힌두교의 축제이다. 이 축제는 라다 크리슈나Radha Krishna의 영원하고 신성한 사랑을 기념한다. 홀리는 봄의 도래, 겨울의 끝, 사랑의 꽃을 피우는 것을 축하하고 많은 사람들에게, 다른 사람들을 만나고, 놀고 웃고, 잊고 용서하고, 깨진 관계를 회복하는 축제일이다. 그레고리력으로 3월 중순에 해당하는 힌두력 팔구나Phalguna 달의 푸르니마(보름달) 저녁에 시작하여 1박 1일 동안 계속된다.

17 마가 푸르니마Magha Purnima

마가 푸르니마는 힌두력 마가Magha 달에 나타나는 보름달의 날로 알려져 있다. 이 날은 그레고리력으로 1월이나 2월에 해당한다. 이 기간 동안, 상서로운 쿰브멜라Kumbh Mela는 12년마다 열리며, 마가멜라Magha Mela는 알라하바드Allahabad나 프라야그Prayag와 같은 북인도 전역 세 개의 강이나 트리베니 상암Triveni Sangam에서 매년 열린다.

네와르의 젊은이들은 마가 달이면 매일 아침 바그마티강Bagmati River에서 목욕 재신을 한다. 그리고 마지막 날에 목욕하던 장소에서 사원까지 운반된다. 이때 이들은 장식한 들것에 실려서 가는데, 반드시 들것 위에 몸을 눕히고 가슴과 팔다리 위에 초롱불을 켜고 간다. 초롱에서 통기는 불꽃을 방지하기 위해 이들은 거의가 녹색 안경을 쓰고 있는데 그 행렬은 장관이다. 이들 뒤로는 또 다른 목욕 재신자들이 따른다. 그들은 흙으로 만든 물동이를 머리에 이고 있다. 물동이는 가느다란 새끼로 수많은 구멍을 뚫어놓아 물이 줄줄 새어 나온다. 통행인들은 물동이에서 흘러나오는 물을 받아서 다시 그들의 얼굴에 뿌린다.

18 — 고라 자트라Ghora Jatra

네팔 군대가 주로 축하하는 말 축제를 의미하며 매년 3월 30일 도심 한복판에 있는 툰디켈Tundhikhel이라고 불리는 연병장에서 경마와 퍼레이드를 한다.

정부 관리들은 그들이 소유하고 있는 모든 말을 중앙 연병장에 집결하고, 연병장 중앙에 있는 기념 건물(장 바하두르 경의 동상이 서 있다)

위의 왕과 정부 고관들의 사열대를 지나 경마를 한다. 장 바하두르 경의 동상을 세운 기념 건물의 완성 축하일에, 이 연병장에서 축제를 벌이고, 정부 관리들은 천막을 치고 이틀 밤낮을 도박으로 지내는 것이 허용된다.

이때 기념물은 일루미네이션으로 휘황찬란하게 장식한다. 그러나 장 바하두르 경의 동상 및 네 마리의 용 동상이 장 바하두르 경을 위해 새로 지은 사원으로 옮겨진 후부터는 축하 장소도 그곳으로 옮겨 갔다.

부록 · 등산 용어집

- 걸리 — Gully(영)

  산 측면 위 또는 능선을 향해 깊이 파 들어간 급준한 넓은 구덩이를 말함. 독일어의 Rinne와 같음.

- 카라비너 — Karabiner(독)

  암벽을 오를 때 하켄을 써서 로프를 통하는데, 이때 사용하는 동철제로서 개폐가 용이한 환형물을 말함.

- 킥스텝 — Kick Step(영)

  눈 계곡雪溪 등반을 할 때 등산화로 눈을 파헤치면서 발 위치를 마련하는 것을 말함.

- 캠핑 — Camping(영)

  천막을 치는 의미지만 천막생활의 뜻으로 사용됨. 캠프를 하는 데 적당한 조건을 가진 장소를 Camp Site라고 함.

- 크러스트 — Crust(영)

  태양열과 풍압에 의해 형성된 겉눈(표면설)을 말하며 풍압에 의해 굳어진 것을 Wind Crust라고 함.

- 크랙 — Crack(영)

  바위 사이로 손이 하나 들어갈 정도의 공간을 말함.

- 크레바스 — Crevasse(불)

  주로 설계나 빙하상의 균열 진 곳. 독일어의 Spalte와 같음.

- 캐언 — Cairn(영)

  등로 표식, 기타 여러 가지 목적을 위해 쌓아 올린 돌탑을 말함. 독일어의 Steinmann과 같음.

- 코스 — Course(영)

  진로, 방침. 여기서는 행정行程의 뜻을 말함.

- 콜 — Col(불)

  고개의 뜻. 인문적으로 멀리 떨어진 깊은 산의 고개를 말함.

- 콤파스 — Compass(영)

  자석을 말함.

- 데브리 — Débris(영, 불)

  눈사태로 인해 밀려 쌓인 눈덩어리를 말함.

- 톱 — Top(영)

  선두.

- 트래버스 — Traverse(영)

  횡단의 뜻으로 등반 중 방해물 있어서 직등할 수가 없을 때 옆으로 달라붙어
  가는 것을 말함.

- 트레이닝 — Training(영)

  신체를 단련하는 것을 말함. 대규모의 등산을 하기 전에는 필요한 것임.

- 리스 — Riss(독)

  바위의 벌어진 틈을 말함.

- 리지 — Ridge(영)

  주로 산의 능선에 쓰이는 말.

- 린네 — Rinne(독)

  가파르고 험준한 암산의 넓은 구거를 말함. 영어의 Gully와 같음.

- 루트 — Route(영)

  예정한 방향 즉, 등로를 말함.

- 록클라이밍 — Rock-climbing(영)

  암등을 말함.

- 룬제 — Runse(독)

  능선 또는 산정으로 깊이 파 들어간 암구岩溝를 말함. 본래는 Rinne보다는 얕
  은 정도를 말함.

- 모레인 ─ Moraine(영, 불)

  빙하에 의해 운반된 빙하의 말단에 있는 암석인데 '퇴석'이라고도 함.

- 비박 ─ Bivouac(불)

  노영의 뜻으로 모닥불 옆이나 바위 그늘에서 간단하게 하룻밤을 새우는 것을
  말함.

- 슬리핑백 ─ Sleeping bag(영)

  침낭를 뜻하며 방수포, 모포, 우모로 만든 것.

- 스텝컷팅 ─ Step cutting(영)

  빙설의 사면에 피켈로 발의 위치를 고정하는 것을 말함.

- 슬립 ─ Slip(영)

  미끄러지는 것, 활락滑落하는 것을 말함.

- 세락 ─ Serac(영)

  빙하가 급사면에 떨어지거나 밀려 내려갈 때 생기는 탑 모양의 얼음덩어리를
  말함.

- 아이스바일 ─ Eisbeil(독)

  특히 빙벽 등반용으로 만든 것으로 햄머와 피켈의 특징만을 따서 만든 소형 도
  끼.

- 아이스하켄 ─ Eis-haken(독)

  빙설에 덮인 벽이나 산 능선을 등반할 때 보통 하켄으로는 그 길이가 짧아서
  확보가 안 되기 때문에 특별히 긴 것을 사용함.

- 아바랑슈 ─ Avalanche(불)

  눈사태를 말함. 독일어로는 Lawine라고 함.

- 어센트 ─ Ascent(영)

  등산을 말함. first ascent는 초등의 뜻으로 아직 한 사람도 들어가지 않은 루트
  를 극복할 때 쓰임.

- 어택 — Attack(영)

  공격의 뜻으로 험악한 지점에 도전함을 말함.

- 아이스 폴 — Ice fall(영)

  빙폭.

- 압자일렌 — Abseilen(독)

  로프를 확보하고 줄에 매달려서 암벽을 내려가는 기술.

- 아이젠 — Eisen(독)

  빙설의 사면을 오르고 내리고 할 때 미끄러지지 않도록 등산화 밑에 붙이는 뾰족한 쇠붙이를 말함.

- 알피니스트 — Alpinist(독)

  등산가의 뜻. 특히 높고 험준한 산악을 대상으로 등산하는 사람을 말함. 독일어의 Bergsteiger와 같음.

- 알프스 — Alps(독)

  어원으로는 Alm(독), Alpe(불), Alpi(이) 등이 있음. 고지의 목장, 초원 등을 의미함.

- 앵커 — Anchor(영)

  배의 닻이라는 뜻. 등산에서는 자기 확보를 의미하며 또 하강할 때 맨 뒤에 따르는 자를 말함.

- 안자일렌 — Anseilen(독)

  로프로 서로의 몸을 연결하고 확보하는 것을 말함.

- 안부 — 鞍部

  말안장과 같이 산과 산 사이가 넓어지고 평탄한 부분을 말함.

- 윈드자켓 — Wind jacket(영)

  방풍의. 추위와 바람을 막기 위해 통풍이 안 되는 천으로 만든 두건이 달린 옷을 말함. 아노락anorak.

- 익스페디션 — Expedition(영)

  탐험 또는 원정을 말함.

- 에델바이스 — Edelweis(독)

  알프스, 히말라야 고산에서 볼 수 있는 바위틈(석회질)에 피는 순백색의 꽃. 스위스의 국화이며, 우리나라에서는 설악산 또는 국망봉에서 핌.

- 오버행 — Overhang(영)

  암벽의 일부가 흉터 모양으로 튀어나와 머리 위에 덮여 있는 것 같은 장소를 말함.

- 자일 — Seil(독)

  등산용 줄을 말함. 영어의 Rope와 같음.

- 자이언트 — Giants(영)

  거인의 뜻이지만 히말라야에서는 8,000미터급의 거봉을 말함.

- 피크 — Peak(영)

  산정의 뾰족한 봉우리를 일컫는 말이지만 연속된 산봉우리 하나하나를 가리켜서 말할 때도 있음.

- 침니 — Chimney(영)

  암벽과 암벽 사이의 틈이 마치 연통을 세로로 쪼갠 것과 같음을 말함.

- 고도순응

  히말라야 4,000미터 이상의 고도에 오르게 되면 기압이 낮고 산소가 희박해 고산병의 증세가 나타남. 이것을 피하기 위해 일정 기간을 두고 어느 지점까지 서서히 오르내리는 훈련을 반복하면 자연히 신체가 고도에 적응되어 등반에 지장이 없는 상태를 이루게 되는 것을 말함.

- 러셀 — Russell

  눈을 헤쳐 길을 트면서 나아가는 것을 말함.

개정판 부록

네팔의 군주

네팔의 군주들은 1743년부터 2008년 네팔 왕국이 해체될 때까지 네팔 왕국을 통치한 샤 왕조Shah dynasty의 일원이다. 그러나 1846년부터 1951년 네팔 혁명까지 라나 가문이 총리를 세습함으로써 이를 라나 왕조Rana dynasty라 부르고 사실상 국왕은 상징적으로 변했다. 1990년 11월, 네팔 인민 운동인 자나 안돌란 운동Jana Andolan movement으로 절대 군주제가 종식되고 입헌 군주제가 시작되었다. 자나 안돌란은 네팔 국왕이 절대 군주제를 종식시키고 민주 개혁을 받아들여 입헌 군주제의 시작을 가져온 민주화 운동이다.

프리트비 나라얀 샤Prithvi Narayan Shah는 아버지 나라 부팔 샤Nara Bhupal Shah가 죽은 후 1743년에 고르카 왕국의 왕좌에 올랐다. 그는 1744년 누와콧Nuwakot을 침공한 후 네팔을 설립했고, 이것이 현재 네팔 통일 과정의 시작이었다. 그는 1768년 12월 21일 카트만두를 함락함으로써 통일된 네팔 왕국의 건국을 선포했다. 프리트비는 31년 이상 통치한 후 1775년 1월 11일 사망했는데, 그의 통치 말기에 누와콧, 마칸푸르Makwanpur, 네팔 계곡을 정복했다. 프리트비가 죽자 그의 아들 프라탑 싱 샤Pratap Singh Shah가 왕으로 임명되었지만, 1777년 26세의 나이로 요절했다. 같은 날, 그의 어린 아들 라나 바하두르 사Rana Bahadur Shah가 그의 어머니 라젠드라Rajendra 여왕과 함께 왕위에 올랐고, 후에 그의 삼촌인 바하두르 사Bahadur Shah가 섭정으로서 왕이 되었다.

후에 라나 바하두르가 왕위를 물려주고 그의 사생아 기르반 유다 빅람 사Girvan Yuddha Bikram shah가 왕이 되었다. 기르반의 통치기간 동안인 1814년에 영국−네팔 전쟁이 발발했고, 그 결과 1816년에 맺어진 스가울리 조약Treaty of Sugauli으로 영토의 3분의 1을 잃으면서 전쟁이 종결되었다. 왕은 천연두에 걸린 후 1816년 11월 20일에 사망했다. 라젠드라 빅람 샤는 세 살 때 의붓 할머니인 랄리타 트리푸라 순다리 데비Lalita Tripura Sundari Devi 여왕과 빔센 타파 총리의 섭정으로 아버지의 뒤를 이었다. 그는 라지야 락슈미 데비Rajya Lakshmi Devi의 조언만으로 네팔을 통치하겠다고 선언했다. 1846년 코트 대학살Kot massacre로 자신의 모든 권력을 랄리타 트리푸라 순다리 데비에게 넘겨주었다.

대학살 이후, 융 바하두르 라나Jung Bahadur Kunwar Ranaji는 권력을 잡고 사실상 나라를 통치했고 1세기 이상 나라를 통치한 라나 왕조를 시작했다. 다음 해, 라젠드라Rajendra는 하누만 도카Hanuman Dhoka에 있는 융 바하두르에 의해 투옥되고 그의 아들 수렌드라 빅람 샤가 왕위에 올랐다. 그의 힘은 제한적이었다. 장남 트레일로키아Trailokya Bir Bikram Shah Deva는 1878년 30세의 나이에 사망했고, 장

남의 사망 3년 후인 1881년에 수렌드라도 죽었다. 수렌드라의 손자 프리트비 비르 빅람 샤가 왕이 되었지만, 그도 할아버지와 같이 권력을 가지고 있지 않았다. 1911년 프리트비가 36세에 요절하자 다섯 살 난 아들 트리부반이 그의 뒤를 이었다.

1950년, 트리부반은 라나를 권좌에서 몰아내기 위해 정치적으로 인도에 망명했고, 이에 대응하여 트리부반의 손자 갸넨드라가 라나 정부에 의해 네팔의 새로운 왕으로 임명되었다. 트리부반은 라나 가문과의 합의 후에 네팔로 돌아와서 1951년 다시 왕위에 올랐다. 1955년 트리부반이 죽자 마헨드라가 왕이 되었다. 1960년, 그는 의회와 내각을 해산하고 당시 총리였던 코이랄라B.P.Koirala와 그와 가까운 정부 각료들을 구속하는 쿠데타를 일으켰다. 1962년 인도 민주주의의 변형인 판차야트Panchyat 제도를 도입하고 중국과 인도 사이의 중립 외교정책을 추구했다. 강력한 토지개혁 정책을 실시하고 네팔을 유엔 회원국에 가입시켰으며 임기 중 미국을 두 번 방문했다.

마헨드라는 치트완에서 사냥 행사 도중 심장마비를 일으킨 후유증으로 1972년에 사망했다. 1975년 그의 아들 비렌드라가 왕위에 올랐다. 1990년 네팔에서 민주화 폭동이 일어나 입헌 군주제가 되었다. 2001년 6월 1일 네팔 왕실에서 일어난 대규모 총격으로 비렌드라 왕이 사망했다. 정부는 비렌드라의 아들 디펜드라를 범인으로 지목했다. 디펜드라는 스스로 총을 쏜 후 혼수상태에 빠졌지만 혼수상태에서 왕으로 선포되었다. 그는 3일 후에 병원에서 사망했다. 그의 삼촌 갸넨드라가 다시 왕위에 올랐고 그의 통치기간 동안 네팔 내전의 반란이 커져만 갔다. 2008년 갸넨드라는 네팔의 왕에서 물러나 네팔연방민주공화국이 되었다.

	이름	생몰	재임 기간	비고
1대	프리트비 나라얀 샤 Prithvi Narayan Shah	1723.1.11 ~1775.1.11 (52세)	1743.4.3 ~1775.1.11 (31년 314일)	나라 부팔 샤Nara Bhupal Shah의 아들. 네팔 경계 확정.
2대	프라탑 싱 샤 Pratap Singh Shah	1751.4.16 ~1777.11.7 (26세)	1775.1.11 ~1777.11.17 (2년 310일)	프리트비 나라얀 샤의 아들
3대	라나 바하두르 샤 Rana Bahadur Shah	1775.5.25 ~1806.4.25 (30세)	1777.11.17 ~1799.3.8 (21년 111일)	프라탑 싱 샤의 아들
4대	기르반 유다 빅람 샤 Girvan Yuddha Bikram Shah	1797.10.19 ~1816.11.20 (19세)	1799.3.8 ~1816.11.20 (17년 257일)	라나 바하두르 샤의 아들
5대	라젠드라 빅람 샤 Rajendra Bikram Shah	1813.12.3 ~1881.7.10 (67세)	1816.11.20 ~1847.5.12 (30년 173일)	기르반 유다 빅람 샤의 아들
6대	수렌드라 빅람 샤 Surendra Bikram Shah	1829.10 ~1881.5.17 (51세)	1847.5.12 ~1881.5.17 (34년 5일)	라젠드라 빅람 샤의 아들 장남 트레일로키아Trailokya Bir Bikram Shah Deva는 1878년 30세의 나이에 사망했다.
7대	프리트비 빅람 샤 Prithvi Bir Bikram Shah	1875.8.8 ~1911.12.11 (36세)	1881.5.17 ~1911.12.11 (30년 208일)	수렌드라 빅람 샤의 손자
8대	트리부반 비르 빅람 샤 Tribhuvan Bir Bikram Shah	1906.6.30 ~1955.3.13 (48세)	1911.12.11 ~1959.11.7 (38년 331일)	프리트비의 아들
9대	갸넨드라 비르 빅람 샤 Gyanendra Bir Bikram Shah	1947.7.7 (74세)	1950.11.7 ~1951.1.7 (61일)	트리부반 비르 빅람 샤의 손자 1951년 네팔 혁명. 할아버지 트리부반과 가족 모두 인도에 망명함.
10대	트리부반 비르 빅람 샤 Tribhuvan Bir Bikram Shah	1906.6.30 ~1955.3.13 (48세)	1951.17 ~1955.3.13 (4년 65일)	프리트비의 아들. 두 번째 재위
11대	마헨드라 비르 빅람 샤 Mahendra Bir Bikram Shah	1920.6.11 ~1972.1.31 (51세)	1955.3.13 ~1972.1.31 (16년 324일)	트리부반 비르 빅람 샤의 아들
12대	비렌드라 비르 빅람 샤 Birendra Bir Bikram Shah	1945.12.28 ~2001.6.1 (55세)	1972.1.31 ~2001.6.1 (29년 121일)	마헨드라 비르 빅람 샤의 아들
13대	디펜드라 비르 빅람 샤 Dipendra Bir Bikram Shah	1971.6.27 ~2001.6.4 (29세)	2001.6.1 ~2001.6.4 (3일)	비렌드라 비르 빅람 샤의 아들 뇌사
14대	갸넨드라 비르 빅람 샤 Gyanendra Bir Bikram Shah	1947.7.7 (74세)	2001.6.4 ~2008.5.28 (6년 359일)	트리부반 비르 빅람 샤의 손자 두 번째 재위. 군주제 폐지로 네팔의 마지막 왕이 됨.

영국 변리공사 리스트

윌리엄 헌터 더글러스 녹스William Hunter Douglas Knox (1802 ~ 1803)

배치하지 않음. (1803 ~ 1816)

존 피터 보일로John Peter Boileau (acting) (1816)

에드워드 가드너Edward Gardner (1816 ~ 1829)

브라이언 호튼 호지슨Brian Houghton Hodgson (1829 ~ 1831)

토머스 허버트 매독Thomas Herbert Maddock (1831 ~ 1833)

브라이언 호튼 호지슨Brian Houghton Hodgson (1833 ~ 1843)

헨리 몽고메리 로렌스Henry Montgomery Lawrence (1843 ~ 1845)

존 러셀 콜빈John Russell Colvin (1845 ~ 1847)

찰스 토레스비Charles Thoresby (1847 ~ 1850)

제임스 클라우디우스 어스키네James Claudius Erskine (1850 ~ 1852)

조지 램지George Ramsay (1852 ~ 1867)

리처드 찰스 로렌스Richard Charles Lawrence (1867 ~ 1872)

찰스 에드워드 리지웨이 거들스톤Charles Edward Ridgway Girdlestone

(1872 ~ 1888)

에드워드 로 듀랜드Edward Law Durand (1888 – 1891)

헨리 와일리Henry Wylie (1891 – 1899)

아치발드 문고 뮤어Archibald Mungo Muir (1899)

윌리엄 록William Loch (1899 – 1900)

토머스 콜드웰 배스Thomas Caldwell Pears (1900 – 1902)

찰스 위더스 레이븐쇼Charles Withers Ravenshaw (1902 – 1905)

존 매너스 스미스John Manners Smith (1905 – 1916)

스튜어트 파콰르슨 베이리Steuart Farquharson Bayley (1916 – 1918)

윌리엄 프레드릭 트래버스William Frederick Travers (1918 – 1923)

* 괄호 속 숫자는 재임 기간임.

『히말라야 다울라기리 산군의 탐사기』
개정판에 부치는 글

박철암 선생과 나

김영도(1977년 에베레스트 원정대장)

박철암(朴鐵岩) 선생은 엄연한 의미에서 탐험가다. 그의 인생은 일찍이 등산이 앞섰지만 후년의 탐험 행적은 등산 이상으로 독특한 차원에 이르렀다. 이제 그의 다울라기리 탐사 60주년을 맞으며 나는 그가 걸어간 자연인으로서의 면모를 새삼 눈앞에 그린다.

오늘날 1960년대를 머리에 그리기는 쉽지 않다. 세상이 너무 변천했다는 이야기인데, 그런 시대에 박철암 선생은 남달리 멀리 히말라야를 그리워했으니 실로 놀라운 이야기다.

우리나라는 원래 저산지대로, 대자연과 너무나 동떨어진 자연 조건하에 있어서 이른바 도전 의식이 싹틀 여지가 없었다. 따라서 알피니즘이라는 서구적 선진 사조와는 거리가 먼 생활 감정이 지배적이었다. 그 사실을 오직 황무지였던 당시 우리 산악계가 그대로 보여준다.

1960년대 히말라야는 이제 겨우 개산 시기로 선진 등산국의 개척적 도전을 받고 있었다. 그런 시대에 박철암 선생의 꿈이 함께했으니 그 성과를 묻기 이전에 그저 놀라울 따름이다. 나라는 저개발 상태에, 6·25가 가져온 사회적 혼돈이 아직 가시기 전이었는데, 멀리 해외로 눈을 돌린다는 것 자체가 생각조차 하기 어려웠다.

다울라기리는 히말라야 거봉으로 그 위치는 낮은 편이지만, 표고 4,000미터 급인 서구 알프스를 뛰어넘어 바로 8,000미터 고소인 히말라야에 꿈을 폈던 박철암 선생의 고답적인 안식과 의욕은 그야말로 선구적이었다.

오늘날 알피니즘은 그 본연의 차원에서 퇴색하고 있는 셈이다. 지구상 고산군에서 미답봉은 사라지고 대자연성이 상실됐으니 새삼 알피니즘의 존재 이유를 운운할 여지도 없다.

박철암 선생은 1971년 우리나라 산악계 최초로 히말라야 8,000미터 급 고봉인 로체샤르에 도전했다. 그 장거는 뜻하지 않은 대원의 고산병으로 뜻을 이루지 못했지만, 원정대가 8,000미터 플라토까지 진출했다는 것은 경이적이고 기록적인 성취였다.

독일 철학자 빈델반트가 "이름에는 운명이 있다."고 했는데, 박철암(朴鐵岩)이야말로 그 전형적인 예가 아닌가 싶다. 선구자적 산악인 탐험가의 면모가 바로 그의 이름에 나타나 있고도 남음이 있다.

오늘날 박철암을 기억하기에는 세월이 흘렀고 시대도 많이 바뀌었다. 그러나 그의 명성은 엄연히 존재한다. 나는 언제나 산악인에 앞서 탐험가 박철암을 잊지 못하는데, 그가 남긴 티베트 무인구의 탐사 기록인 저술들은 역사적이고 기념비적이다.

이제 박철암 선생의 다울라기리 탐사 60주년을 맞으며, 나는 그것이 이른바 인생에서의 회갑과는 달리, 오직 시대적 이륙과 도약의 60주기임을 회상한다.

내 인생의 스승! 박철암 선배와의 인연

오홍배(경희대학교 산악회 67학번)

내가 경희대학교 산악부에 입회한 1967년은 박철암 선배의 히말라야 원정 영향으로 산악부에 대한 인기가 높아 매년 150여 명의 신입생이 지원하여 성황을 이루었습니다. 이렇게 많은 산악부 선배 중에서 내가 가장 존경하는 인물이 박철암 선배입니다. 후에 나의 결혼식주례를 봐주신 분이기도 합니다.

박철암 선배와의 인연은 1969년 한라산 적설기 산행에서 시작되었습니다. 그때의 한라산 적설기 산행은 제주대학이 주최하고 문교부, 중앙일보, 대한산악연맹 등이 후원하는 대학생 등반대회로, 적설기로는 전국 최초였으며, 여러 대학팀 및 주최 측 인원 포함 70여 명이 참가한 산행이었습니다. 나는 그 대회의 심판 위원장이었던 박철암 선배의 수행원으로 참가하였습니다.

1962년 한국 최초의 히말라야 원정 이후 후배 산악인들에게 꿈을 심어주고 국내 산악계 발전을 위한 각종 등반대회에서 나는 박철암 선배의 짐을 덜어주고 수행원으로서 역할을 다하였습니다. 등반대회 기간 가까워진 덕분인지 박철암 선배는 나에게 많은 이야기를 들려주었습니다. 이를 통하여 그분의 산에 대한 자세와 지식을 전수하고 인간적인 면모까지 경험하게 된 기회가 되었습니다.

그분은 산에서 자생하는 나무, 식물들에 대한 관심이 많고, 물 주변에는 어떤 나무와 식물이 자라는지 관찰하여 이 식물들이 군집하는 곳 주변에서 물이 있는 곳을 찾아내곤 하였습니다.

식물에 대한 관심은 티베트 탐사에서도 발휘되어 많은 희귀 고산 식물들을 발견하고 기록하며 티베트 식물도감 및 사진집을 발간하기도 하였습니다. 지구상에 아직 아무도 가지 않은 미지의 세계 무인구 탐험은 박철암 선배의 사상을 엿볼 수 있는 업적입니다.

티베트와 무인구에 대한 관심이 탐험으로 이어진 시기는 그의 나이 칠순이 넘은 때이며 무인구 탐험을 마친 해는 이미 구순이 넘었습니다. 구순이 넘어도 식지 않은 열정과 매서운 눈빛을 보여준 그는 영원한 젊은이였습니다.

그분에게 배운 후배를 지도하는 철학이 있습니다. 잘못하는 후배를 용서하고 바른 행동을 하도록 이끄는 것입니다. 그분의 철학을 배워, 지금 기업을 하는 입장에서, 회사에서 사고를 치는 직원을 14번이나 용서하면서 가르쳤더니 그 직원도 지금은 무탈하게 회사에 잘 다니고 있습니다.

히말라야 원정을 가기 위하여 아내와 세 자녀가 살던 집까지 팔면서 어려운 원정길에 올랐던 도전 정신을 기리며, 한국 최초 히말라야 원정 60주년을 맞이하여 박철암 선배의 선구자로서의 헌신에 감사드립니다.

그분이 집필하신 원정기록『히말라야 다울라기리 산군의 탐사기』재출간을 기쁘게 생각하며 다시 한번 축하드립니다.

늘 꿈꾸고 도전한 산악인, 중산 박철암

사람은 누구나 '꿈'을 꿉니다. 바라고 원하는 꿈 말입니다. 그래서 꿈
은 아직 없는 것, 아직 실현되지 않은 것이지요. 없는 것은 결핍, 즉
부족함을 뜻합니다. 없어도 되는 것이 없는 것은 결핍이 아니지만, 바
라고 원하는 것이 없는 것은 결핍입니다. 꿈이 있다는 것은 있어야 할
것이 없는 상태를 말하겠지요. 사람은 없는 것은 있는 것으로, 부족한
것은 채우고 싶어 합니다. 그래서 꿈을 꾸고, 그것을 실현하기 위해
노력합니다. 어쩌면 이 과정이 인간의 삶이 아닌가 하는 생각도 해봅
니다. 그러나 꿈을 실현하는 사람은 그리 많지 않습니다. 누구나 꿈을
꾸지만 많은 사람의 꿈은 말 그대로 '꿈'으로 남습니다.

　　꿈 이야기를 조금 더 해 보겠습니다. 꿈은 개인적인 꿈도 있고,
가족의 꿈도 있고, 한 공동체의 꿈도 있고, 인류 전체의 꿈도 있습니
다. 개인적인 꿈의 실현은 개인적인 것으로 머물기도 하지만, 어떤 꿈

은 가족 또는 한 공동체의 꿈과 연결되어 있기도 합니다. 또 어떤 꿈은 인류가 꿈꾸는 미래와 맞닿아 있는 것도 있습니다. 인류의 역사는 인간이 꿈을 실현하는 과정의 연속이라고 말할 수도 있을 것 같습니다. 개인적인 꿈은 개인만이 실현할 수 있지만, 가족이나 공동체 그리고 인류의 꿈은 그 구성원이면 누구든지 실현, 가능하겠지요.

꿈꾸고 도전하는 사람만이 없는 것을 있는 것으로 만들 수 있습니다. 여기 꿈꾸고, 그 꿈을 실현한 한 산악인이 있습니다. 그는 중산 박철암 선생입니다. 한국 산악사에서 선생은 늘 '최초'라는 수식어를 달고 다닙니다. 2022년 올해는 선생에게 '최초'라는 수식어가 붙은 지 60년이 되는 해입니다. 1962년 선생은 한국인 최초로 '세계의 지붕, 히말라야'와 마주하게 됩니다. 개인의 꿈과 산악인 공동체의 꿈이 함께 실현된 것이죠.

박철암 선생에게 히말라야는 정말 '꿈'이었습니다. 선생의 꿈은 1958년 2월 종로의 어느 다방에서 시작됩니다. 선생의 나이 이미 41세였습니다. 그로부터 4년 후 선생은 꿈에 그리던 히말라야에 첫발을 딛습니다. 없는 것을 있게 만드는 순간입니다. 그러나 이 원정이 그리 원만하게 진행된 것은 아닙니다. 원정이 아니라 '정찰'에 머물 수밖에 없었던 이야기, 경비 마련을 위해 집을 팔아야 했던 이야기 등은 이미 잘 알려져 있습니다.

박철암 대장이 이끄는 경희대 산악회는 이 원정에서 다울라기리

2봉 접근로 탐사와 무명봉(6,700m) 등반이라는 성과를 거두었습니다. 지금의 기준으로 보면 그리 큰 성과라고 할 수 없지만, 정보와 물자 등 부족한 것이 많았던, 최초의 원정이라는 점에서 놀라운 성과라고 평가해도 될 것 같습니다. 이러한 평가와 별개로 제가 더 주목하는 것은 이후 해외 원정을 이어가는 후배들에게 가능성과 자신감을 심어주었다는 점입니다.

히말라야는 이전에 경험해보지 못한 환경이었습니다. 곳곳에 숨어있는 크레바스, 언제 떨어질지 알 수 없는 세락과 눈사태, 겨우 20발을 움직이고 주저앉을 수밖에 없는 극한의 지대였습니다. 6,700m 무명봉, 그곳에서 바라본 히말라야는 장엄함, 그 자체였습니다. 선생은 흘러내리는 눈물을 닦으며 "드디어 우리는 승리하였노라."라고 외쳤습니다. 저로서는 그때 선생의 심정을 헤아리기 어렵습니다.

1963년 선생은 『히말라야 다울라기리 산군의 탐사기』를 세상에 내놓았습니다. 이 책은 히말라야 다울라기리 탐사 80여 일의 여정을 담은 것입니다. 선생이 한국인 최초로 히말라야 땅을 밟았으니, 이 책 역시 한국인이 최초로 쓴 히말라야에 관한 생생한 기록이 되었지요.

앞서 이야기했듯이, 선생은 한국 히말라야 등반사에서 늘 '최초'라는 수식어를 달고 다니지만, 정상 등정의 감격과 영광은 누리지 못했습니다. 그러나 나는 선생이 한국 해외 원정 등반사에서 정상 등정의 쾌거보다 더 크고 의미 있는 일을 남겼다고 말하고 싶습니다. 그것은 바로 『히말라야 다울라기리 산군의 탐사기』때문입니다.

선생은 이 책에서 여정 중에 보고, 듣고, 느낀 것을 꼼꼼하고 담백하게 기술하고 있습니다. 세로쓰기로 제작한 문고판보다 조금 큰 사륙판에 많은 사진을 함께 수록해 제작 당시 공을 많이 들인 것으로 보입니다. 컬러 사진도 몇 장 있습니다. 이 책은 크게 세 부분으로 구성되어 있습니다. 첫 부분은 경희대 산악부의 다울라기리 원정 전 과정을, 두 번째는 헤르만불의 낭가파르바트와, 1950년과 1953년 에베레스트 등정 등을 다루고 있습니다. 그리고 마지막으로 네팔의 역사와 종족 그리고 문화를 두루 소개하고 있습니다.

『히말라야 다울라기리 탐사기』는 운영 및 장비 계획 등 준비 과정부터 카라반, 정찰, 귀로까지 모두 11개의 장으로 구성되어 있습니다. 히말라야로 향하는 길은 참으로 긴 여정이었습니다. 60년 전, 1962년이었으니까요. 1962년 8월 15일 광복절, 우리나라를 출발한 일행은 일본, 필리핀 경유 방콕, 인도를 거쳐 네팔까지 10여 일 동안 먼 길을 가야 했습니다. 비행기로 때로는 열차로 말입니다.

9월 4일부터 22일까지 18일 동안의 카라반, 네팔 상공에서 손에 잡힐 듯 내려다본 눈 덮인 히말라야는 쉽게 얼굴을 드러내지 않았습니다. 베이스캠프로 가는 카라반 동안 선생은 네팔의 자연과 마을 그리고 많은 사람을 만났습니다. 원정의 목적은 산을 오르는 것이지만, 선생의 시선은 산만 바라보지 않았습니다. 선생은 히말라야와 그곳에 기대어 살아가는 사람들을 따뜻한 시선으로 바라보았습니다.

히말라야는 성스러운 신의 영역입니다. 네팔 사람들은 수천 년 동안 신이 내린 질서에 순응하며 히말라야의 품속에서 신선한 물과 공기를 마시고 신비로운 향기에 둘러싸여 기도하며 살았습니다. 히말라야를 이해하는 여러 측면 중 하나는 네팔 사람들의 삶을 들여다보는 것이 아닐까 생각합니다. 왜냐하면 네팔 사람들의 삶 속에 히말라야가 투영되어 있기 때문입니다.

네팔 사람들이 먹고, 입고, 사는 집과 아이들, 학교, 생업, 예술, 건축, 나아가 장례 풍속에 이르기까지 선생의 관심은 끝이 없었습니다. 무리에서 만났던 원주민 가족과 룹시바에서 잠자리를 마련해준 여인들, 먹을 것과 따뜻한 환대를 보내준 사람들, 가난한 그들이었지만 히말라야의 흰 눈을 닮은 순박한 사람들이었습니다. 이런 면에서 이 책은 단순한 고산등반에 관한 산행일지를 넘어 네팔 사람들의 생활과 사회를 두루 관찰한 '민족지'라고 할 수도 있을 것 같습니다.

2020년 가을, 당시 저는 국립산악박물관 관장으로 일하고 있었습니다. 그때 선생의 가족으로부터 선생이 처음 히말라야에 첫발을 디딘 지 60주년이 되는 2022년에 기념이 될 만한 일을 했으면 좋겠다는 말을 들었습니다. 그중 하나가 바로 『히말라야 다울라기리 탐사기』를 다시 출간하는 것이었고, 가족들은 저에게 윤문 작업을 부탁했습니다. 저는 제가 할 수 있는 일인지, 적당한 사람인지 고민했습니다. 가족들의 거듭된 요청에 승낙할 수밖에 없었습니다. 두려움이 앞섰습니다. 산악인도 아닌 제가, 60년 전 처음 히말라야 땅을 밟은 선생의 심경과 느낌을 훼손하지 않으면서 독자들이 좀 더 편안하게 읽을 수 있도록 할 수 있을까.

작업을 마치는 순간까지 이러한 생각을 놓지 않으려 애썼습니다. 그러나 저의 운문 작업은 분명 한계가 있었습니다. 특히 어려운 현지 지명이나 인명 그리고 등산 용어 등이 그것이었습니다. 이러한 한계를 해결해준 분이 한국산악회 변기태 회장님이십니다. 변기태 회장님은 초안을 꼼꼼히 살펴주셨을 뿐만 아니라 밤잠을 설쳐가며 수정해주셨습니다. 감사드립니다.

선생의 가족들 역시 선생을 닮아있습니다. 가족들은 선생께서 말년에 머무시던 설악산 자락 용대리에 선생의 기록들을 모아 작지만 소중한 〈박철암기념관〉을 열어 이곳을 찾는 사람들에게 꿈과 도전에 관한 이야기를 들려주고 있습니다. 꿈을 잃지 않고 늘 새로운 도전을 꿈꾸던 선생의 뜻을 이어가기 위해 애쓰시는 가족 분들께 존경과 감사의 말씀을 드립니다.

찾아보기

제2봉 제3봉 제5봉 제4봉
↓ ↓ ↓ ↓

바르붕콜라에서 보는 다울라기리 히말 전경

히말출리
↓

히말라야 다울라기리 산군의 탐사기

2

개정판 1쇄   2022년 8월 13일
초판 1쇄   1963년 12월 9일

지은이   박철암

펴낸이   변기태
펴낸곳   하루재 클럽
주소   (우) 06524 서울특별시 서초구 나루터로 15길 6(잠원동) 신사 제2빌딩 702호
전화   02-521-0067
팩스   02-565-3586
이메일   haroojaeclub@naver.com
출판등록   제2011-000120호(2011년 4월 11일)

편집   유난영
디자인   장선숙

ISBN   979-11-90644-08-2 03900

* 책값은 뒤표지에 있습니다.